Betriebsstillegung und Arbeitsmarkt

Johann Gerdes, Heiner Heseler, Martin Osterland,
Bernhard Roth, Gabriele Werner

Betriebsstillegung und Arbeitsmarkt

Die Folgewirkungen der Schließung der
AG „Weser" in Bremen

EDITION TEMMEN

CIP-Titelaufnahme der Deutschen Bibliothek:

Betriebstillegung und Arbeitsmarkt : die Folgewirkungen der Schließung
der AG "Weser" in Bremen. / Johann Gerdes ... - Bremen :
Ed. Temmen, 1990
ISBN 3-926958-50-2
NE: Gerdes Johann [Mitverf.]; Zentrale Wissenschaftliche Einrichtung
Arbeit und Betrieb <Bremen>

Umschlagfoto: fotoforum, Bremen

-Gedruckt mit Unterstützung der Deutschen Forschungsgemeinschaft-

© 1990 EDITION TEMMEN
HOHENLOHESTR. 21 - 2800 BREMEN 1
TEL.: (0421) 344280 - FAX: (0421) 348094

ALLE RECHTE VORBEHALTEN

DRUCK: WB-DRUCK, RIEDEN

ISBN 3-926958-50-2

Vorbemerkung

Am Beispiel der Schließung der AG "Weser" hat eine Forschungsgruppe der Zentralen Wissenschaftlichen Einrichtung (ZWE) "Arbeit und Betrieb" der Universität Bremen die Konsequenzen von Betriebsstillegungen auf den Arbeitsmarkt untersucht. Die Ergebnisse des Forschungsprojektes werden in dem vorliegenden Bericht vorgestellt. Es wurde von der Deutschen Forschungsgemeinschaft (DFG) gefördert, der dafür ebenso unser aufrichtiger Dank gebührt wie dem Arbeitsamt Bremen, das uns eine gesonderte Erhebung ermöglichte. Gedankt sei auch dem IAB Nürnberg (Chr. Brinkmann), das uns mit zusätzlichem statistischen Datenmaterial aushalf.

Uwe Jens Walter hat in der Anfangsphase des Projektes mitgearbeitet und in dieser Zeit wertvolle konzeptionelle Anregungen gegeben, Hartmut Häußermann und Werner Petrowsky versorgten uns mit empirischen Ergebnissen ihrer eigenen Untersuchung zur Arbeitslosigkeit. Bernhard Szemeitzke hat sich mit Sorgfalt der Rechenarbeiten angenommen; Dieter Bögenhold ein Kapitel über die Selbständigen beigesteuert. Die Schreibarbeiten wurden von Uschi Schekerka, Ira Schikowsky und Sylvia John erledigt. Ihnen haben wir zu danken.

Zu danken ist schließlich auch den Personalabteilungen und Betriebsräten der Einsteller- und Zulieferbetriebe, die uns bereitwillig Auskunft gegeben haben.

Vor allem aber schulden wir Dank dem Arbeiterverein "Use Akschen", der uns in unserer Arbeit auf vielfältige Weise unterstützte, und den zahlreichen ehemaligen Arbeitnehmern der AG "Weser", die unsere Fragen geduldig beantwortet haben.

Bremen, Juli 1990

Inhaltsverzeichnis

I.	**Folgewirkungen von Betriebsstillegungen**	11
1.	Einleitung	11
2.	Untersuchungsansatz und -verfahren	14
3.	Funktionsweise des Arbeitsmarktes nach Betriebsschließungen	20
4.	Arbeitsplatzverluste durch Betriebsstillegungen	29
II.	**Der Fall AG "Weser"**	39
1.	Geschichte der Werft und Hintergründe der Schließung	39
1.1	Die historische Entwicklung der Werft	39
1.2	Die Spezialisierung auf die Supertanker	41
1.3	Unternehmenspolitik in der Schiffbaukrise	45
1.4	Die Schließung der Werft aus der Sicht der Belegschaft	51
1.5	Beschäftigungsentwicklung und Beschäftigungspolitik vor der Schließung	59
1.6.	Beschäftigungsabbau als Selektionsprozeß	64
2.	Die Folgen der Schließung für die Belegschaft	71
2.1	Verbleib der Entlassenen im Zeitraum von drei Jahren	71
2.2	Die Wiederbeschäftigungsbedingungen nach der Stillegung	92
2.3	Erwerbsverläufe nach der Stillegung	113
2.4.	Wege zur Wiederbeschäftigung	134
2.5	Das Einstellungsverhalten der regionalen Unternehmen	146
2.6	Dauerarbeitslosigkeit und Ausgrenzung	152
2.7	Von der AG "Weser" in die Selbständigkeit (Dieter Bögenhold)	162
2.8	Drei Jahre danach - Die AG "Weser" in der Rückerinnerung	174
3.	Auswirkungen auf Zulieferer und Region	184
III.	**Die Arbeitsmarktfolgen von Betriebsstillegungen im internationalen Vergleich**	191
1.	Betriebsschließungen in Schweden	193
2.	Betriebsschließungen in den USA	200
3.	Betriebsschließungen in Großbritannien	204
4.	Schlußfolgerungen	207
IV.	**Fazit: Zwischen Katastrophenerwartung und Verharmlosung**	216
ANHANG		
A.	Methode und Datenbasis der Untersuchung	227
B.	Literaturverzeichnis	246

Verzeichnis der Tabellen

Tabelle 1:	Besonderheiten von Entlassenen aus Betriebsschließungen	25
Tabelle 2:	Job-Turnover in der Bundesrepublik	30
Tabelle 3:	Entwicklung von Beschäftigung und Arbeitslosigkeit in werftspezifischen Teilarbeitsmärkten nach der AG "Weser"-Schließung	35
Tabelle 4:	Betriebsschließungen und Zahl der Bezieher von Konkursausfallgeld im Arbeitsamtsbezirk Bremen, 1978-1987	37
Tabelle 5:	Arbeitsplätze auf der AG "Weser" Gröpelingen	62
Tabelle 6:	Wiedereingliederungschancen von Entlassenen und Arbeitslosen	75
Tabelle 7:	Qualifikation nach Berufsgruppen	79
Tabelle 8:	Bereitschaft zum Berufswechsel	79
Tabelle 9:	Anteil der Berufswechsler an den Wiederbeschäftigten nach Berufsgruppen	82
Tabelle 10:	Wiederbeschäftigungsquote nach einem Jahr	89
Tabelle 11:	Arbeitslosenquoten der entlassenen AG "Weser"- Beschäftigten im Vergleich	90
Tabelle 12:	Profil der wiederbeschäftigten Arbeiter	95
Tabelle 13:	Profil der wiederbeschäftigten Angestellten	98
Tabelle 14:	Wiederbeschäftigungsbedingungen nach Betriebsstillegungen im Vergleich	101
Tabelle 15:	Mittleres Einkommen nach Betriebsgrößenklassen 1985	103
Tabelle 16:	Erwerbsverläufe im Zeitraum von eineinhalb Jahren nach der Werftschließung	115
Tabelle 17:	Mehrfacharbeitslosigkeit nach Altersgruppen	116
Tabelle 18:	Diskontinuierliche Erwerbsverläufe nach Altergruppen	118
Tabelle 19:	Unterschiedliche Arbeitslosigkeitsdauer nach der Werftschließung: Profil der "Nahtlosen" und der kurz- und länger Arbeitslosen	119
Tabelle 20:	Betriebswechsel nach Altersgruppen	121
Tabelle 21:	Vermittlungsart der Wiederbeschäftigten in ihre jetzige Stelle	135
Tabelle 22:	Anteil der Vermittlungen über das Arbeitsamt bei Arbeitern und Angestellten nach Berufsverlauf	137
Tabelle 23:	Wege der Stellenfindung bei deutschen Arbeitern nach Altersgruppen	138
Tabelle 24:	Wege der Stellenfindung bei Erwerbstätigen im Vergleich	139
Tabelle 25:	Wege der Stellenfindung aus der Arbeitslosigkeit	140
Tabelle 26:	Wiederbeschäftigung nach Betriebsgröße	146
Tabelle 27:	Wiederbeschäftigung nach Branchen	147
Tabelle 28:	Betroffenheit der Zulieferer von der AG "Weser"- Stillegung	186
Tabelle 29:	Geschäftsbeziehungen betroffener Zulieferer zur AG "Weser" sowie zur gesamten Schiffbauindustrie	187

Tabelle 30:	Arbeitsmarktfolgen von Betriebsstillegungen in Schweden	195
Tabelle 32:	Überblick der Studien zu Betriebsstillegungen	213
Tabelle 33:	Vergleich der Struktur der AG "Weser"- Belegschaft nach Beschäftigtenstatus, Nationalität und Geschlecht mit der Struktur der Arbeitsamtsuntersuchung und den Befragungen	238
Tabelle 34:	Vergleich der Altersstruktur der AG "Weser"- Belegschaft nach Nationalität und Geschlecht mit der Arbeitsamtsuntersuchung und den Befragungen	239
Tabelle 35:	Einstellende Betriebe nach Betriebsgröße und Zahl der rekrutierten AG "Weser"- Arbeitnehmer	241
Tabelle 36:	Gesamtheit der angeschriebenen Betriebe, Ausfälle und Rücklaufquote	243
Tabelle 37:	Zulieferbetriebe der AG "Weser" nach Region und Betriebsgröße	243

Verzeichnis der Schaubilder

Schaubild 1:	Konkurse und Betriebsstillegungen in der BRD, 1978-85	32
Schaubild 2:	Von Betriebsstillegungen Betroffene (Beschäftigte nach Betriebsgrößen)	33
Schaubild 3:	Betriebsstillegungen in Bremen 1977-87 nach Wirtschaftszweigen	38
Schaubild 4:	Die Beschäftigtenentwicklung der AG "Weser", 1900-1983	40
Schaubild 5:	Beschäftigungsentwicklung der AG "Weser", 1975-1983	61
Schaubild 6:	Betriebszugehörigkeit der AG "Weser"-Belegschaft	63
Schaubild 7:	Alterstruktur der AG "Weser" Belegschaft	64
Schaubild 8:	Verbleib der AG "Weser"-Belegschaft	72
Schaubild 9:	Arbeitslosenquoten nach Alter, Geschlecht und Nationalität	76
Schaubild 10:	Arbeitslosenquote und Durchschnittsalter nach Berufsgruppen	77
Schaubild 11:	Arbeitslosenquoten im Vergleich	85
Schaubild 12:	Wiederbeschäftigungsbedingungen	94
Schaubild 13:	Werftbeschäftigte und Arbeitslosigkeit in Uddevalla	199
Schaubild 14:	Arbeitsmarktverläufe nach Entlassungen - USA 1979-1983	203
Schaubild 15:	Betriebsstillegungen international	212

I. Folgewirkungen von Betriebsstillegungen
1. Einleitung

Am 31. Dezember 1983, 140 Jahre nach ihrer Gründung, wurde die AG "Weser" in Bremen geschlossen. Die Traditionswerft war einer der größten und modernsten Schiffbaubetriebe in der Bundesrepublik Deutschland. Ihre Schließung war eine Folge der tiefgreifenden Krise des Handelsschiffbaus, die in Bremen bereits seit längerem einen grundlegenden Strukturwandel eingeleitet hatte, in dessen Verlauf die schiffbaunahen Industrien erheblich an Bedeutung verloren hatten. Die Stillegung der Werft wurde als markantestes Zeichen dieses Deindustrialisierungsprozesses angesehen.

Die 2100 Beschäftigten der Werft wurden innerhalb eines kurzen Zeitraums entlassen. Nur ca. 200 Lehrlinge konnten ihre Ausbildung in einer Lehrwerkstatt auf dem Werftgelände beenden. Alle anderen sahen sich, weitgehend unvorbereitet, mit einer neuen Situation konfrontiert. Nach meist jahrzehntelanger Betriebszugehörigkeit mußten die Werftbeschäftigten mit einem plötzlichen Arbeitsplatzverlust fertig werden, sich auf dem externen Arbeitsmarkt behaupten und Strategien für die Arbeitssuche entwickeln. Dazu waren die äußeren Umstände ungünstig: Die Arbeitslosigkeit stieg in Bremen im Schließungszeitraum 1983/84 - anders als im Bundesdurchschnitt - noch deutlich. Die Arbeitslosenquote lag bei 15%, die Zahl der Arbeitsplätze hingegen ging weiter zurück.

Angesichts dieser prekären Arbeitsmarktlage herrschte unter den Entlassenen und in der Öffentlichkeit die Befürchtung vor, daß die Mehrzahl der entlassenen Werftbeschäftigten eine langanhaltenden Arbeitslosigkeit zu erwarten hätte. Darüber hinaus wurden auch negative Auswirkungen auf die regionale Wirtschaft und die werftnahen Stadtteile erwartet, da auch regionale Zulieferer und Dienstleistungsunternehmen in den Strudel des Werftzusammenbruchs zu geraten drohten. Pessimistische Prognosen gingen von bis zu 8000 zusätzlichen Arbeitslosen in Bremen als Folge der Werftschließung aus (Bremer Nachrichten 21.9.1983).

Auffällig an diesem Negativszenario, das auch bei anderen Stillegungsfällen so oder ähnlich verbreitet wird, ist die Fixierung auf das Problem der Dauerarbeitslosigkeit. Damit ist zwar sicherlich eine der schwerwiegendsten Auswirkungen einer Betriebsschließung angesprochen, jedoch geht damit zugleich eine Verkürzung des Problems einher. Bei vielen Betriebsstillegungen zeigt sich nämlich - und dies gilt auch für den Fall der AG "Weser" -, daß in relativ kurzer Zeit die Mehrheit der Entlassenen wieder Arbeit findet. In der öffentlichen Diskussion wird dies - erneut vereinfacht - als unerwarteter Erfolg und als Beweis dafür gewertet, daß die Sorgen der Belegschaft und der Gewerkschaften im Vorfeld einer Betriebsschließung maßlos übertrieben sind. Dieses Schwanken zwischen Katastrophenerwartung und Verharmlosung zeigt, daß geeignete Kriterien fehlen, mit denen die wesentlichen Folgewirkungen einer Betriebsschließung erfaßt werden können.

Zum Zeitpunkt der Werftschließung waren die Handlungsmöglichkeiten des örtlichen Arbeitsamtes sehr begrenzt, da Maßnahmen im Rahmen des Arbeitsförderungsgesetzes (Arbeitsbeschaffungs- und Umschulungsmaßnahmen) überwiegend erst nach einer längeren Arbeitslosigkeitsdauer einsetzbar sind. So gab es zunächst nur verstärkte Vermittlungsbemühungen, die sich u.a. in der Errichtung einer Außenstelle des Arbeitsamtes auf dem Werftgelände äußerten. Von staatlicher Seite gab es zum Schließungszeitpunkt kein wirtschafts- bzw. industriepolitisches Konzept zur Schaffung von Ersatzarbeitsplätzen. Ferner blieb die zukünftige Nutzung des Werftgeländes zunächst ungeklärt. Schließlich enthielt auch der abgeschlossene Sozialplan - anders als z.B. bei der Schließung von Kohlezechen bzw. Stahlwerken - keine Regelungen zur Absicherung der älteren Werftbeschäftigten mit ungünstigen Wiederbeschäftigungsaussichten. Auch Umsetzungen innerhalb des Krupp-Konzerns, dem Eigentümer der AG "Weser", waren nur für die Schwerbehinderten vorgesehen, denen ein Arbeitsplatz bei der ebenfalls Krupp- eigenen Seebeckwerft in Bremerhaven angeboten wurde. Selbst die finanzielle Abfindung fiel im Vergleich mit anderen Großbetriebsschließungen gering aus. Kurzum, die Entlassenen der AG "Weser" wurden ohne nennenswerte soziale und arbeitsmarktpolitische Absicherung gleichsam der "invisible hand" des Marktes ausgesetzt, d.h. den Funktionsmechanismen des Arbeitsmarktes unterworfen. So negativ dies für die Betroffenen selbst war, erlaubt gerade dieser "unsoziale" Ablauf der Werftschließung tiefere, von intervenierenden Eingriffen unverzerrte Einblicke in die Funktionsweise eines lokalen Arbeitsmarktes.

Die Untersuchung der Folgewirkungen der AG "Weser"- Schließung erfolgt deshalb nicht allein aus einem regionalen, fallbezogenen Interesse. Sie steht vielmehr - zusammen mit einer parallelen Untersuchung zu den Schließungsfolgen zweier AEG-Werke in West-Berlin - zugleich als Fallbeispiel für die Bewältigung von Großbetriebsschließungen in Regionen mit hoher Arbeitslosigkeit. Für die Bundesrepublik Deutschland wird damit forschungspolitisches Neuland betreten. Denn anders als z.B. in Großbritannien, Schweden und den USA existieren hierzulande nur einige wenige detaillierte Untersuchungen über die Arbeitsmarktfolgen von Betriebsschließungen, die zudem alle in die Zeit der Vollbeschäftigung vor der Weltwirtschaftskrise 1973/74 fallen. Zwar liegen aus neueren, repräsentativen Studien umfassende Daten über die Wiedereingliederungschancen und -probleme von Arbeitslosen in der Bundesrepublik vor. Es spricht jedoch einiges dafür (vgl. I.3), daß die Ergebnisse dieser Studien nicht auf die Entlassenen aus Betriebsstillegungen übertragbar sind. Deshalb ist allein schon die analytische Erfassung der Folgewirkungen einer Betriebsschließung von wissenschaftlichem Interesse. Sie erfordert die Entwicklung von Indikatoren, mit denen sich die Folgewirkungen erfassen lassen und folgt dabei dem methodischen Prinzip, empirische Befunde über den Verbleib, den Erwerbsverlauf und die Wiederbeschäftigungs-bedingungen auch mit der subjektiven Sicht der Betroffenen zu konfrontieren und damit zu relativieren bzw. zu ergänzen.

Das Erkenntnisinteresse, das diese Untersuchung leitet, geht jedoch darüberhinaus. Gefragt wird auch nach der Verallgemeinerungsfähigkeit der am Fallbeispiel gewonnenen Erkenntnisse und nach Besonderheiten, die Betriebsstillegungen von anderen Formen des Arbeitsplatzverlustes unterscheiden (vgl. I.3.). Ändern sich durch Großbetriebsschließungen - zumindest zeitweilig - die Selektionsprozesse des Arbeitsmarktes? Unterscheiden sich die Arbeitsmarkterfahrungen der so Entlassenen von jenen anderer Arbeitsloser? Methodisch wird diesen Fragen durch einen nationalen und internationalen Vergleich mit anderen Betriebsstillegungen und mit Erhebungen zu den Arbeitsmarkterfahrungen "normal" Arbeitsloser nachgegangen.

Dieses erweiterte Erkenntnisinteresse prägt auch die Darstellungsform der empirischen Ergebnisse. Die schrittweise Analyse der Folgewirkungen der AG "Weser"- Schließung wird - soweit möglich - unmittelbar begleitet von Vergleichen mit anderen empirischen Studien über Arbeitsmarktprozesse in der Bundesrepublik. Dabei festgestellte Besonderheiten bzw. Gemeinsamkeiten werden hervorgehoben und theoretisch eingeordnet (vgl. II). Durch einen internationalen Vergleich mit Betriebsstillegungen in anderen Ländern wird das Augenmerk verstärkt auf nationale Besonderheiten von Arbeitsmarktprozessen gelenkt (vgl. III). Scheinbar "normale" Abläufe im Gefolge von Betriebsstillegungen werden durch diesen Perspektivwechsel hinterfragt und so eher als national spezifische Arbeitsmarktprozesse kenntlich. Vor diesem Hintergrund erfolgt eine abschließende Bewertung, die auch die Einschätzung der Belegschaft einbezieht, und eine theoretische Einordnung der Ergebnisse der Fallstudie zur AG "Weser"- Schließung (vgl. IV).

2. Untersuchungsansatz und -verfahren

Einen ersten Schritt zur systematischen Analyse der Folgen einer Betriebsstillegung stellt die Erhebung *stichtagsbezogener Verbleibdaten* (Wiedereingliederungs-, Ausgliederungs- Arbeitslosenquote)[1] dar. Diese Indikatoren spielen in der Arbeitsmarktforschung generell eine wichtige Rolle (Brinkmann/Schober 1976; Brinkmann 1978, Büchtemann 1983). Sie machen deutlich, daß die Aufmerksamkeit nicht nur jenen Prozessen gelten darf, die zu Arbeitslosigkeit oder Wiederbeschäftigung führen, sondern auch Ausgliederungsprozesse aus dem Erwerbsleben beachtet werden müssen.

Entsprechende Daten wurden für den Fall der AG "Weser" *ein Jahr nach* der Schließung beim Arbeitsamt Bremen durch Auswertung der Bewerberangebotskarten (Arbeitsamtuntersuchung), *eineinhalb Jahre danach* durch eine schriftliche Befragung (Totalbefragung) der ehemaligen Beschäftigten und *zweieinhalb Jahre später* durch eine Nacher-

---

[1] Anteil der Wiederbeschäftigten, Ausgegliederten bzw. Arbeitslosen an den Entlassenen zu Stichtagen.

hebung beim Arbeitsamt und einer telefonischen Arbeitslosenbefragung ermittelt (vgl. II.2.1).[1]

Die Fixierung auf stichtagsbezogene Verbleibdaten gibt allerdings nur einen relativ groben Einblick in die Folgen einer Betriebssschließung. In einem zweiten Schritt wird deshalb nach der *Qualität der neuen Arbeits- bzw. Lebensbedingungen* der Wiederbeschäftigten (vgl. II.2.2), Arbeitslosen und Ausgegliederten gefragt (vgl. II.2.6). Statistisch läßt sich dies durch einen Vergleich der Einkommensverhältnisse und - bei den Beschäftigten - auch der neuen Arbeitsbedingungen mit jenen vor der Betriebsschließung dingfest machen. Ein solcher Vergleich bleibt jedoch ohne eine Beschreibung und Wertung der Situation am neuen Arbeitsplatz aus Sicht der Entlassenen selbst unvollkommen. So stellt z.B. ein sicherer, gutbezahlter neuer Arbeitsplatz sicherlich einen Indikator für eine erfolgreiche Wiederbeschäftigung dar, kann aber aus Sicht des betroffenen Subjekts - das andere bzw. zusätzliche Bewertungskriterien anlegt - auch als beruflicher Abstieg wahrgenommen werden. Der hier gewählte methodische Ansatz zur Erfassung der Folgen einer Betriebsstillegung besteht somit in der Erweiterung, Relativierung und Illustration statistischer "facts" durch die Aussagen der Entlassenen. Dies führt zu einer Relativierung der Aussagekraft üblicher Indikatoren zur Beschreibung der Folgen eines Arbeitsplatzverlustes. Die Basis für diese Vorgehensweise stellt eine mündliche Befragung (Interviews) von 145 ehemaligen Beschäftigten drei Jahre nach der Schließung der AG "Weser" dar.[2]

Eine weitere Verfeinerung des Analyseinstrumentariums besteht in der Einbeziehung einer *personenbezogenen Verlaufsperspektive*, die, anders als Querschnittserhebungen, prozeßhafte Aussagen ermöglicht (Brinkmann 1983, S.11 ff.). Hierdurch wird z.B. deutlich, wieviele Personen zu einem bestimmten Befragungszeitpunkt gerade kurzzeitig beschäftigt bzw. nur vorübergehend arbeitslos sind.

Zudem lassen sich mit Hilfe derartiger Längsschnittanalysen jene Prozesse beruflicher Stabilisierung bzw. Destabilisierung beschreiben, die letztlich zu einer bestimmten Beschäftigungs- bzw. Lebenssitua-

---

1 Zur Methode dieser Befragungen vgl. A1/A2 im Anhang
2 Zur Methode siehe A.3 im Anhang.

tion geführt haben. Denn für die Beurteilung der Schließungsfolgen aus Sicht der Betroffenen ist ja nicht allein die Situation zum Befragungszeitpunkt, sondern auch der Weg dorthin maßgebend. Das wichtigste Mittel für eine solche Verlaufsbetrachtung stellen wiederum die Interviews dar, mit der aus der *Retrospektive* (drei Jahre danach) wesentliche Ereignisse und Veränderungen im Erwerbsleben der Befragten erfaßt und aus deren Sicht gewertet werden konnten. Eine partielle Rekonstruktion von Erwerbsverläufen über einen Zeitraum von eineinhalb Jahren nach der Schließung war darüber hinaus durch die schriftliche Befragung möglich.

Eine Betriebsstillegung betrifft nicht nur die unmittelbar Entlassenen. Zusätzlich sind - so die naheliegende Vermutung - auch die Arbeitsplätze bei Zulieferbetrieben und bei "Fremdfirmen", die mit Auftragsarbeiten betraut worden sind, gefährdet (Dominoeffekt). Aufschluß über diese Folgewirkungen liefert eine schriftliche Befragung von 53 Zulieferbetrieben der AG "Weser" (Zuliefererbefragung) vier Jahre nach der Schließung[1]. Zudem sind bei einem stagnierenden regionalen Arbeitsmarkt Substitutionsprozesse wahrscheinlich: Die berufliche Wiedereingliederung ehemaliger AG "Weser"- Beschäftigter geht mit der - in der Regel unsichtbaren - Verdrängung anderer Arbeitsuchender einher. Über eine Befragung von 21 einstellenden Betrieben (Einstellerbefragung)[2] wurde versucht, diesen Verdrängungsprozessen, soweit sie sich in modifizierten Selektionskriterien dieser Betriebe niederschlagen, auf die Spur zu kommen.

Über die Folgewirkungen von Großbetriebsschließungen in der Bundesrepublik liegen bisher für die neuere, von Massenarbeitslosigkeit gekennzeichnete Zeit, keine umfassenden Fallstudien bzw. fallübergreifenden Darstellungen vor.[3] Die Datenbasis für die Beurteilung der Frage, inwieweit der AG "Weser"- Fall eher typisch ist oder aber eher einen Sonderfall darstellt, ist somit schmal. Allerdings wurden in einer *Paralleluntersuchung* die Folgen der Schließung von

---

1 Zur Methode siehe A.5 im Anhang.
2 Zur Methode siehe A.4 im Anhang.
3 Über frühere Stillegungen liegt in vergleichbarer Detailliertheit nur die Untersuchung von Bosch (Bosch 1974, Bosch 1978) und Hillen (Hillen 1971) vor. Darüber hinaus existieren nur weniger ausführliche Studien über Betriebsstillegungen (Bandemer/Ilgen 1963; Dedering 1970; Wassmann 1977; Haas/Matejka 1983; Fischer/Richter 1984, Wehrt 1984; Projektgruppe Videocolor 1987; Nagel u.a 1987; Eberwein/Tholen 1987)

zwei Werken (Groß- und Kleinmaschinenfabrik) der *AEG Brunnenstraße in Westberlin* 1983/84 (Forschungsgruppe AEG "Brunnenstraße", 1987) in vergleichbarer Detailliertheit erforscht. Sowohl die Bremer als auch die Berliner Studie beziehen sich dabei auf Regionen mit relativ großen Arbeitsmärkten und einem vergleichsweise stark diversifizierten Arbeitsplatzangebot. Ihre Folgewirkungen sind somit sicherlich nicht auf Räume mit einem schmalen Arbeitsplatzangebot übertragbar, in denen zudem häufig nur *ein* Großbetrieb die Struktur des Arbeitsplatzangebots dominiert. Für andere Arbeitsmarktregionen der Bundesrepublik dürften die gewählten Fallbeispiele hingegen typischer sein. Hierfür spricht, daß trotz erheblicher Unterschiede der jeweiligen Fälle relativ ähnliche Arbeitsmarktprozesse feststellbar waren. Die *AG "Weser"* steht dabei als Fallbeispiel eines auf Einzelfertigung mit hohen handwerklichen Anteilen ausgerichteten Großbetriebes mit einer männlichen Facharbeiterbelegschaft, einigen klar dominierenden Berufsgruppen und einem durchschnittlichen Ausländeranteil. Mit ihrer Schließung verloren zahlreiche Beschäftigte mit krisenbedrohten, da schiffbaunahen Berufen ihren Arbeitsplatz.

Die *AEG Brunnenstraße* in West-Berlin hingegen wies sowohl Fließfertigung mit einer hohen Frauen- und Ausländerbeschäftigung und vielen Ungelernten (Kleinmaschinenfabrik) als auch Einzelfertigung mit überwiegend männlichen, deutschen Facharbeitern (Großmaschinenfabrik) auf. Ihre Schließung war nicht durch ihre Zugehörigkeit zu einer "Krisenbranche", sondern auf ein komplexes Umstrukturierungskonzept der AEG zurückzuführen. Bei den beiden untersuchten Schließungsbeispielen handelt es sich somit um relativ unterschiedliche Fälle, die aber durchaus ein bestimmtes Spektrum von Großbetriebsschließungen typisieren. Gemeinsam war beiden Betrieben - und dies trifft auch für andere geschlossene Unternehmen zu (vgl. I.3) - die Existenz einer Stammbelegschaft mit einer überdurchschnittlichen Betriebszugehörigkeitdauer und - eng damit verbunden - einem relativ hohen Altersdurchschnitt. Zudem handelt es sich in beiden Fällen um "Traditionsbetriebe", deren Schließung in der Öffentlichkeit stark beachtet wurde. Auch dies dürfte bei Großbetriebsschließungen eher die Regel als die Ausnahme sein.

Die Vermutung, daß wesentliche Folgewirkungen der beiden Schließungsfälle verallgemeinerbar für Großbetriebsschließungen in hochverdichteten Räumen der Bundesrepublik sind, wird durch die *IAB-Arbeitslosenverlaufsuntersuchung 1981/82* gestützt. Eine Sonderauswertung des IAB 1985 enthält Verbleibdaten für Arbeitslose aus Betriebsstillegungen (IAB I), die mit den beiden Schließungsfällen vergleichbar sind.

Insgesamt existiert somit eine - wenngleich lückenhafte - Datenbasis über Arbeitsmarktprozesse im Gefolge von Betriebsstillegungen. Dem stehen auf der anderen Seite umfassende, repräsentative Verlaufsuntersuchungen über die Bewältigung von Arbeitslosigkeit durch "normale" Arbeitslose gegenüber. Bezug wird insbesondere auf die repräsentative *Längsschnittuntersuchung von Infratest Sozialforschung 1978-1982* (Infratest 1983; Büchtemann/Rosenbladt 1978; Rosenbladt/Büchtemann 1980; Büchtemann 1982) genommen, die im Auftrag des Bundesministeriums für Arbeit- und Sozialordnung über vier Jahre in Quer- und Längsschnittanalysen den Verbleib von Arbeitslosen (Bestandsstichprobe Nov.1977), Abgängern aus Arbeitslosigkeit (Abgangsstichprobe Sept./Okt. 1977) und Beschäftigten (Beschäftigtenstichprobe Jan./Feb. 1978) erforschte. Weiter wird auf die *IAB-Arbeitslosenverlaufsuntersuchung 1981/82* zurückgegriffen, die den Verbleib von ca. 8000 Zugängen in die Arbeitslosigkeit (repräsentative Zugangsstichprobe Mitte Nov. 1981) über eineinhalb Jahre verfolgte (IAB II). Vom Untersuchungsansatz bietet diese Erhebung sicherlich die adäquateste Vergleichsbasis, da hier - ähnlich wie bei den Stillegungsfällen - der Verbleib von Personen ermittelt wird, die in einem relativ kurzen Zeitraum gemeinsam arbeitslos geworden sind.

Allerdings sind die Untersuchungssamples der Betriebsstillegungsfälle mit diesen Repräsentativerhebungen nur bedingt vergleichbar. *Erstens* wird bei Betriebsstillegungen ein beachtlicher Teil der entlassenen Belegschaft zu keinem Zeitpunkt arbeitslos. Bei diesen "nahtlos" Wiederbeschäftigten handelt es sich um Gruppen mit in der Regel überdurchschnittlichen Arbeitsmarktchancen, die in den üblichen "Arbeitslosenuntersuchungen" nicht enthalten sind.[1]

Zweitens umfassen die Repräsentativbefragungen von Infratest und des

---

1 Aus diesem Grund werden die "nahtlos Wiederbeschäftigten" bei Vergleichen nicht berücksichtigt.

IAB im Unterschied zu den Betriebsstillegungsfällen auch Personengruppen, die beim Übertritt aus dem Bildungssystem bzw. anderer Formen der Nichterwerbstätigkeit arbeitslos geworden sind.[1] Allgemein wird davon ausgegangen, daß diese Arbeitslosen im Falle einer erfolglosen Arbeitssuche eher die Möglichkeit haben, in eine "Alternativrolle" auszuweichen (Offe 1977).

Drittens enthalten die Stichproben aus dem Arbeitslosenbestand einen relevanten Anteil an Langzeitarbeitslosen, deren Wiederbeschäftigungschancen erfahrungsgemäß schlecht sind.

Und *viertens* schließlich spielen Mehrfacharbeitslose in den Repräsentativbefragungen von Infratest und des IAB eine Rolle, während es sich bei den Entlassenen der beiden Großbetriebsstillegungen nahezu ausschließlich um "Erstmalsarbeitslose" handelt.

Damit wird deutlich, daß sich die arbeitsmarktrelevanten Strukturen von Arbeitslosen aus Betriebsstillegungen und von "normalen" Arbeitslosen erheblich unterscheiden. Auf diese Unterschiede kommt es jedoch gerade an, will man die Besonderheiten von Betriebsstillegungen herausarbeiten. Aus diesem Grund erscheint es nicht sinnvoll, die Gruppe der "normal" Arbeitslosen durch die Herausrechnung bestimmter Personen (Langzeitarbeitslose, Arbeitslose aus Nichterwerbstätigkeit) zu "bereinigen", d.h. zu Vergleichszwecken eine Strukturgleichheit zu den Entlassenen aus Betriebsstillegungen herzustellen.

---

1 Dabei handelt es sich um ca. 13% der laufenden Zugänge zur Arbeitslosigkeit.

3. Funktionsweise des Arbeitsmarktes nach Betriebsschließungen

"Normalfunktion" des Arbeitsmarktes

Der Erwartung, daß nach einer Großbetriebstillegung der überwiegenden Mehrzahl der Entlassenen langandauernde Arbeitslosigkeit drohe, liegt die Vorstellung von einer "Funktionsblokierung" bzw. einer Modifikation der "Normalfunktion" des Arbeitsmarktes zugrunde. Ein ohnehin schon überfüllter Arbeitsmarkt - so die Erwartung - sei nicht mehr in der Lage, den Schock einer Massenentlassung zu verarbeiten, d.h. die zusätzlichen Arbeitssuchenden nach den "normalen" Selektionsmechanismen auf die vergleichsweise wenigen offenen Stellen zu verteilen.

Dieser These von einer veränderten Funktionsweise des Arbeitsmarktes liegen Vorstellungen von einer "normalen" Funktion des Arbeitsmarktes zugrunde. Die theoretischen Grundlagen hierfür werden im folgenden kurz skizziert.

Arbeitsmärkte weisen im Vergleich zu Gütermärkten Besonderheiten auf, die ihren Ursprung in der Spezifik der dort gehandelten Ware, der menschlichen Arbeitskraft, haben. Diese ist untrennbar mit einem handelnden Subjekt verbunden, weshalb die Konditionen ihres Kaufes und ihrer Nutzung eng mit historisch gewachsenen kulturellen, ethischen und sozialen Bedingungen einer Gesellschaft verbunden sind. Hieraus leitet sich z.B. ab, welche Einkommens- und Arbeitsbedingungen und welches Maß an Arbeitslosigkeit gesellschaftlich bzw. juristisch akzeptiert werden (das jeweilige "Normalarbeitsverhältnis" incl. der tolerierten Abweichungen) und welche Arbeitsmarktgruppen bei der Verteilung von Risiken und Chancen bevorzugt bzw. benachteiligt werden. Auch das Angebot an Arbeitskräften wird weitgehend exogen von gesellschaftlichen Faktoren und nicht von der Höhe des jeweiligen Lohnsatzes bestimmt (Spahn/ Vobruba 1986). Durch ihre Bindung an Individuen stellt die Ware "Arbeitskraft" ein äußerst komplexes und differenziertes Gut dar. Diese Heterogenität bildet den Ansatzpunkt für eine Selektion am Arbeitsmarkt, die sich als sozialinteraktiver Prozeß zwischen Arbeitssuchenden und Arbeitsplatzanbietern vollzieht.

In diesen Besonderheiten des Arbeitsmarktes liegt die primäre Ursache für dessen Institutionalisierung, d.h. die Ergänzung bzw. teilweise Ersetzung der Marktpreissteuerung durch nichtpreisliche Koordinationsinstrumente. Die institutionalistische Arbeitsmarkttheorie - die das theoretische Fundament dieser Untersuchung bildet - analysiert die Prozesse auf dem Arbeitsmarkt folglich als jeweils spezifische Kombination preislicher und nichtpreislicher Koordination (Buttler 1987, S.7 ff; Schmid 1987 S.41 ff.). Der Begriff "Arbeitsmarktinstitution" wird dabei im doppelten Sinn sowohl für organisierte Gruppen des Arbeitsmarktes (z.B. Tarifparteien, Arbeitsämter etc.) als auch für "normative Regelwerke oder dauerhafte Muster sozialer Beziehungen" (z.B. "übliche" Selektionskriterien, Arbeitsgesetzgebung) verwandt (Buttler 1987, S.8).

Der Begriff von der "Normalfunktion" des Arbeitsmarktes bringt somit nicht anderes zum Ausdruck als die Regulierung der Allokation von Arbeitskräften, der Zuweisung von Chancen und Risiken und der Honorierung von Leistungen durch jeweils konkret-historische Arbeitsmarktinstitutionen, die die Steuerung durch den Preis (Lohnsatz) ergänzen, korrigieren bzw. ersetzen.[1] Nach diesem Verständnis kann es keine generelle Theorie der Funktionsweise und der Steuerungsmechanismen des Arbeitsmarktes geben, da Arbeitsmarktinstitutionen sich konkret historisch und national spezifisch herausgebildet haben (Sengenberger 1987, S.317).[2]

Generell erfüllen Arbeitsmärkte verschiedene Funktionen, wobei sich die jeweils konkrete Art der Funktionserfüllung - die "Normalfunktion" - von Land zu Land unterscheidet und mit der Zeit verändert (Sengenberger 1987, S. 31 ff., Buttler 1987, S.9).

Die *Anpassungsfunktion* (Allokationsfunktion) bewirkt eine Ab-

---

[1] Wobei auch auf den meisten Gütermärkten das Modell der rein preislichen Allokation der Wirklichkeit nicht gerecht wird, wie z.B. die Oligopoltheorie demonstriert (Heuss 1965)
[2] Sofern man nicht die Kernaussagen der Ansätze zu einer institutionalisierten Arbeitsmarkttheorie als "allgemeine Theorie" bezeichnen will. Um jedoch den Anspruch einer empirisch gehaltvollen Theorie einlösen zu können, müssen Vermittlungsschritte zwischen einer solchen allgemeinen Theorie und der Empirie konkreter Arbeitsmärkte gefunden werden.

stimmung von Angebot und Nachfrage nach Menge und Qualität. Hierunter ist nicht nur die Zuteilung von vorhandenen Arbeitskräften auf bestehende Arbeitsplätze zu verstehen, sondern auch die Initierung von Veränderungen des Arbeitskräftepotentials sowie des Arbeitsplatzangebots und dessen Struktur.

Mit der Allokationsfunktion geht zugleich eine *Verteilungsfunktion* einher, durch die die Zuordnung von Arbeitsmarktrisiken und -chancen auf Individuen erfolgt. Dabei wird nicht nur über ihren materiellen Status, sondern auch über ihre (beruflichen) Entfaltungsmöglichkeiten und ihren sozialen und gesellschaftlichen Status entschieden. "Der Arbeitsmarkt bildet die zentrale Verteilungsinstanz wirtschaftlicher und sozialer Chancen ... ." (Sengenberger 1987, S. 44). Dieser Verteilungsfunktion bzw. ihrer möglichen Modifikation durch Betriebsstillegungen gilt das besondere Interesse dieser Untersuchung. In der Bundesrepublik z.B. verteilen sich die Wiedereingliederungschancen von Arbeitslosen primär nach Kriterien wie dem Alter, dem Gesundheitszustand, der Qualifikation, dem Geschlecht und der Nationalität[1]. Bei Langzeitarbeitslosen verlieren Qualifikationsunterschiede an Bedeutung und das Geschlecht und das Alter kristallisieren sich als die entscheidenden Selektionskriterien heraus (Büchtemann/ Infratest 1983, S. 19ff.). Darüber hinaus kumuliert das Risiko instabiler Berufsverläufe und Mehrfacharbeitslosigkeit bei Personen, die bereits (kurz) zuvor arbeitslos gewesen sind (Büchtemann/Rosenbladt 1983, S.268 ff.). Somit ist unter der "Normalfunktion" des Arbeitsmarktes in der Bundesrepublik eine Sortierung des heterogenen Arbeitskraftangebots nach diesen Merkmalen zu verstehen, wobei eine gewisse Anpassungszeit (friktionelle Arbeitslosigkeit) einkalkuliert werden muß.

Die skizzierte "Normalfunktion" des Arbeitsmarktes gilt allerdings nur für die Periode der Massenarbeitslosigkeit. Unter Vollbeschäftigungsbedingungen erfolgte eine Selektion in modifizierter Form: Dann entscheiden die angeführten Selektionskriterien weniger über die Frage "beschäftigt oder arbeitslos" als vielmehr über die Qualität der zugeteilten Arbeitsplätze.

---

1 Die Nationalität (Deutscher/Ausländer) spielt vor allem im Zusammenhang mit Sprachproblemen und Qualifikationsunterschieden eine Rolle. Zu beachten sind jedoch auch ethnische Diskriminierungen.

Auch länderspezifische Unterschiede sind bei der Zuteilung von Arbeitsmarktchancen zu beobachten. So spielen in der Bundesrepublik z.B. "closed shops" und tarifvertragliche Senioritätsrechte anders als in Großbritannien oder den USA kaum eine Rolle, d.h. der Zugang zu den einstellenden Betrieben ist kaum durch Exklusivrechte eingeschränkt (Sengenberger 1987, S.150 ff.). Der Grad der "Offenheit" der Zugänge zu offenen Stellen gehört ebenfalls zur Definition der "Normalfunktion" des Arbeitsmarktes. Er entscheidet mit darüber, ob und wie schnell Entlassene aus Betriebsschließungen in die Konkurrenz mit anderen Arbeitslosen treten können. Existieren z.B. bei einstellenden Betrieben Wartelisten, an deren Spitze ehemalige Beschäftigte dieses Betriebs stehen, so sind diese Arbeitsplätze für die "Opfer" einer Betriebsschließung blockiert.

Die *Sicherung der Leistungsabgabe* im Arbeitsprozeß durch Anreiz- bzw. Sanktionssysteme stellt schließlich eine dritte Funktion des Arbeitsmarktes dar, da mit dem Arbeitsvertrag in der Regel nur ein Potential an Arbeitsleistungen erworben wird, nicht jedoch eine konkrete Arbeitsleistung (Schmid 1987, S. 36).

Aus der kurzen Skizzierung der Funktionsweise der Arbeitsmärkte in der Bundesrepublik wird deutlich, was unter einer "Funktionsblockierung" bzw. einer "Funktionsmodifikation" zu verstehen ist. "Blockiert" wäre ein Arbeitsmarkt, wenn neu hinzutretenden Arbeitslosen der Zugang zu offenen Stellen versperrt würde, d.h. wenn sie von der Konkurrenz mit anderen Arbeitssuchenden "ausgesperrt" würden. Umgangssprachlich hieße dies: "Der Arbeitsmarkt ist zu". "Modifiziert" würde die Funktionsweise des Arbeitsmarktes, wenn sich z.B. angesichts einer Massenentlassung die Selektionskriterien ändern würden, d.h. wenn diese Entlassenen einer besonderen Behandlung unterliegen und/oder sie besonders handeln.

Besonderheiten einer Großbetriebsschließung

Aus Sicht der empirischen Arbeitsmarktforschung ist es für die Bundesrepublik mit relativ flexiblen Arbeitsmärkten wenig wahrscheinlich, daß eine Großbetriebsschließung eine "Blockierung" der Allokationsfunktion zur Folge hat. Repräsentative Verlaufsstudien über Arbeitslose und Beschäftigte zeigen vielmehr, daß es auch bei hoher Arbeitslosigkeit generell keine Spaltung des Arbeitsmarktes in ein

Segment "Beschäftigte" und ein Segment "Arbeitslose", d.h. in ein "Drinnen" und "Draußen" gibt.[1] Auch auf stark ungleichgewichtigen Arbeitsmärkten vollzieht sich vermittels sozialer Selektionsprozesse ein fortwährender Austauschprozeß zwischen Beschäftigung und Arbeitslosigkeit, d.h. Beschäftigte verlieren bzw. wechseln ihren Arbeitsplatz und Arbeitslose werden wiederbeschäftigt (Büchtemann 1982; Büchtemann/Rosenbladt 1983; Infratest 1983). So meldeten sich z.B. in Bremen 1984 - dem Jahr nach der AG "Weser"-Schließung -, 47000 Menschen arbeitslos. Davon waren fast 32000 zuvor beschäftigt gewesen. Gleichzeitig wurden knapp 45000 Abgänge aus der Arbeitslosigkeit verzeichnet, die meisten davon mündeten in ein neues Arbeitsverhältnis. Unter ihnen befanden sich auch die Entlassenen der AG "Weser", die - selbst wenn alle arbeitslos geworden wären - übers Jahr gesehen nur ca. 4% (statt tatsächlicher 3%) der Arbeitslosenzugänge ausgemacht hätten.

Auch auf einem ungleichgewichtigen Arbeitsmarkt finden folglich eine Vielzahl von Einstellungen und Entlassungen statt. In diesem Bewegungsprozeß stellt eine Großbetriebsstillegung zunächst einmal nichts anderes dar als eine spezifische, großdimensionierte Variante des alltäglichen Arbeitsplatzverlustes.

Bei einer näheren Betrachtung weisen Betriebsstillegungen jedoch Besonderheiten auf, die eine systematische Behandlung als Sonderfall nahelegen.

Erstens gelangen durch Großbetriebsschließungen Arbeitnehmergruppen auf den externen Arbeitsmarkt, die sich in wichtigen Merkmalen (z.B. Qualifikation, Berufserfahrung, Betriebszugehörigkeitsdauer, Berufsbiographie, Alter) vom Durchschnittsbild anderer Entlassener und Arbeitssuchender unterscheiden. Es sind überwiegend "Erstmalsarbeitslose", die zuvor überdurchschnittlich lang in *einem* Betrieb gearbeitet haben und dort zur Stammbelegschaft zählten. So weist z.B. die Arbeitslosenzugangsstatistik für Bremen für 40% bis 50% der Arbeitslosen eine Beschäftigungsdauer von weniger als einem Jahr auf. Entlassene aus Großbetriebsschließungen hingegen waren zu mehr als 80% länger als 5 Jahre im gleichen Unternehmen beschäftigt

---

1 Eine solche Segmentierung existiert allenfalls in einigen Bereichen, z.B. im Öffentlichen Dienst, sofern dort ein genereller Einstellungsstop besteht.

Tabelle 1: Besonderheiten von Entlassenen aus Betriebsschließungen (in %)

1.1 Dauer der Betriebszugehörigkeit

Betriebszuge-hörigkeit Jahren	Betriebsschließungen				Arbeitnehmerbefragung Bremen[7]	
	AGW 1983	AEG 1983	Röhrenwerke[4] 1972		Arbeitslose 1981/82	Beschäftigte 1981/82
unter 5	6	16	18	(<6)	78	31
5 - 9	10	12	14	(6-10)	12	25
10 - 19	51	21	39	(11-20)	7	26
über 20	32	50	28	(20)	4	17

1.2 Altersstruktur

Alter	Betriebsschließungen			Zugänge in die Arbeitslosigkeit		
	AGW 1983	AEG 1983	Röhrenwerke 1972	IAB I[5] 1981	IAB II[6] 1981	BRD[1] Mai/Juni 84
unter 25	13	13		14	36	36
25 - 39	24	29		36	38	37
40 - 49	35	32	23	26	16	16
50 - 54	13	13		13	5	5
über 54	15	12		11	5	6

1.3 Qualifikationsstruktur

Berufsaus-bildung	Betriebsschließungen				Zugänge in die Arbeitslosigkeit	
	insg.[2] 1985	Großbetr.[2] 1985	AGW[3] 1983	AEG Berlin 1982	IAB II 1981/82	ANBA 1984
ohne	38	44	28	45	48	45
mit	59	48	63	42	42	45
FHS/Uni	3	8	9	13	10	9

1) Zugänge in die Arbeitslosigkeit aus vorheriger Erwerbstätigkeit
2) Aufbereitung aus den Bestandsdaten der Beschäftigtenstatistik (Cramer 1987, IAB)
3) umgewichtet nach dem Anteil der Arbeiter und Angestellten an der Gesamtbelegschaft.
4) vgl. Bosch 1978
5) Arbeitslose aus der IAB-Arbeitslosenverlaufsuntersuchung 1981/82, die infolge von Betriebsstillegungen arbeitslos wurden
6) IAB-Arbeitslosenverlaufsuntersuchung 1981/82, alle Arbeitslosen
7) Repräsentative Befragung von 5.740 Arbeitern und Angestellten und Befragung von 890 Arbeitslosen in Bremen

Quelle: Schriftliche Befragung 8/85; Forschungsgruppe AEG-"Brunnenstraße" 1987; Bosch 1978; Pfau 1987; IAB-Arbeitslosenverlaufsuntersuchung 1985; ANBA 3/1983, ANBA 3/1985, Cramer 1987; Übersicht I/136; eigene Berechnungen (vgl. Tab.1.1). Dies verwundert nicht, da der endgültigen Schließung eines Unternehmens häufig Entlassungswellen ("Gesundschrumpfen") vorangehen, in deren Verlauf zunächst die Randbelegschaften und Arbeitnehmer mit kürzerer Betriebszugehörigkeit ihren Arbeitsplatz verlieren. Der bis zuletzt verbliebenen Stammbelegschaft werden Merkmale wie "Zuverläßigkeit", "Integrationsfähigkeit" und "Erfahrung" zugeschrieben, das heißt sie gelten als besonders gute Arbeitskräfte. Relativiert werden diese für eine Wiederbeschäftigung günstigen Merkmale allerdings durch ein relativ hohes Durchschnittsalter im Vergleich zu anderen Arbeitslosen (vgl. Tab.1.2.)

Unterschiede in der beruflichen Ausbildung spielen hingegen eine geringere Rolle. Der Anteil der Angelernten unter den Entlassenen aus Betriebsstillegungen fällt etwas geringer aus als bei den "normalen" Zugängen in die Arbeitslosigkeit, während der Anteil von Arbeitnehmern mit einer mittleren beruflichen Qualifikation über dem Durchschnitt liegt (vgl. Tab.1 3.).[1]

Zweitens - und dies steht in engem Zusammenhang mit den zuvor aufgeführten Besonderheiten - sind bei Großbetriebsstillegungen spezifische Formen und Wege der Arbeitssuche der Entlassenen wahrscheinlich.

Informationen über freie Stellen und über adäquate Zugänge zu den einstellenden Betrieben stellen, sofern sie nicht allgemein zugänglich sind, in der Konkurrenz um Arbeitsplätze einen wichtigen Wettbewerbsvorteil dar. Zu unterscheiden sind "offene Kanäle", d.h. allgemein verfügbare Informationen über freie Stellen (Inserate, Aushänge, Arbeitsamt), und "geschlossene Kanäle" ("Beziehungen"), über die nur ausgewählten Arbeitsuchenden eine offene Stelle signalisiert wird. Die Vermutung ist, daß Entlassene aus Großbetriebsstillegungen ihre Arbeitssuche mehr als andere über solche exklusiven Kanäle betreiben können. Hierfür spricht, daß mit der Schließung eines Unternehmens nicht notwendig auch das betrieblich-soziale Netzwerk zusammenbricht, sondern daß dieses fortexistieren und ein wichtiges Moment in der Arbeitssuche darstellen kann (vgl. II.2.4). Dieses Netzwerk bzw.

---

1 Die Unterschiede zwischen den einzelnen Stillegungsfällen sind dabei allerdings beträchtlich, wie bereits ein Vergleich zwischen der AG-"Weser"und der AEG Berlin Brunnenstraße zeigt.

die damit verbundenen "Beziehungen" erweisen sich als eine Art "soziales Kapital", das einen potentiellen Vorteil bei der Arbeitssuche darstellt. Über solche Netze fließen den Arbeitssuchenden Informationen über freiwerdende Stellen, über adäquate Bewerbungsstrategien und über die besten Zugänge zu den einstellenden Unternehmen zu. Umgekehrt werden den einstellenden Unternehmen auf diesem Weg frühere Betriebsangehörige empfohlen oder nach dem Prinzip von "Seilschaften" nach und nach weitere ehemalige Kollegen in den Betrieb geholt. Über solche Möglichkeiten verfügen viele "normale" Arbeitslose nicht, etwa weil sie häufig nur kurze Zeit in einem Betrieb gearbeitet haben oder weil sie mit ihrer Entlassung aus einem fortbestehenden betrieblich-sozialen Netz gerissen und mit zunehmender Arbeitslosigkeit isoliert worden sind.

Hinzu kommt, daß Entlassene aus Betriebsstillegungen möglicherweise auch besondere Verhaltensweisen bei der Arbeitssuche und bei Einstellungsgesprächen aufweisen. Da Großbetriebsstillegungen in der Öffentlichkeit große Aufmerksamkeit hervorrufen, ist in der Region bekannt, daß die Entlassenen "unverschuldet" arbeitslos geworden sind. Im Unterschied zu anderen Arbeitssuchenden sind sie durch ihre Arbeitslosigkeit nicht "stigmatisiert". Sofern dies auch subjektiv so wahrgenommen wird, kann hieraus ein selbstbewußteres und aktiveres Verhalten bei der Arbeitssuche resultieren. Auch dies würde die Wiederbeschäftigungschancen verbessern.

Drittens sind in der Folge von Großbetriebsschließungen auch Verhaltensänderungen der übrigen Akteure auf dem Arbeitsmarkt wahrscheinlich. Angesichts der plötzlichen Überfüllung des Arbeitsmarktes mit "guten" Arbeitskräften und des großen öffentlichen Interesses an dem "Schicksal" der Entlassenen sind zeitweilig veränderte Einstellungswege und -kriterien regionaler Unternehmen ebenso in Betracht zu ziehen wie spezielle Maßnahmen von Seiten des Arbeitsamtes und der staatlichen Wirtschaftspolitik. All dies würde ebenfalls zu einer besonderen Behandlung der Entlassenen aus Betriebsschließungen führen (vgl.II.2.5).

Insgesamt implizieren diese Hypothesen, die im folgenden einer empirischen Überprüfung unterzogen werden, daß sich die Arbeitsmarkterfahrungen der Entlassenen aus Betriebsstillegungen aus systematischen Gründen von jenen anderer Arbeitsloser unterscheiden. Dies zum einen, weil es sich hier um eine Arbeitsmarktgruppe mit spezifischen Merkmalen handelt, mit der Folge, daß bereits eine "normale" Funktionsweise des Arbeitsmarktes zu besonderen Ergebnissen in Bezug auf den Wiederbeschäftigungsgrad, die Wiederbeschäftigungsbedingungen und die Erwerbsverläufe führen würde. Und zum anderen, weil sich z.B. durch besondere Verhaltensweisen der Entlassenen, durch veränderte Rekrutierungswege und -kriterien regionaler Unternehmen oder durch Interventionen von öffentlichen Instanzen die Funktionsprinzipien des Arbeitsmarktes selbst ändern. Kurz, die zentrale Hypothese dieser Untersuchung lautet, daß Entlassene aus Großbetriebsstillegungen "besondere Arbeitslose" sind, die einer "besonderen Behandlung" auf dem Arbeitsmarkt unterliegen bzw. diese durch ihr Verhalten selbst hervorrufen.

Wenn dies richtig ist, bedeutet es umgekehrt, daß als eine wesentliche Folge von Betriebsschließungen Substitutionsprozesse auftreten, d.h. daß andere Arbeitsmarktgruppen, die in keinem direkten Zusammenhang zur Schließung stehen, verdrängt werden. Dies tritt ein, wenn bei einem stagnierenden bzw. rückläufigen Arbeitsplatzangebot die Zahl der Arbeitssuchenden durch eine Großbetriebsschließung zunimmt. In diesem Fall ist eine unsichtbare Umverteilung von Arbeitslosigkeit von den unmittelbaren "Schließungsopfern" auf andere Arbeitsmarktgruppen, die in der Konkurrenz mit den "besonderen" Arbeitslosen verdrängt werden, wahrscheinlich. Überdurchschnittliche Arbeitsmarktchancen der einen und ungünstigere Wiederbeschäftigungschancen der anderen sind unter diesen Bedingungen zwei Seiten einer Medaille.

Voraussetzung für solche Modifikationen und Besonderheiten der durch Betriebsstillegungen induzierten Arbeitsmarktprozesse ist, daß von ihnen spürbare quantitative und/oder qualitative Effekte ausgehen. Es stellt sich also zunächst die Frage nach der empirischen Relevanz von Betriebsstillegungen, nach ihrer quantitativen und strukturellen Bedeutung für die Arbeitsmärkte der Bundesrepublik Deutschland.

4. Arbeitsplatzverluste durch Betriebsstillegungen

Betriebsschließungen in der Bundesrepublik Deutschland wurden bisher eher eine geringe arbeitsmarktpolitische Bedeutung zugemessen. Diese Einschätzung beruhte im wesentlichen auf einer Auswertung der Insolvenzstatistik, aber auch auf Befragungen von Arbeitslosen nach dem Beendigungsgrund ihres letzten Arbeitsverhältnisses (DIW 1982, Kohlhuber 1983, ANBA 3/83).

Der Verband der Vereine Creditreform bezifferte den insolvenzbedingten Arbeitsplatzverlust auf Grundlage einer Hochrechnung 1981 und 1982 auf jeweils mehr als 300 Tsd. Arbeitsplätze (Creditreform 1981 und Unternehmensentwicklung 1982). Diese Rechnung wurde jedoch als nicht repräsentativ kritisiert, da ihr Insolvenzfälle mit überdurchschnittlichen Gläubigerverlusten zugrunde lagen (DIW 1982, Kohlhuber 1983). Wählt man als Berechnungsbasis hingegen die branchenspezifische Betriebsgröße sowie die branchenspezifische Insolvenzhäufigkeit, so errechnen sich für 1981 bzw. 1982 erheblich geringere insolvenzbedingte Arbeitsplatzverluste in Höhe von 100 Tsd. bzw. 136 Tsd. (Kohlhuber 1983). Dies entspräche ca. 4-5% der Arbeitslosmeldungen aus vorheriger Erwerbstätigkeit.[1] Zu ähnlichen Ergebnissen gelangt auch eine Untersuchung des DIW (DIW 1982) sowie eine Sondererhebung der Bundesanstalt für Arbeit (ANBA 3/1983).[2]

Dabei werden jedoch nur Stillegungen von Betrieben mit 16 und mehr Beschäftigten berücksichtigt, d.h. nur 1/3 der Stillegungsfälle.

Die Insolvenzstatistik ist jedoch ein relativ schlechter Indikator für

---

[1] Dabei wird angenommen, daß sich 90% der betroffenen Arbeitnehmer arbeitslos melden. Als Bezugsgröße wird der Zugang an Arbeitslosen aus vorheriger Erwerbstätigkeit gewählt, da die Zugänge an Arbeitslosen insgesamt auch Schulabgänger und andere Gruppen, die neu oder erneut ins Erwerbsleben eintreten, umfaßt.

[2] Die Erhebung der Bundesanstalt für Arbeit dürfte die Arbeitsmarktbedeutung von Betriebsstillegungen unterschätzen, da jene Arbeitnehmer, die im unmittelbaren Vorfeld der Schließungden Betrieb verlassen haben, vermutlich unter die Rubriken "Arbeitsmangel" bzw. "Rationalisierung" eingeordnet wurden. Zudem werden nur Personen erfaßt, die durch die Stillegung tatsächlich arbeitslos werden. Untersuchungen im Auftrag des Bundesministers für Arbeit und Sozialordnung bezifferten die Arbeitsplatzverluste aus Betriebsstillegungen für 1980 bzw. 1981 sogar auf nur auf 66 Tsd. bzw. 87 Tsd (Schliebe 1982 a).

die arbeitsmarktpolitische Bedeutung von Betriebsschließungen. Sie erfaßt nur ca. 8% der Fälle und ca. ein Drittel der Arbeitsplatzverluste, weil die Mehrzahl der Betriebsaufgaben ohne Konkursverfahren erfolgt.[1]

Tabelle 2: Job-Turnover in der Bundesrepublik

	Beschäftigungszuwachs/-abbau pro Jahr (Saldo)	Zuwachs an Arbeitsplätzen:		Arbeitsplatzverluste:		
		in expandierenden Betrieben	in Betriebsneugründungen	in schrumpfenden Betrieben	durch Schließungen absolut	in % aller Arbeitsplatzverluste
1977/78	204745	1145407	659614	-1073426	-526850	33
1978/79	449009	1258586	528398	- 956823	-381147	28
1979/80	374349	1193675	523590	- 967740	-375176	28
1980/81	-123646	1014095	530271	-1275734	-392278	24
1981/82	-367672	985391	511303	-1384097	-480269	26
1982/83	-322988	894983	430696	-1262404	-386263	23
1983/84	-100410	1013254	531078	-1209099	-435643	26
1984/85	299746	1260478	492880	-1029023	-424589	29
1977/85	413138	8765869	4207830	-9158346	-3402215	27

Quelle: Cramer 1987

Neuerdings jedoch liegen auch für die Bundesrepublik Deutschland präzisere Angaben über die Arbeitsmarktwirkungen von Betriebsstillegungen vor. Die Ermittlung der entsprechenden Daten erfolgte nach dem Job-Turnover-Konzept, das 1987 erstmals von der OECD aufgegriffen worden ist (OECD 1987, S.97 ff.). "Job-Turnover" ist definiert als Differenz von Entlassungen und Einstellungen eines Betriebs bzw. - in der Aggregation - einer Betriebsgrößenklasse, einer Branche oder Region. Dabei wird zwischen expandierenden und neuen Betrieben auf

---

[1] So wurden zwischen 1980 und 1985 im Jahresdurchschnitt 138 Tsd. Betriebe geschlossen, davon 11 Tsd. infolge von Konkursen (Cramer 1987; Creditreform 1987/88).

der einen und schrumpfenden bzw. geschlossenen Betrieben auf der anderen Seite unterschieden (Cramer 1987, Cramer/Koller 1988).[1]

Das Job-Turnover-Konzept erweist sich als besonders geeignet zur Darstellung der dynamischen Aspekte des Arbeitsmarktgeschehens. Zwischen 1978 und 1985[2] nahm danach die Zahl der sozialversicherungspflichtig Beschäftigten in der Bundesrepublik um insgesamt ca. 413 Tsd. Personen zu. Hinter diesem Saldo verbirgt sich ein Beschäftigungsrückgang von ca. 12,6 Mio. in schrumpfenden bzw. stillgelegten Betrieben und ein Beschäftigungszuwachs von ca. 13 Mio. in expandierenden bzw. neugegründeten Betrieben.

Hieran wird deutlich, daß eine fast stagnierende Beschäftigungssituation das Resultat millionenfacher Arbeitsmarktbewegungen darstellen kann. Durch Betriebsschließungen verloren im gleichen Zeitraum ca. 3,4 Mio. Menschen ihre Arbeit, d.h. 27% des gesamten Beschäftigungsrückgangs bzw. 14 % der jährlichen Arbeitslosmeldungen resultieren hieraus.[3] Dies zeigt, daß die Arbeitsmarktwirkungen von Betriebsschließungen in der Bundesrepublik bisher erheblich unterschätzt worden sind.

Im internationalen Vergleich allerdings liegt die Bundesrepublik bei der Zahl und bei den Beschäftigungswirkungen von Betriebsschließungen eher am unteren Ende der Skala. Insgesamt zeigen sich jedoch überraschende Parallelen in der quantitativen Bedeutung von Betriebsstillegungen. Sie spielen in Schweden - einem Land mit hohem Beschäftigungsstand und einer strikten gesetzlichen Regulierung von Betriebsstillegungen - kaum eine geringere Rolle als in Kanada oder

---

1 Die Daten werden durch eine spezielle Aufbereitung der Beschäftigtenstatistik gewonnen, nach der über die Betriebsnummer eine betriebliche Zuordnung jedes Beschäftigten möglich ist. Durch den jährlichen Vergleich der so gewonnenen Betriebsdateien lassen sich Beschäftigungsveränderungen erkennen. Zeigt ein Betrieb keine Beschäftigten mehr an, so wird dies als Betriebsschließung interpretiert. Hierin liegt eine Ungenauigkeit, da ein Betrieb auch ohne sozialversicherungspflichtig Beschäftigte weiterexistieren kann. Vgl. zur Methode dieser Vorgehensweise Cramer 1985, S.56-68, Cramer 1987, S. 16 f. sowie Cramer 1988, S. 361-364.

2 Für diesen Zeitraum lagen entsprechende Daten vor.

3 Die Zahl der Arbeitslosmeldungen aus vorheriger Erwerbstätigkeit ist wesentlich größer als der Beschäftigungsrückgang infolge von Schrumpfung bzw. Schließung von Betrieben, da natürlich auch Beschäftigte aus expandierenden Betrieben entlassen werden.

den USA, d.h. zweier Staaten, in denen kaum Restriktionen für die Aufgabe bzw. Verlagerung von Unternehmen existieren.

So wurden in Kanada jahresdurchschnittlich 12,6% der Betriebe geschlossen, in Frankreich 11,8%, in Schweden 10,8%, und in der Bun-

Schaubild 1 : Konkurse und Betriebsstillegungen in der BRD
(1978 - 1985)

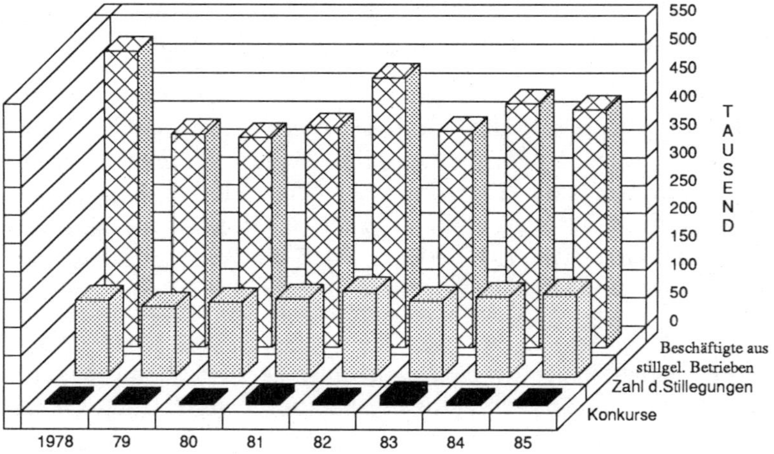

Quelle: Cramer 1987, Creditreform 87/88

desrepublik 10,4%. Betroffen waren hiervon in Kanada 2,1% der Beschäftigten, in Schweden 3,4% und in der Bundesrepublik 2,3%. In Frankreich und den USA[1] fiel die Betroffenheit mit knapp 6% der Beschäftigten etwas höher aus (OECD 1987, S. 102 ff, vgl. auch III).

Betriebsschließungen werden oft als typische Begleiterscheinung des *Deindustrialisierungsprozesses* interpretiert. Dieses Bild wird durch spektakuläre Schließungen von Kohlezechen, Großwerften, Stahlbetrieben und Textilunternehmen geprägt. Für die Bundesrepublik läßt sich jedoch für die letzten 10 Jahre keine Zunahme der Zahl bzw. der arbeitsmarktpolitischen Bedeutung von Betriebsschließungen

---

1 Für die USA liegen allerdings nur Daten für Pensylvania vor.

Schaubild 2: Von Betriebsstillegungen Betroffene

(Beschäftigte nach Betriebsgröße)

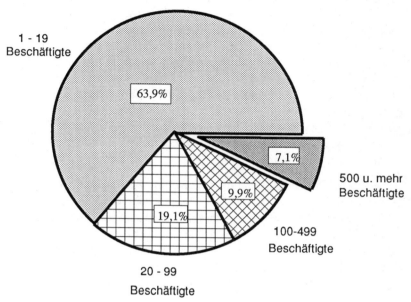

Quelle: Cramer 1987

erkennen (Tabelle 2, Cramer 1987). Zudem findet der größte Teil der Schließungen im Bereich des Handels sowie der privaten und unternehmensbezogenen Dienstleistungen statt. In diesen Bereichen gehen teilweise hohe Gründungs- und Expansionsraten mit überdurchschnittlichen Schrumpfungs- bzw. Sterberaten von Betrieben einher. (Cramer/Koller 1988, S. 366 ff.) Dagegen vollzieht sich im Bereich der Investitions- und Konsumgüterindustrie der Beschäftigungsabbau überwiegend über eine Schrumpfung bestehender Betriebe und weniger durch Betriebsschließungen. Ähnliche Tendenzen lassen sich auch in Frankreich, Schweden und Japan feststellen, wie die Untersuchung der OECD zeigt (OECD 1987, S. 115 f.). Dieses Ergebnis verwundert nicht, da im tertiären Sektor überdurchschnittlich häufig Kleinbetriebe tätig sind, auf die der Hauptanteil der Betriebsschließungen entfällt.

Zudem korreliert ein hohes Tempo an Unternehmensneugründungen im Handel und den sonstigen Dienstleistungen i.d.R. mit einer hohe Sterberate.

Insgesamt ist somit eine differenzierte Sicht der Bedeutung von Betriebsschließungen für den Deindustrialisierungsprozeß erforderlich. Gerade in den altindustriellen Sektoren haben sich oft Großbetriebe etabliert, die sich zunächst durch Schrumpfung dem Strukturwandel anzupassen versuchen. Die Dimension dieser Anpassungen übersteigt häufig - auch im Fall der AG "Weser" (vgl. II.1.5) - jene der letztendlichen Betriebsschließung. Umgekehrt vollziehen sich in expandierenden Bereichen der Wirtschaft häufig Neugründungen und Betriebsaufgaben parallel zueinander, so daß hier Betriebsstillegungen ein größeres Gewicht zukommt als in schrumpfenden Sektoren. Wegen der meist geringen Unternehmensgröße werden diese Schließungen allerdings kaum wahrgenommen.

98% aller Betriebschließungen betreffen Betriebe mit weniger als 20 Beschäftigte. *Großbetriebstillegungen* (mehr als 500 Beschäftigte) sind in der Bundesrepublik mit ca. 0,2% der Fälle eine Ausnahme. Obwohl mit jeder Schließung eines großen Betriebs im Jahresdurchschnitt 1978-1985 fast 1200 Arbeitsplätze verloren gingen, resultieren hieraus nur 7% der stillegungsbedingten Arbeitsplatzverluste bzw. weniger als 1% der Arbeitslosmeldungen aus vorheriger Erwerbstätigkeit.

Ihre quantitative Bedeutung für das Arbeitsmarktgeschehen insgesamt ist also eher gering. Solche Durchschnittsbetrachtungen verdecken jedoch, daß im Einzelfall die Auswirkungen auf die jeweilige Region erheblich sein können. Die Schließung kleinster und kleiner Betriebe bleibt dagegen meist auch regional unterhalb der Wahrnehmungsschwelle. Im Durchschnitt verlieren in dieser Größenklasse je Schließung 2 (Betriebe unter 20 Beschäftigte) bzw. 37 Arbeitnehmer (Betriebe zwischen 20 und 99 Beschäftigte) ihren Arbeitsplatz. Solche Arbeitsplatzverluste gehen in der Vielzahl von "normalen" Entlassungen unter. Nur im Falle von Großbetriebsschließungen ist deshalb mit Reaktionen des Arbeitsmarktes bzw. mit Modifikationen seiner Funktionsweise zu rechnen.

Regionale Bedeutung von Betriebsschließungen am Beispiel Bremens

Am Beispiel der AG "Weser" in Bremen läßt sich die quantitative Dimension einer Großbetriebsstillegung für den Arbeitsamtbezirk Bremen demonstrieren. Von den Arbeitslosmeldungen stammten im Januar 1984 27% und von Januar bis Juli 1984 - dem Zeitraum, über den sich die Entlassungen hinzogen - 10,5% aus der Werftschließung.[1] Betrachtet man jene berufsfachlichen Teilarbeitsmärkte, auf denen die entlassenen Werftbeschäftigten primär Arbeit suchten, so tritt die quantitative Bedeutung dieser Großbetriebsstillegung noch deutlicher zu Tage.

Tabelle 3: Entwicklung von Beschäftigung und Arbeitslosigkeit in werftspezifischen Teilarbeitsmärkten nach der AG "Weser"-Schließung

	Beschäftigte 1984	1985 (1983=100)	Arbeitslose 1984	1985 (1983=100)	Arbeitslosenquote 1983	1984 in %	1985
sonst. Metallarb.	93,3	98,4	115,0	110,0	8,5	10,3	9,4
Rohrschlosser	97,6	99,7	113,5	99,3	11,3	12,6	11,2
Schiffbauer/ Stahlbauer	87,5	90,9	114,5	81,2	18,9	23,3	17,2
Maschinenschl.	96,0	96,6	119,2	108,4	12,3	14,8	13,6
Schweißer	84,2	84,0	85,7	65,6	17,9	18,2	14,5
Elektriker	96,6	97,0	116,9	101,7	8,5	10,1	8,9
Kranführer/ Maschinisten	93,0	88,3	137,2	100,0	9,3	13,1	10,4
Schiffszimmerer/ Maler	102,2	107,2	107,6	108,0	17,8	18,6	17,9
Meister/Vorarb.	101,2	100,9	131,9	69,6	7,0	9,0	4,9
gesamt	99,0	99,3	107,0	111,3	11,4	12,2	12,6

Quelle: Arbeitsamt Bremen, eigene Berechnungen

So konkurrierten z.B. 250 ehemalige Schweißer der AG "Weser" mit 484 anderen arbeitslosen Schweißern um 2250 Schweißer-Arbeitsplät-

---

[1] Im Arbeitsamtbezirk Bremen wohnten 1.769 männliche AG "Weser"-Beschäftigte, von denen sich bis zum 1.7.1984 ca. 1.370 arbeitslos meldeten. Im gleichen Zeitraum wurden 13.007 Arbeitslosmeldungen von Männern (19.393 insgesamt) aus vorheriger Erwerbstätigkeit registriert. Der Bezug auf die männlichen Erwerbstätigen erfolgt, da es sich bei der AG "Weser" im wesentlichen um eine männliche Belegschaft mit "Männerberufen" handelte.

ze in der Region. 320 Stahlbauschlossern und Schiffbauern der AG "Weser" standen, bei insgesamt 1419 entsprechenden Arbeitsplätzen, 330 andere arbeitslose Schiffbauer gegenüber. In den meisten werftspezifischen Berufsgruppen nahm die Zahl der Beschäftigten 1984 weit überdurchschnittlich ab, während zugleich die Arbeitslosenzahlen und die Arbeitslosenquote überdurchschnittlich anstiegen.[1] Am deutlichsten ist dies bei den Schiffbauern zu beobachten, bei denen die ohnehin schon überdurchschnittliche Arbeitslosenquote von 18,9% im September 1983 auf 23,3% 1984 anstieg.

Insgesamt zeigt sich am Beispiel der AG "Weser", daß Großbetriebsstillegungen die Beschäftigungs- und Arbeitslosenentwicklung auf regionalen beruflichen Teilarbeitsmärkten erheblich beeinflussen. Die Konkurrenz nimmt hier spürbar zu und die einstellenden Betriebe sehen sich einem sprunghaft anwachsenden Angebot an Arbeitskräften mit bestimmten berufsfachlichen und qualifikatorischen Merkmalen gegenüber. Diese Veränderungen sind jedoch zeitlich begrenzt. Die Arbeitsmarktimpulse aus der AG "Weser"- Schließung verloren sich z.B. innerhalb eines Jahres in dem umfangreichen Strom von Neueinstellungen und Entlassungen. Übers Jahr 1984 gesehen resultierten hieraus "nur" ca. 3% der gesamten Arbeitslosmeldungen. Nach einem Jahr war die Mehrheit der Werftbeschäftigten wieder in Arbeit bzw. endgültig aus dem Arbeitsmarkt ausgeschieden und die Angebots-Nachfragerelationen auf den besonders betroffenen Teilarbeitsmärkten hatten sich - oft infolge von Berufswechseln - wieder normalisiert (vgl. Tabelle 3). Kurz, die Allokationsprozesse auf dem regionalen Arbeitsmarkt hatten die Wirkungen der Großbetriebstillegung über die Jahresfrist so umverteilt, daß kaum noch "statistische Spuren" übriggeblieben waren.

Abgesehen von solchen spektakulären Fällen wie der AG "Weser" beeinflussen Betriebsschließungen in einem strukturschwachen Wirtschaftsraum wie Bremen den Arbeitsmarkt also nicht überdurchschnittlich. Die Auswertung der Beschäftigungsstatistik (IAB, Cramer 1987) für den Arbeitsamtsbezirk Bremen ergibt für den Zeitraum

---

1 Bei den Schweißern sank zwar die Zahl der Beschäftigten 1984 drastisch ab, gleichzeitig nahm jedoch überraschend auch die Zahl der Arbeitslosen stark ab, so daß die Arbeitslosenquote nahezu unverändert blieb. Ursache hierfür war die Abwanderung einer großen Zahl ausländischer Schweißer im Zusammenhang mit dem Rückkehrhilfegesetz.

1978-1987 einen jahresdurchschnittlichen Arbeitsplatzverlust infolge von Betriebsstillegungen von ca. 3800, d.h. ca. 11% der Arbeitslosmeldungen aus vorheriger Erwerbstätigkeit sind hierauf zurückzuführen.[1] Allerdings ist in den achziger Jahren ein Anstieg der Arbeitsplatzverluste durch Betriebsschließungen zu beobachten.

Nimmt man als ungefähren Indikator für insolvenzbedingte Betriebsstillegungen die Zahl der Bezieher von Konkursausfallgeld[2], so zeigt

Tabelle 4: **Betriebsschließungen und Zahl der Bezieher von Konkursausfallgeld im Arbeitsamtsbezirk Bremen, 1978-1987**

	Arbeitsplatzverluste durch Betriebsstillegungen		Bezieher von Konkursausgeld		Arbeitslosmeldung aus vorh.Erwerbstätigkeit
	Anzahl	in% v.Sp.5[1]	Anzahl	in% v.Sp.5	absolut
	1	2	3	4	5
1978	3289	9,2[1]	1167	3,6	32181
1979	3065	9,6[1]	605	2,1	28739
1980	3437	10,2[1]	355	1,2	30290
1981	3109	8,3[1]	949	2,8	33684
1982	4850	12,5[1]	1142	3,3	34846
1983	4253	12,1[1]	1087	3,4	31730
1984	3573(4923)[2]	10,1(14)[1,2]	1736	5,4	31953
1985	3798	11,5[1]	1479	5,0	29791
1986	4079	13,2[1]	1670	6,0	27822
1987	4327	12,7[1]	1107	3,6	30545
jährlicher Durchschnitt 1978 - 1987					
	3778 (3913)[1,2]	10,9 (11)[1,2]	1130	3,6	31158

1) Unter der Annahme, daß sich durchschnittlich 90% der infolge einer Betriebsstillegung Entlassenen arbeitslos melden
2) Unter Berücksichtigung der AG "Weser"- Schließung

Quelle: Arbeitsamt Bremen, Arbeitsmarktberichte; IAB Nürnberg

sich, daß mindestens ein Drittel der schließungsbedingten Arbeitsplatzverluste in Bremen durch Konkurse verursacht wurden. Diese Zahl liegt ungefähr im Bundesdurchschnitt, d.h. Betriebsschließungen in Bremen liegen nicht häufiger als anderswo Insolvenzen zugrunde.

---

1 Unter der Annahme, daß sich 90% der von Betriebstillegung Betroffenen arbeitslos melden.

2 Dieser Indikator weist etwas geringere Beschäftigungseffekte von Insolvenzen auf als die DIW-Untersuchung (DIW Wochenbericht 45/82, S.555).

Schaubild 3: Betriebsstillegungen in Bremen 1977 - 1987
nach Wirtschaftszweigen

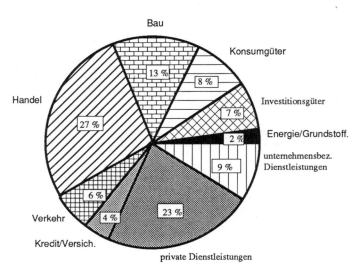

Quelle: Cramer 1987

Generell spielen Betriebsschließungen in einer ehemals altindustriellen Region wie Bremen keine überdurchschnittliche Rolle. Die Schließungsrate liegt knapp unter dem Bundesdurchschnitt, die Schrumpfungsrate hingegen etwas darüber. (Cramer/Koller 1988, S.376 f.) Nur 16% der Arbeitsplatzverluste durch Betriebsstillegungen aber 30% des gesamten Arbeitsplatzabbaus (1978-1987) vollzogen sich im Bereich der Konsum- und Investitionsgüterindustrie (Schaubild 3), d.h. dieser Bereich schrumpfte zwar beträchtlich, jedoch blieben die meisten Betriebe weiter bestehen. Auch in Bremen vollzog sich der Deindustrialisierungsprozeß primär durch die Schrumpfung bestehender Betriebe, während, ähnlich wie im Bundesdurchschnitt und in anderen Ländern, die Mehrzahl der Betriebsschließungen im tertiären Bereich und im Bausektor stattfanden.

II. Der Fall AG "Weser"
1. Geschichte der Werft und Hintergründe der Schließung
1.1 Die historische Entwicklung der Werft

Die AG "Weser" konnte auf eine lange Geschichte in der deutschen Schiffbauproduktion zurückblicken. Sie wurde 1843 als Eisengießerei und Maschinenfabrik gegründet und hatte damals außer dem Bau von Seeschiffen ein sehr breit gefächertes Produktionsprogramm. 1872 folgte die Umwandlung in eine Aktiengesellschaft unter Beteiligung von Kaufleuten der Hansestadt. Um die Jahrhundertwende begann eine langanhaltende Expansionsphase, die bis weit in den ersten Weltkrieg hinein anhielt. Mitte der 20er Jahre, nach Jahren der Krise, fusionierten die meisten deutschen Werften. Die AG "Weser" war in diesem Zusammenschluß, der DESCHIMAG, das führende Unternehmen. 1928 wurde die Seebeckwerft in Bremerhaven übernommen.

Schon in jener Zeit war die zyklische Entwicklung des Schiffbaus auf der Bremer Werft besonders ausgeprägt. Während des Baus des damals größten Passagierdampfers der Welt, "Bremen", waren zeitweilig über 10.000 Arbeiter in Bremen-Gröpelingen beschäftigt. Mit der Fertigstellung des Luxusschiffes wurden 5.000 Arbeitnehmer sofort entlassen. Wenige Jahre später auf dem Höhepunkt der Weltwirtschaftskrise waren nur noch 669 Menschen auf der Bremer Werft tätig.

Nach dem Konkurs des Bankhaus Schröder, dem Mehrheitsaktionär der AG "Weser" und der DESCHIMAG, wurde die Werft Anfang der 30 Jahre vom Bremer Senat übernommen. 1941 erwarb die Krupp GmbH 86,4 % des Aktienkapitals. Das Aufrüstungsprogramm im Faschismus brachte für die AG "Weser" einen neuen Aufschwung. In Bremen-Gröpelingen wurden U-Boote in Serie gebaut. Über 15.000 Menschen waren während des Krieges damit beschäftigt.

Bei Kriegsende stand die erheblich zerstörte Werft auf der Demontageliste und war viele Jahre von den Produktionsverboten der Alliierten betroffen. Erst 1951 wurden wieder größere Seeschiffe in Bremen gebaut. Schon 1957 endete jedoch der Nachkriegsaufschwung, auf dem Weltmarkt waren die japanischen Werften zu mächtigen Konkurrenten geworden.

1963 beschloß die Unternehmensleitung der AG "Weser" ein umfangreiches Sonderinvestitionsprogramm, um die Werft den neuen Bedingungen im Großschiffbau anzupassen. Bis 1968 wurde in die Modernisierung und Rationalisierung der Werften in Bremen-Gröpelingen

Schaubild 4: Beschäftigungsentwicklung der AG"Weser" 1908-1983

und in Bremerhaven 108 Mio.DM investiert. Der Schwerpunkt des Invesititonsprogramms betraf die Bremer Werft. Viele Maßnahmen dienten der Anpassung der Arbeitsabläufe an den modernsten Stand der Technik, insbesondere die Sektionsbauweise. Immer größere Teile eines Schiffes (Sektionen) wurden in Hallen vorgefertigt und dann am Endmontageplatz, dem Helgen, nur noch zusammengeschweißt. Die Helgen-Liegezeiten der Schiffe konnten auf diese Weise erheblich verkürzt werden.

Kernstück des damaligen Investitionsprogramms war der Bau des Helgen "Wilhelm" mit einem 500 t-Kran im Jahr 1964 und der Umbau des Helgen "Alfried" im Jahr 1968, über dem ein 750 t-Bockkran errichtet wurde. Auf diesen beiden Helgen konnten nun Schiffe mit einer Tragfähigkeit von mehr als 300.000 Tonnen gebaut werden. Diese beiden, den gesamten Helgen überspannenden Bockkräne wurden zum weithin sichtbaren Symbol des technologischen Fortschritts im Schiffbau. Immer größere Schiffe konnten in immer kürzerer Zeit gebaut werden.

Mit dem vorläufigen Abschluß des Investitionsprogramms der Jahre 1963-1968 bildete sich zugleich die Arbeitsteilung zwischen den beiden Werftstandorten, der AG "Weser" in Bremen und der Seebeckwerft in Bremerhaven, heraus. In Bremen wurde überwiegend der Großschiffbau betrieben, während Bremerhaven Zentrum des Standard- und Spezialschiffbaus wurde. Aus der Sicht des Gesamtunternehmens und des Eigentümers, des Krupp-Konzerns, war dies eine rationale Arbeitsteilung. Die AG "Weser" konnte auf dem Schiffbaumarkt mit der gesamten Palette an Schiffen verschiedener Qualität und Größenordnung als Anbieter auftreten, auf den Großschiffbau spezialisierte sich das Stammwerk in Bremen. Dieser Betrieb war durch die umfangreichen Rationalisierungsmaßnahmen zu einer der modernsten Tankerwerften der Welt geworden, die erfolgreich mit den japanischen Werften konkurrieren konnte. Der Erfolg dieser Unternehmensstrategie ließ sich in den Bilanzen deutlich ablesen. Nach Abschluß des Investitionsprogramms stiegen die Gewinne und die Aufträge für immer größere Tanker nahmen zu. Anfang 1969 wurde das erste von drei Tankerschiffen mit 240.000 Tonnen Tragfähigkeit (tdw), einer der größten Tanker der Welt, abgeliefert.

1.2 Die Spezialisierung auf die Supertanker

Mit dem Ziel der Erweiterung der Fertigungsanlagen, der Verbesserung der Transportwege und der Erhöhung des Stahldurchsatzes wurden 1970 bis 1972 nach einem neuen großdimensionierten Investitionsplan insgesamt 67 Mio.DM investiert. Von einschneidender Bedeutung erwies sich die mit diesem Programm verbundene noch stärkere Spezialisierung der Bremer Werft auf die Produktion von Supertankern: Die "Ein-Helgen-Bauweise" wurde eingeführt, die zugleich die Stillegung des gerade acht Jahre zuvor umgebauten Helgen "Wilhelm" zur Folge hatte.

Kaiserlicher Besuch auf dem Werftgelände vor dem I.Weltkrieg.

Zerstörte Schiffbauhalle im Jahre 1945.

Mit diesen Maßnahmen visierte die Unternehmensleitung der AG "Weser" den Bau von Supertankern in Serie an. Welche Rationalisierungserfolge und Produktionssteigerungen mit diesen Investitionen möglich wurden, wird an folgenden Zahlen deutlich: Für den ersten Europatanker von 250.000 tdw benötigte die AG "Weser" eine Helgenzeit von 38 Wochen und eine Ausrüstungszeit von 18 Wochen. Der 10. Tanker gleicher Größe wurde nach nur 12 Wochen Helgenzeit und 8 Wochen Ausrüstungszeit abgeliefert. Die Fertigungsstunden sanken von 1,5 auf 1 Million pro Schiff.

Dieser zweite Investitionsboom für den Bremer Betrieb war freilich mit Risiken verbunden, die sich erst Jahre später bemerkbar machten. Aufgrund des hohen Kapitalaufwands für den Großschiffbau verlor der Bremer Betrieb erheblich an Flexibilität und war im Bau kleinerer Spezialschiffe kaum noch konkurrenzfähig.

1973 wurde dieses Marktsegment - in der Sicherheit, daß das Gesamtunternehmen mit der Seebeckwerft weiter auf diesem Markt tätig war - von der Unternehmensleitung für den Bremer Betrieb bewußt aufgegeben, um die Kostenvorteile der Spezialisierung auf die Supertanker zu nutzen.

Um die Jahreswende 1972/73 konnte die Werft Aufträge von sieben Europa-Tankern der Größenklassen 380.000 tdw hereinnehmen. Am 30. April 1973 betrug der Auftragsbestand 2,2 Milliarden DM, der höchsten Stand an Aufträgen, den die Werft jemals in ihrer Geschichte erreichte. Für fünf Jahre, d.h. bis zum Ende des Jahres 1977, war der Bremer Betrieb damit ausgelastet. In Fachzeitschriften kündeten Vorstandsmitglieder der AG "Weser" an, daß die Werft 1977 in der Lage sein werde, 9 bis 10 Supertanker innerhalb eines Jahres zu fertigen sowie Schiffe in einer Größenordnung von 700.000 tdw zu produzieren. Zugleich wurden Pläne eines Baudocks für Schiffe mit einer Größenordnung von 1 Million tdw diskutiert (HANSA 12/1973).

Die technischen Dimensionen der Tankergiganten, die Produktionserfolge des Bremer Werks und die damit verbundenen enormen Gewinne hatten der Unternehmensleitung der AG "Weser" offensichtlich einen realistischen Blick auf den zu erwartenden Bedarf an solchen Tankern versperrt. Allerdings lag dem Vorstand der AG "Weser" bereits Ende 1972 eine vom eigenen Unternehmen in Auftrag gegebene Marktstudie und eine Untersuchung des Westeuropäischen Schiffbauverbandes (AWES) vor, aus der deutlich hervorging, daß der weltweite Jahresbedarf an Großtankern selbst unter günstigen Bedingungen lediglich bei 75 Schiffen pro Jahr liegen würde. Die Kapazitäten der Großtanker-Werften betrugen jedoch schon im Jahr 1972/73 100 Schiffe pro Jahr.

Zwar hatte die Unternehmensleitung der AG "Weser" die weltweiten Überkapazitäten frühzeitig erkannt, sie setzte jedoch darauf, daß die Werft, die am stärksten in die Modernisierung und Kapazitätserweiterung investiert, die größten Chancen hat, auch bei kleiner werdendem Auftragsvolumen zu bestehen. In Kenntnis bereits bestehender Überkapazitäten beschloß die AG "Weser" einen neuen Investitionsplan für die Jahre 1973-75, aufgrund dessen mehr investiert wurde als in allen anderen 3-Jahres-Zeiträumen zuvor (119,6 Mio.DM). Vorrangiges Ziel dieses dritten Investitionsbooms innerhalb von 12 Jahren war die Fortsetzung des Ausbaus des Bremer Werks, "um im Großschiffbau, insbesondere Großtankerbau, langfristig bestehen zu können." (Geschäftsbericht 1972, S.18).

Im Zentrum stand die Verlängerung des Helgen "Alfried" um 32 m. Jetzt konnten auf der AG "Weser" Supertanker mit einer Tragfähigkeit bis zu 650.000 t hergestellt werden. Freilich nur theoretisch: Auf der ganzen Welt hat sich bis heute niemals ein Reeder gefunden, der ein solches Schiff in Auftrag gegeben hätte.

Der Helgen "Alfried" wurde zum Symbol des 12 Jahre währenden Investitionsbooms der AG "Weser". Als mit seinem Bau begonnen wurde, begann die Ausrichtung und Spezialisierung der Werft auf die Serienproduktion von Supertankern. Als seine letzte Erweiterung abgeschlossen war, gab es keinen Käufer für Schiffe der Größenordnung, die dort hergestellt werden sollten.

In Kenntnis der nachfolgenden zehnjährigen Schiffbaukrise fällt es allerdings leicht, die damaligen Investitionsentscheidungen des Bremer Werftenvorstand als Irrweg zu kritisieren, der sich nur an kurzfristigen Gewinnerwartungen orientierte. Nicht übersehen sollte man, daß es zur damaligen Zeit keinen Schiffbauexperten gab, der einen langfristig anhaltenden vollständigen Zusammenbruch des Öltankermarktes prognostizierte.

Das Unternehmen verhielt sich letztlich auch nicht anders, als es ihm renommierte externe Gutachter wiederholt geraten hatten. In einem gemeinsamen Gutachten über die Lage der deutschen Werftindustrie (Werftenenquete), das im März 1972 im Auftrag des Bundeswirtschaftsministeriums vorgelegt wurde, hatten führende Unternehmensberatungsfirmen den Werften vorgeworfen, ihre Anlagen zu langsam an die gewachsenen Schiffgrößen angepaßt zu haben. Sie empfahlen zudem eine stärkere Arbeitsteilung der Werften nach Schiffsgröße, die Aufgabe des Baus von Schiffen unter etwa 120.000 tdw bei den Großwerften und generell einen Übergang zum Bau größerer Schiffe. In dieser Werftenenquete wurde zudem vor einer Ausweitung der schiffbaufremden Fertigung ("Diversifikation") gewarnt: "Die Werften sollten schiffbaufremde Erzeugnisse nur dann in ihrem Leistungsprogramm führen, wenn sie eine angemessene Rendite erbringen, erforderliche Investitionen im Schiffbaubereich nicht vernachlässigt werden und die Unternehmensleitung dadurch nicht von ihrer Führungsaufgabe im Werftenbereich zu stark abgelenkt wird." (Arbeitsgemeinschaft Werftgutachten 1972, S.192).

Auch die Bundesregierung verabschiedete noch in den Jahren 1973 und 1975 ein Tanker-Sonderprogramm zugunsten der deutschen Reeder. Zu einem Zeitpunkt, an dem die Überkapazitäten in Tankschiffahrt und Tankerbau deutlich erkennbar waren und die beteiligten Unternehmen überdies rentabel produzierten, subventionierte der Staat den Aufbau der Tankerflotte noch mit 15 % der Anschaffungskosten und trug damit zum Fortbestand der Überkapazitäten bei.

1.3 Unternehmenspolitik in der Schiffbaukrise

Anfang 1975 lief der erste der acht in Auftrag befindlichen Supertanker mit einem Fassungsvermögen von 380.000 Tonnen vom Stapel. Bevor jedoch das Investitionsprogramm, das den Bau noch größerer Supertanker in Serie ermöglichte, abgeschlossen war, wurde die Tankerkrise für die Bremer Werft spürbar. Mitte 1975 wandelte die Hapag-Lloyd Reederei den Auftrag für einen Supertanker in eine Bestellung von sechs Frachtschiffen um. Ende 1975 weigerte sich der griechische Reeder Niarchos, zwei bestellte und in Bau befindliche Tanker zu übernehmen, obwohl er bereits eine Anzahlung von 80 Mio.DM geleistet hatte. Eine von der AG "Weser" gegründete Gesellschaft charterte daraufhin die bereits fertigen Supertanker, um sie direkt von der Werft in die Geltinger Bucht in der Ostsee zu überführen und dort vor Anker zu legen. Jahrelang waren sie dort, zusammen mit anderen Supertankern, deutliches Symbol der Überkapazitäten in der Welt-Tankerflotte.

Die Durchhaltekonzeption 1976 bis 1980

Im Laufe des Jahres 1976 ging die Auslastung des Bremer Werkes bereits deutlich zurück. Insbesondere in der Vorfertigung fehlte es mangels neuer Aufträge an Arbeit. Die Auftragseingänge sanken auf 225 Mio.DM, nicht einmal ein Viertel des Niveaus des Jahres 1973.

Die Werft orientierte sich an einem Durchhalteprogramm. "Wir machen weiter so wie bisher und stellen uns auf härtere Bedingungen ein", teilte der Vorstandsvorsitzende auf der Bilanz-Pressekonferenz im Mai 1975 mit. In den folgenden Jahren investierte das Unternehmen kaum noch. "Die hohe Leistungsfähigkeit der Fertigungsanlagen in beiden Werften ... machte größere Investitionen nicht erforderlich", lautete die Begründung im Geschäftsbericht 1978. Den umgewandelten Tankerauftrag interpretierte das Unternehmen als Beweis für die Flexibilität des Bremer Betriebes, mit dem dieser den Anschluß an den mittleren Schiffbau gefunden habe. Später wurde allerdings bekannt, daß die Produktion dieser Schiffe bei weitem nicht kostendeckend erfolgte, sondern mit 10,-- DM je Fertigungsstunde subventioniert werden mußte.

Das Durchhaltekonzept basierte nach wie vor auf langfristig optimistischen Markterwartungen. "Spätestens ab 1984/85 tritt der Ersatzbedarf ein und ein gewisser Wachstumsbedarf. Da alle wissen, daß dieser Tankerboom wieder auf uns zukommt, wird man Bestellungen vorziehen. Ich rechne damit, daß 1979 und 1980 bereits die ersten Tankeraufträge auf die Werft zukommen", erklärte der AG "Weser"-Vorstandsvorsitzende (Der Spiegel 26.2.1978).

Vier Jahre hatte die Durchhaltekonzeption der AG "Weser" Bestand. Auch personell sichtbar endete sie im Jahre 1979 mit dem Ausscheiden des Vorstandsvorsitzenden.

Maßgeblich für das Aufgeben der Durchhaltestrategie dürften zwei

Faktoren gewesen sein: Zum einen verfestigte sich 1979 und 1980 auch bei der AG "Weser" die Erkenntnis, daß ein Aufschwung im Tankerkmarkt mehr als zweifelhaft war. Damit war aber die entscheidende Basis der Durchhalteprogrammatik untergraben.

Zum anderen dürften Rentabilitätsgesichtspunkte ausschlaggebend gewesen sein. In drei der vier zurückliegenden Krisenjahre wies die AG "Weser" nämlich immer noch Gewinne in ihrer Bilanz aus: 614.000 DM im Jahr 1975, 4 Mio.DM im Jahr 1976, 2 Mio.DM im Jahre 1977. Diese an den Krupp-Konzern abgeführten Gewinne waren - verglichen mit früheren Gewinnabführungen (27 Mio.DM 1973) - zwar gering, zur Begründung für die Politik des Durchhaltens jedoch ein überzeugendes Argument. Selbst der ausgewiesene Verlust von 700.000 DM in der Bilanz des Jahres 1978 war angesichts früherer Gewinne unproblematisch.

In die Gewinn- und Verlustrechnung der AG "Weser" fand die Tankerkrise erst Anfang 1980 Eingang. Die Bilanz des Jahres 1979 schloß mit einem Verlust von 65 Mio.DM ab, der entsprechend des Ergebnisübernahmevertrages von Krupp zu übernehmen war. Dieser Verlust überstieg den Gewinn der Erfolgsjahre 1973 und 1974 um das Doppelte. Er übertraf auch das Eigenkapital der Werft, die damit dem Konkurs näher war als dem nächsten Tankerboom.

1980 bis 1983: Ein Sanierungskonzept in ungewisser Marktsituation

Der Senator für Wirtschaft des Stadtstaats Bremen stellte auf einer Parlamentssitzung im Mai 1980 erstmals die Frage; "wie lange sich das kleinste Bundesland aus der Sicht des Steuerzahlers den Luxus zweier Großwerften leisten könne". (Plenar-Protokoll der Bremischen Bürgerschaft vom 8.5.1980, S.889). Nach mehreren Verhandlungsrunden scheiterte aber eine angestrebte Fusion mit der anderen Bremer Großwerft Vulkan, obwohl gerade der Krupp-Konzern daran erhebliches Interesse hatte. Für den Bremer Vulkan, der über eine günstigere Auftragssituation verfügte und zudem als Generalunternehmer des Fregattenprogramms der Bundesregierung ungleich stärker in die Marinepolitik involviert war, schien eine solche Lösung nicht sinnvoll, denn beide Bremer Großbetriebe hatten eine ähnliche Fertigungsstruktur.

Anfang 1980 wurde auf der AG "Weser" nach längerer Pause wieder ein Handelsschiff auf Kiel gelegt. Auch kontrahierte die Werft nach Verabschiedung des neuen Werfthilfeprogrammes sechs weitere Schiffsneubauten. Allerdings war der Betrieb mit diesen Aufträgen nur unzureichend und zudem falsch ausgelastet. Frachtschiffe mittlerer Größe wurden nämlich nunmehr auf Anlagen gefertigt, die nach wie vor für den Supertankerbau in Serie ausgerichtet waren.

Im September 1981 verabschiedeten Vorstand und Aufsichtsrat nach langer Diskussion ein letztes Umstrukturierungskonzept, das die folgenden Schwerpunkte enthielt:

— Der Helgen "Alfried", der mit dem großen Bockkran weithin sichtbar den Supertankerbau in Bremen symbolisierte, wurde stillgelegt. Die AG "Weser" verabschiedet sich damit endgültig aus dem Großtankerbau.

— 400 Arbeitsplätze im Gemeinkostensektor sollten wegfallen.

— Durch Zentralisierung von Funktionen wurde die Seebeckwerft in Bremerhaven faktisch zum neuen Unternehmenszentrum.

— Mit Unterstützung des Landes Bremen wurden noch einmal 20 Mio.DM zur Umstrukturierung bereit gestellt.

— Zugleich sollten die IG Metall und der Betriebsrat der AG "Weser" einer Senkung des tariflich ausgehandelten Lohns zustimmen.

Folgenreich für die Werft war, daß gemeinsam mit dieser Umstrukturierung auch die Kündigung des Ergebnisübernahmevertrages durch den Eigentümer erfolgte. Die Verluste der Vergangenheit hatten die ausgewiesenen Gewinne der 70er Jahre deutlich überstiegen. Fortan war der Krupp-Konzern nicht mehr verpflichtet und auch nicht mehr bereit, Verluste der Bremer Werft abzudecken.

Auf den ersten Blick schien die Situation nach Verabschiedung des Umstrukturierungsprogramms nicht ungünstig zu sein. Anfang 1982 wurden zwei Neubauaufträge geordert. Der Bremer Betrieb war zwar bis Anfang 1983 ausgelastet, jedoch konnten die Aufträge nicht zu kostendeckenden Preisen abgeschlossen werden.

Schon bei Ankündigung der Umstrukturierung machte der Vorstandsvorsitzende der AG "Weser" aus seiner Skepsis jedoch keinen Hehl: "Rein betriebswirtschaftlich gesehen müßte man eigentlich in Bremen überhaupt keinen Schiffbau machen, sondern in Bremerhaven die Kapazitäten auslasten. Trotzdem haben wir uns entschlossen, in Bremen gerade im Eisenschiffbau umzustrukturieren und zu investieren. Die Gründe sind rein sozialer Art und die Hoffnung auf die Zukunft des Marktes." (Nordsee-Zeitung vom 27.9.1980).

Ein Erfolg des Umstrukturierungsprogramms setzte die Markterholung im Schiffbau unabdingbar voraus. Hier lag das Risiko, das der Krupp-Konzern mit der Bereitstellung von fast 20 Mio.DM für Neuinvestitionen noch einmal einging. Ohne einen Schiffbau-Aufschwung Mitte der 80er Jahre, der auch wieder rentierliche Neubauaufträge ermöglichte, blieb die Situation des Bremer Betriebs extrem unsicher. Die AG "Weser" in Bremen wurde mit den Kostensenkungsmaß-nahmen zwischen 1980 und 1982 zwar saniert, keineswegs aber gerettet. Sie war nun nicht mehr ausschließlich auf den Großschiffbau spezialisiert, auf den Schiffsneubau blieb sie jedoch weiterhin angewiesen. Als Gesamtunternehmen bot die AG "Weser" 1982 das folgende Bild: Eine Werft mit zwei Produktionsstätten, die nunmehr auf dem gleichen Markt als Anbieter auftraten. Ohne Schiffsneubau war keine der beiden Produktionsstätten existenzfähig. Schiffsreparatur und Maschinenbau konnten nur zum geringen Teil zur Auslastung beitragen. Die Mehrzahl der Beschäftigten arbeitete in Bremerhaven, dorthin waren auch die meisten Zentralfunktionen und der Vorstand verlagert worden.

1982/83: Erneute Krise, Fusionspläne und Stillegung

Das Geschäftsergebnis der AG "Weser" hatte sich zwar im Laufe des Jahres 1982 deutlich verbessert. Die Erholung auf dem Schiffbaumarkt ging jedoch nicht soweit, daß Aufträge kostendeckend hereingenommen werden konnten. Ein Weg, die Werft wieder in die Gewinnzone zu führen, war nicht in Sicht.

Nur mit einer 10 %igen Auftragshilfe und einer Subvention von 10,-- DM je Fertigungsstunde hätte die Werft auf dem Weltmarkt eine Chance gehabt, neue Aufträge zu erhalten. Da der Krupp-Konzern nach Kündigung des Ergebnisübernahmevertrages nicht mehr bereit war, die Subventionierung von Neubauaufträgen vorzunehmen, blieb als Rettungsanker lediglich der Staat. Dem AG "Weser"- Vorstand schien damals ein erfolgreicher Abschluß von Neubauaufträgen möglich, wenn das Land Bremen zum teilweisen Verlustausgleich, z.B. durch den Kauf nicht betriebsnotwendiger Grundstücke, bereit gewesen wäre. Das hochverschuldete Bundesland hatte sich in der Vergangenheit wiederholt sowohl für die AG "Weser" als auch für den Bremer Vulkan sowie andere mittelständische krisenbedrohte Werften des Landes engagiert (SUAG, Rickmers). Zu einer neuerlichen Subventionierung weiterer Neubauaufträge oder der Bereitstellung von Bürgschaften war die Landesregierung jedoch nun nicht mehr bereit, zumal auch die Bundesregierung keinerlei Bereitschaft zeigte, schiffbaupolitische Vorstellungen zu entwickeln oder sektorale Strukturhilfen zur Anpassung der Werften zu gewähren.

Die anhaltend schlechte Marktsituation im Schiffbau veranlaßte dann die norddeutschen Landesregierungen auf einer Konferenz im April 1983, sich im wesentlichen den Forderungen des Verbandes der Deutschen Schiffbauindustrie anzuschließen und die weitere Vergabe von Subventionen an den Abbau von Kapazitäten zu binden. Damit hatten sich die Chancen zum Erhalt der AG "Weser" in Bremen erheblich verschlechtert.

In den folgenden Monaten legten die Werftenvorstände ein letztes Konzept vor, das eine fusionierte Bremer Großwerft unter Einschluß von AG "Weser", Bremer Vulkan und der Reparaturwerft Hapag-Lloyd vorsah. Die Eigentümer waren im Mai auch noch bereit, 40 Mio.DM dafür zu investieren, wenn zugleich eine Förderung der Umstrukturierung aus Bundesmitteln erfolgte. Dieses vom Senat an die Bundesregierung weitergeleitete Grobkonzept der Bremer Werftenfusion wurde jedoch von der Bundesregierung als nicht ausreichend abgelehnt. Der entscheidende Einwand war, es sei nicht erkennbar, daß eine derartige Werftfusion künftig Neubauaufträge von Schiffen ohne Verluste durchführen könne. In der Tat hätte keine seriöse Strukturkonzeption für den Schiffbau angesichts der damaligen Weltmarktsituation, die Produktion von Schiffen zu kostendeckenden Preisen garantieren können.

Noch während der Fusionsverhandlungen forderte allerdings auch der Vorstandsvorsitzende des Bremer Vulkan im Juni die Schließung des Standortes Bremen der AG "Weser". Anfang August erklärte dann der Hauptaktionär des Bremer Vulkan, Thyssen-Bornemisza, daß, entgegen früheren Zusagen, keine Bereitschaft zur finanziellen Beteiligung an den Fusionskosten seinerseits mehr bestünde und bot zugleich seinen Aktienanteil zum symbolischen Wert von 1,--DM dem Bremer Senat zum Kauf an. Dieser hatte ohnehin schon zur Abdekung von Verlusten ein Jahr zuvor 33 % des Aktienkapitals des Vulkans übernommen.

Die finanziellen Grundlagen einer Fusion, die alle Standorte des Schiffbaus im Lande Bremen hätte sichern können, war damit untergraben und die Bundesregierung weniger denn je bereit, die Umstrukturierung der Werften finanziell zu fördern.

Nachdem schließlich eine Unternehmensberatungsfirma, die mit einer "Tragfähigkeitsprüfung" beauftragt worden war, erklärt hatte, die Schließung des Standorts Bremen der AG "Weser" sei von allen Alternativen die kostengünstigste, teilte Bremens Bürgermeister am 29.8.1983 dem Betriebsrat und der Öffentlichkeit mit, die Schließung der Bremer Werft sei unabwendbar.

Mit einer einwöchigen Besetzung versuchten Betriebsrat und Belegschaft noch die Landesregierung für einen Erhalt des Standorts Gröpelingen zu gewinnen. Allerdings vergeblich. Am 15.10. beschloß dann der Aufsichtsrat endgültig die Stillegung zum 31.12.1983.

1.4 Die Schließung der Werft aus der Sicht der Belegschaft

Der betriebswirtschaftlichen Logik, welche die Stillegung der Werft scheinbar unausweichlich machte, vermag die Belegschaft sich bis heute nicht anzuschließen. Noch drei Jahre nach dem Ende der AG "Weser" ist sie mehrheitlich davon überzeugt, die Werft hätte nicht stillgelegt werden müssen. Wenn es nach rationalen ökonomischen Gesichtspunkten gegangen wäre, hätte man zumindest jene Betriebsabteilungen erhalten können, die nicht unmittelbar von Aufträgen für Schiffsneubauten abhängig waren - also Maschinenbau, Stahlbau, Schiffsreparatur usw. Selbst ohne Aufträge für Schiffsneubauten seien dort - das meinen besonders jene, die in diesen Abteilungen gearbeitet haben - die Arbeitsplätze nicht gefährdet gewesen.

"Die Reparatur bleibt weiter bestehen, das hat unser Chef immer wieder gesagt. Aufträge für die Reparatur, das sei kein Problem. So hat man es eigentlich geglaubt, bis zuletzt." (Schweißer, 48)

Auch die sog. "alternative Produktion", über die in den Tagen der Besetzung von einem Teil der Belegschaft diskutiert wurde, hätte einen Ausweg geboten. Schon früher habe man gelegentlich anderes als Schiffe produziert:

"(Zu erhalten gewesen wäre)...ein Teil der Werft auf jeden Fall. Z.B. der Maschinenbaubereich. Dort haben wir auch schon Alternativproduktion gemacht. Ich erinnere mich an den Vorrichtungsbau für die Automobilindustrie, an Konstruktionen anderer Firmen, die auf der AG "Weser" ausgeführt wurden, wie z.B. Steinpressen." (Techniker, 31)

Weitaus verbreiteter als diese Ansichten ist freilich die Meinung, die AG "Weser" hätte aber auch als Schiffbaubetrieb durchaus weiterarbeiten können, denn es seien Neubauaufträge vorhanden gewesen.

"Vor der Schließung, da hatten wir fünf Aufträge auf der Hand. Die kamen aus Amerika. Dann wurden Gerüchte verbreitet, die AG "Weser" würde schließen. Logisch, daß die Aufträge storniert wurden." (Schiffbauer, 61)

Daß diese tatsächlichen oder vermeintlichen Rettungsmöglichkeiten nicht ernsthaft in Betracht gezogen wurden, wird denen angelastet, die die Stillegung beschlossen hatten und aus diesem Grund alle Vorschläge ablehnten: der Konzernleitung und den Politikern.

Allerdings werden auch rückblickend - meist von Ingenieuren und Meistern - auch Positionen vertreten, wonach eine alternative Produktion und/ oder der Fortbestand einzelner Betriebsabteilungen lediglich nachträgliche, müßige Spekulationen über eine Entwicklung sind, die schon früh eingesetzt hatte und nun nicht mehr aufzuhalten war.

Resignierend stellen sie fest: das miserable Management habe schon zu Zeiten des Tankerbooms die falschen Entscheidungen getroffen und seither sei im Grunde die Schließung nicht mehr abzuwenden gewesen. Zwar hätten sie dies seinerzeit auch nicht so gesehen und im Nachhinein müsse man einräumen, den Durchhalteparolen der Betriebsleitung naiv Glauben geschenkt und mit der Bereitschaft zur Kooperation den Prozeß des Niedergangs noch verlängert zu haben. Aber angesichts der internationalen Schiffbaukrise sei das Ende der Werft, trotz Kapazitätsabbau und Neuinvestitionen besiegelt gewesen. Da hätten auch einige Neubauaufträge nichts mehr genützt. *Eine* Großwerft in der Bundesrepublik hätte auf jeden Fall geschlossen werden müssen - und das sei eben die AG "Weser" gewesen.

Ausschließlich betriebswirtschaftliche Gründe lassen freilich auch sie nicht gelten. Auch für sie war es letztlich eine bewußte wirtschaftspolitische Entscheidung von Krupp-Konzern und Landespolitikern. Selbst in der zeitlichen Distanz von mehreren Jahren nach der Schließung ist deshalb die Belegschaft so gut wie einhellig davon überzeugt, daß es seinerzeit weniger eine ökonomische Frage war, ob die Werft noch zu retten gewesen wäre, sondern die AG "Weser" wurde - angesichts der allgemeinen Situation der Schiffbauindustrie in der Bundesrepublik und im besonderen der der drei Großwerften im Lande Bremen - einem übergeordneten politischen Interesse geopfert.

Die Entscheidung des Konzerns nimmt man dabei überwiegend ohne besondere Empörung zur Kenntnis, weil man sich über die Mechanismen der freien Marktwirtschaft anscheinend wenig Illusionen macht. Wo ein Betrieb, gleichviel ob durch internes Mißmanagement oder externe Konkurrenzsituation, in Bedrängnis gerät, werden eben die entsprechenden Konsequenzen gezogen. Das hat kaum einer anders erwartet. Achselzuckend wird festgestellt:

"Wenn der Kapitalgeber merkt, da läuft nichts mehr, und er nichts rausholen kann, dann macht er eben dicht." (Metallbrenner, 49)

"Tatsache ist, Krupp steigt ein in Firmen, die verdienen, und geht aus Firmen wieder raus, die nichts bringen." (Schweißer, 48)

Allerdings fällt in diesem Zusammenhang häufig der Name der gleichfalls zum Krupp-Konzern gehörenden Seebeckwerft in Bremerhaven. Dabei macht sich dann die traditionelle Rivalität der beiden Werften bemerkbar. Überzeugt vom hohen technischen Niveau der Produktionsanlagen der AG "Weser" und vom Qualifikationspotential der Belegschaft wird gegen die Seebeckwerft eingewandt: Wenn ökonomisch-rationale Gesichtspunkte bei der Entscheidung des Kon-

Besetzung der Werft durch Beschäftigte am 19.9.1983

zerns eine angemessene Rolle gespielt hätten, dann sei die vergleichsweise "unmoderne" Bremerhavener Werft eigentlich das näherliegende Stillegungsobjekt gewesen. Aus der Tatsache, daß die Entscheidung gleichwohl gegen die AG "Weser" ausgefallen ist, schließt man deshalb, nicht die Konzernleitung, sondern die Politiker hätten dabei ihren Einfluß geltend gemacht.

Gewiß billigen die meisten auch den Politikern zu, daß sie gegenüber der Entscheidung des Konzerns prinzipiell machtlos waren: "Da war allein die Macht des Großkapitals bestimmend". Und auch ihre Weigerung, noch länger und von neuem mit zusätzlichen Millionenbeträgen eine Schiffbauindustrie zu subventionieren, die nur bei weiterem Kapazitätsabbau eine Überlebenschance hatte, wird von nicht wenigen verstanden und sozusagen zähneknirschend akzeptiert. Um die Schließung *einer* Großwerft, so läßt die Mehrzahl nachträglich gelten, seien wohl damals auch die Politiker nicht herumgekommen.

"Hätten Politiker und Unternehmensleitung es gewollt, wäre die Werft zu retten gewesen. Aber *eine* Werft hätte auf jeden Fall schließen müssen, weil die Auslastung aller Werften nicht mehr gewährleistet war. Es war ja schon lange ein Krampf, überhaupt die Kapazitäten auszulasten. Und dann ist es natürlich für ein Unternehmen uninteressant, wenn die Werft keine Gewinne mehr abwirft." (Koch, 49)

Aber die Politiker hätten, so sehen es die meisten, ihrerseits ebenfalls eine Wahlmöglichkeit gehabt, nämlich die zwischen den beiden Bremer Werften Vulkan und AG "Weser". Verglichen mit der Vulkan-Werft verfügte auch in diesem Fall die AG "Weser" über die besseren Voraussetzungen:

"Der Vulkan, der hatte einen Überhang an Leuten. Wir, wir hatten uns lange gesundgeschrumpft, wir waren eine moderne Werft. Von daher kann ich's eigentlich bis heute nicht verstehen." (Lagerführer, 50)

"Der Vulkan, der war überaltert, wir waren moderner. So konnten wir gar nicht begreifen, daß wir geschlossen wurden. Aber das hängt mit dem Standort zusammen.." (Werkmeister, 61)

Daß am Ende die Politiker - und in diesem Zusammenhang wird fast immer der Name des damaligen Bürgermeisters Koschnick und des Arbeitssenators Grobecker genannt - für den Vulkan und gegen die AG "Weser" votierten, wird deshalb sowohl mit dem finanziellen Engagement des Bremer Senats an der Vulkan-Werft erklärt, als auch mit den arbeitsmarktpolitischen Folgen, die deren Schließung gehabt hatte.

"Die Politiker, die haben das Schwein geschlachtet, das am wenigsten wog. Beim Vulkan waren 4.500, bei der AG "Weser" nur 2.000 Beschäftigte. Da war die Sache ja eigentlich klar." (Tischler, 47)

"Es war von oben beschlossene Sache. Die Werftindustrie sollte schrumpfen. Wenn der Vulkan geschlossen worden wäre, wäre es für Bremen-Nord bitter geworden. Deshalb mußten wir dran glauben." (Schiffbauer, 50)

Es ist in diesem Zusammenhang unerheblich, ob die negative Einschätzung der Vulkan-Werft zutrifft. Auch spielt es keine Rolle, ob die finanzielle Beteiligung des Bremer Senats am Vulkan oder ob politische, womöglich wahltaktische Erwägungen tatsächlich den Ausschlag gegeben haben. Die große Mehrheit der entlassenen Belegschaft sieht es jedenfalls so und fügt es aus ihrem Blickwinkel zu einem Meinungsbild, das auf die Formel gebracht werden kann: Angesichts der Schiffbaukrise in der Bundesrepublik mußte zwar notgedrungen eine Werft geschlossen werden, aber der Konzern hatte die Wahl zwischen Seebeck und AG "Weser", die Bremer Landesregierung zwischen Vulkan und AG "Weser". In dieser Entscheidungskonstellation gewann das Votum des Bremer Senats eine zentrale Bedeutung.

Weil in der damaligen Situation aus drei zur Disposition stehenden Werften nur eine der beiden aus Bremen für eine Schließung infrage gekommen sei, habe er diejenige ausgewählt, bei der die geringsten (politischen) Verluste zu erwarten waren. Insofern hätten letztlich politische, nicht ökonomische Gründe das Schicksal der Werft besiegelt: "Die Schließung war 'ne rein politische Schließung".

Für große Teile der Belegschaft gibt es daran keinen Zweifel. Sie halten die bremische Landesregierung für einen Komplizen des Krupp-Konzerns und werfen ihr unnachsichtig vor, statt der Interessen der Belegschaft ihre eigenen im Auge gehabt zu haben.

"Das Ganze war doch ein Komplott. Der Krupp hat eben kein Geld mehr gegeben und auch der Senat steckte mit drin." (Tischler, 47)

"Unsere Politiker haben das vorher gewußt, das kreide ich dem Koschnick an. Das war eine abgekartete Sache. Ein Politikum. Das war abgesprochen. Uns hat man zum Narren gehalten." (Schlosser, 49)

Nur selten äußert der eine oder andere ein gewisses Verständnis für das Dilemma, in dem sich die Landespolitiker, besonders der Regierungschef Koschnick, befanden:

"Koschnick, der konnte gar nichts machen, der hätte nichts verhindern können, selbst wenn er gewollt hätte. Das ist halt die Überproduktionskrise; Kapitalismus an sich." (Spezialdreher, 45)

Und gelegentlich versuchen einige, meist Sozialdemokraten, sich aus Loyalität in die Lage der Politiker zu versetzen und die Alternativen gleichsam durchzuspielen, wobei sie dann zu dem Ergebnis kommen: Wahrscheinlich konnte die getroffene Entscheidung nicht anders ausfallen. Aber dennoch wollen auch sie nicht verzeihen:

"Der Hans Koschnick, auf den will ich ja eigentlich nichts kommen lassen, aber der hat sich auch zu wenig gekümmert... Ich bin zwar in der Partei, aber irgendwie bin ich auch nicht gut auf ihn zu sprechen." (Arbeiterin, 52)

Die Bonner Regierungspolitiker bleiben dagegen von massiven Vorwürfen überraschenderweise weitgehend verschont. Von denen hat man anscheinend ohnehin keine Hilfe erwartet. Aus durchsichtigen parteipolitischen Motiven hätten sie vielmehr die Gelegenheit genutzt, der Bremer SPD zu schaden.

"Die CDU-Regierung in Bonn wollte das Land Bremen nicht unterstützen. Bremen war ja SPD und denen wollten sie kein Geld zufließen lassen." (Schlosser, 49)

"Also die Bonner Politiker, die hätten schon mehr tun können, aber die wollten ja auch die Werft dichtmachen. Die wollten ja hier den Norden in die Knie zwingen, diese CDU-Regierung." (Maschinenschlosser, 38)

In der Retrospektive, in der das Desinteresse von Bundesregierung und Konzernleitung sozusagen als selbstverständlich hingenommen und die Schuld an der Werftschließung der Landesregierung angelastet wird, gerät schließlich auch die Haltung der Gewerkschaft ins Zwielicht. Einerseits wird ihre Ohnmacht oft betont. Sie habe wenig ausrichten können gegen die Entscheidung der Unternehmensleitung und getan, was möglich war - und das war nicht viel. "Was konnten die schon tun", wird zurückgefragt. Andererseits kritisiert man z.B., die finanziellen Abfindungen seien im Vergleich zu denen, die während der Jahre der Belegschaftsreduzierung gezahlt wurden, zu gering ausgefallen, um freilich sogleich einzuschränken: Mehr sei wohl nicht drin gewesen.

Dem Betriebsrat wirft man rückblickend vor, er habe seinerzeit sich beim Kapazitätsabbau auf eine sozialpartnerschaftliche Zusammenarbeit mit der Konzernleitung eingelassen und somit deren Politik mit zu verantworten. Aber gleichzeitig wird vom damaligen Betriebsratsvorsitzenden Ziegenfuß - von sehr wenigen Ausnahmen abgesehen, die ihm vorhalten, er sei "zu radikal" gewesen - mit hohem Respekt gesprochen. Er habe alles versucht und sich energisch und engagiert für die Belegschaft eingesetzt.

Schon früher hätte die Gewerkschaft dafür sorgen sollen, daß der Kapazitätsabbau gerechter auf alle Werften verteilt worden wäre. Doch dieser nachträgliche Appell an die Solidarität der anderen Werften wird umgehend mit dem Hinweis auf das Beispiel des Betriebsratsvorsitzenden der Seebeckwerft, dessen verständnisvolle Einstellung zur Entscheidung der Unternehmensleitung man durchweg für skandalös und unsolidarisch hält, resignierend zurückgenommen.

Insgesamt herrscht - neben dieser verbreiteten Ambivalenz - bei den meisten der eher unbestimmte Eindruck enttäuschter Erwartung vor: Man fühlt sich von der Gewerkschaft im Stich gelassen: "Sprüche haben sie gekloppt", "die haben auch nur blah blah gemacht", "geredet haben die viel, aber unternommen haben sie nicht viel" sind typische Äußerungen dafür.

"Die Gewerkschaften haben meines Erachtens eine miese Rolle gespielt. Die hätten eine größere Aktivität zeigen müssen und weniger Versprechungen machen müssen. Es macht nie einen guten Eindruck, Versprechungen zu machen ohne sie dann einhalten zu können." (Ingenieur, 44)

Worin diese aktive Unterstützung, deren Mangel allgemein beklagt wird, hätte konkret bestehen können, bleibt allerdings unklar. Festzustehen scheint für die Belegschaft lediglich, daß die Unverbindlichkeit der Äußerungen von Gewerkschaftsseite der der Politiker kaum nachsteht. Da obendrein der Verdacht, sie hätten mit diesen auf Landesebene ohnehin gemeinsame (Partei-) Sache gemacht, keineswegs selten ausgesprochen wird, fällt die Gewerkschaft letztlich demselben Verdikt anheim: sie wollte die Schließung auch nicht verhindern.

So hat auch drei Jahre danach der größte Teil der entlassenen Belegschaft eine eigene, von Widersprüchen nicht freie Meinung über die Ursachen und Bedingungen, die zur Stillegung der AG "Weser" führten: Kostenfragen, Fusionspläne, Umstrukturierungsabsichten und Sanierungskonzepte spielen dabei kaum eine Rolle. Die Schiffbaukrise mag die Schließung einer Werft erfordert, das Management versagt haben, aber entscheidend waren weniger ökonomische Gründe, sondern politische. Nicht der Besitzer der Werft, der Krupp-Konzern, steht in der Rückschau als der Verantwortliche da, sondern die Landesregierung. Von dieser allein gelassen - aber auch von der Gewerkschaft - war die verzweifelte Aktion der Belegschaft, mit der Besetzung der Werft deren Schließung abzuwenden, deshalb schon von vornherein zur Erfolgslosigkeit verdammt. Im Nachhinein wollen die meisten bereits zu dieser Zeit nicht mehr daran geglaubt haben, daß das Ende der AG "Weser" und damit der Verlust ihrer Arbeitsplätze noch zu verhindern gewesen wäre.

1.5 Beschäftigungsentwicklung und Beschäftigungspolitik vor der Schließung

Im Verlauf des Durchhalteprogramms und der anschließenden Sanierungsstrategie wurden auf der AG "Weser" in Bremen mehr Arbeitsplätze abgebaut als auf jeder anderen Großwerft in der Bundesrepublik Deutschland. Insgesamt schrumpfte die Belegschaft um mehr als die Hälfte. Allein zwischen 1975 und 1980 verloren mehr Arbeitskräfte ihren Arbeitsplatz als später zur Zeit der Schließung. Die meisten verließen damals die Werft freiwillig. Noch gab es gute Chancen, in anderen Betrieben der Region neue Arbeit zu finden.

In den ersten Jahren konnte daher der Personalabbau auch nach Aussagen der Unternehmensleitung ohne große Schwierigkeiten durchgeführt werden. Die hauptsächlichen beschäftigungspolitischen Instrumente waren die Ausnutzung der auf den Werften relativ hohen "natürlichen" Fluktuationen und die Frühverrentung älterer Arbeitnehmer (sog. 59-Regelung).

Der reibungslose Personalabbau wurde durch einen "guten Sozialplan" erreicht, der "in den Leistungen für die Belegschaft so attraktiv war, daß es in den gesamten Personalreduzierungen bis 1979 von 2000 Arbeitsplätzen kaum zu Entlassungen kam". (So der damalige Betriebsratsvorsitzende Hans Ziegenfuß, in: Heseler, Kröger 1984, S. 122 f.). Insgesamt wandte das Unternehmen bis Ende 1978 nach eigenen Angaben 20 Millionen DM für die Abfindungen ausgeschiedener Arbeitnehmer auf, und damit mehr als im Sozialplan, der bei der Schließung ausgehandelt wurde (17 Mio DM).

Dem Abbau von Überstunden und der Einschränkung von Fremdarbeiten maß die Unternehmensleitung keine entscheidende Bedeutung bei. Aus Unternehmenssicht ist dies auch verständlich, denn gerade in einer Situation, in der der Schiffbau-Markt mehr denn je ein Käufermarkt geworden war, nahm der Termindruck seitens der Reeder bei den wenigen Aufträgen zu.

Gerade weil die Produktionsdauer ein entscheidender Wettbewerbsparameter ist, sah sich die Werftleitung nicht in der Lage, die Überstunden in ihrem Volumen nennenswert zu reduzieren. Und unter Kostengesichtspunkten war der langanhaltende Trend zur Reduzierung der Fertigungstiefe kurzfristig kaum rückgängig zu machen.

Die Unternehmensleitung wollte darum die Beschäftigung im Gemeinkostenbereich reduzieren. Im Rahmen der Durchhaltekonzeption schien diese Strategie in den ersten Krisenjahren durchaus plausibel zu sein. Da nach der Erwartung des Vorstands mittel- bis langfristig mit neuen Tankeraufträgen zu rechnen war, bestand kein grundlegender Neuerungsbedarf, etwa des Erkundens neuer Marktfelder, Produktinnovationen und Produktionstechnologien.

Eine der ersten Maßnahmen der Gemeinkostensenkung war daher auch die Schließung der Forschungs- und Entwicklungsabteilung. Die Kündigung von über 20 hochqualifizierten Ingenieuren und Technikern wurde im Geschäftsbericht 1976 damit begründet, daß "vorübergehend eine Verlagerung der Aufgabenschwerpunkte in Forschung und Entwicklung von den mehr langfristig und grundlagenorientierten Aufgaben zu den mehr kurz- und mittelfristig bedarfsorientierten Projekten" (Geschäftsbericht der AG "Weser" 1976) erforderlich sei. Die Kehrseite dieser gemeinkostensenkenden Personalanpassung war allerdings, daß die AG "Weser" für eine grundlegende Umstrukturierung in

Bereichen technologisch fortgeschrittener Schiffbauprodukte oder schiffbaufremder Produkte weniger denn je gerüstet war.

Doch ging nicht nur die Zahl der Angestellten stärker zurück als die der Arbeiter. Auch die Zahl der im Gemeinkostenbereich tätigen Arbeiter sank stärker als die der direkt in der Fertigung beschäftigten Arbeiter.

Insgesamt veränderte sich das Verhältnis von produktiv Beschäftigten in der Fertigung zu Gemeinkostenpersonal von 53 zu 47 im

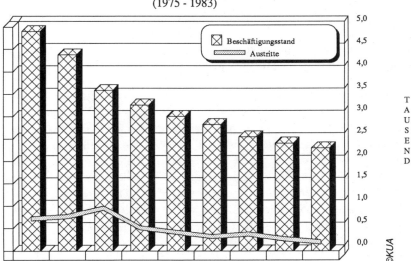

Schaubild 5: Beschäftigungsentwicklung der AG"Weser" (1975 - 1983)

Jahre 1974 auf 66 zu 34 im Jahre 1983. In den Jahren vor der Schließung war auch dadurch die Produktivität, die Wertschöpfung je Beschäftigten wieder deutlich angestiegen.

Betriebsbedingte Entlassungen waren im Zeitraum von 1975 bis zum September 1983 von der Unternehmensleitung kaum ausgesprochen worden, obwohl die Zahl der Arbeitsplätze von fast 5.000 auf 2.200 reduziert wurde. Die meisten verließen - mit vergleichsweise hohen Abfindungen - freiwillig die Werft. Besonders diejenigen, die erst kurze Zeit im Betrieb waren, schieden wieder aus, als die Schiff-

Tabelle 5: Arbeitsplätze auf der AG "Weser" Gröpelingen

	1974	1983	Arbeitsplatzabbau in %
Fertigungslöhner	2536	1335	- 47
Gemeinkostenlöhner	1077	259	- 76
Angestellte	1161	456	- 61
Gesamtbeschäftigung (ohne Auszubildende)	4774	205	-57
Auszubildende	196	185	-6
Gesamt	*4970*	*2235*	*- 55*

Quelle: Schiff und Hafen 7/1983 - eigene Berechnungen

baukrise nun offenkundiger wurde. Gleichzeitig nahm die Werft immer weniger Neueinstellungen vor.

Freiwillige, sozialplangeregelte Entlassungen und Verzicht auf Neueinstellungen waren die wichtigsten beschäftigungspolitischen Instrumente, die den reibungslosen Arbeitsplatzabbau vor der Schließung ermöglichten. Wie stark sich die Beschäftigungspolitik in der Krise wandelte, wird im Vergleich zweier Jahre deutlich: 1975 und 1982 sank die Belegschaft per saldo nahezu im gleichen Umfang (um 128, bzw. um 140). Im Jahr 1975 wurden freilich 587 Arbeitskräfte neu eingestellt und 715 verließen die Werft. Im Jahr 1982 wurden nur noch 128 Arbeitskräfte eingestellt und 268 verließen die Werft.

Die Struktur der AG "Weser" Belegschaft wandelte sich in acht Jahren grundlegend. Geblieben war eine Belegschaft, deren durchschnittliche Dauer der Betriebszugehörigkeit zuletzt mehr als 14 Jahre betrug.

1975 war fast die Hälfte der Belegschaft (48%) weniger als fünf Jahre im Betrieb, zum Zeitpunkt der Schließung waren es nur noch 6%. 83% aller Arbeitskräfte, die im Oktober 1983 bei der Werft beschäftigt waren, waren es auch schon zehn Jahre zuvor. Vier von fünf Arbeitskräften, die von der Schießung der AG "Weser" betroffen wurden, hatten über einen langen Abschnitt ihres Berufslebens den Aufstieg und den Niedergang einer traditionsreichen Werft miterlebt. Sie hatten die größten Tanker der Welt gebaut und als es keine Nachfrage nach Tankern mehr gab, oft monatelang kurzgearbeitet. Neun Jahre zuvor hatten sie noch erfolgreich Lohnerhöhungen von 14% sowie einen tarifvertraglichen Kündigungsschutz und eine Verdienstsicherung für ältere Arbeitnehmer in einem wochenlangen Streik erkämpft.

Geblieben war eine Stammbelegschaft mit langjähriger Erfahrung im Schiffbau. Die meisten Arbeitskräfte waren qualifizierte Facharbeiter. Freilich unterschied sich die verbliebene Belegschaft auch im Alter deutlich von den Schiffbauern zur Zeit des Booms. Das durchschnittliche Alter der AG "Weser" Belegschaft betrug 1983 43 Jahre, 1975 aber nur 37 Jahre.

1975 war fast ein Drittel der Belegschaft unter 30 Jahren, 1983 nur

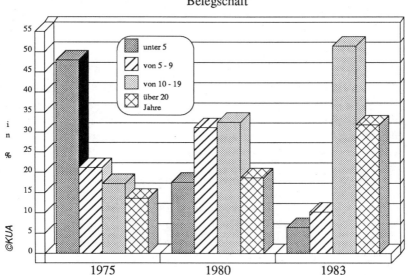

Schaubild 6: Betriebszugehörigkeitsdauer der AG"Weser"-Belegschaft

noch 10 %. Entsprechend gestiegen ist die Zahl der Älteren. Zwei Drittel der Werftbelegschaft war zum Zeitpunkt der Schließung über 40 Jahre alt, fast ein Drittel sogar über 50.

Nach achtjähriger Schiffbaukrise hatte sich so die Belegschaft grundle-

Schaubild 7: Altersstruktur der AG"Weser" Belegschaft

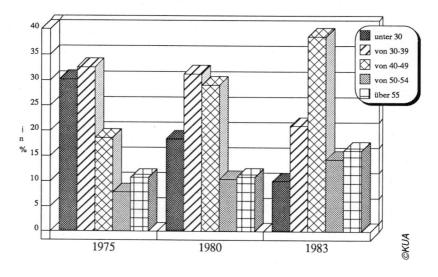

gend gewandelt. Die Schließung der Werft erlebten Werftarbeiter und -angestellte, die über langjährige Betriebs- und Berufserfahrung verfügten, die fast alle den Aufstieg und Niedergang ihres Betriebs und ihrer Branche miterlebt, aber auch inzwischen ein Alter erreicht hatten, in dem es auf dem externen Arbeitsmarkt schwierig wurde, schnell wieder einen vergleichbaren Arbeitsplatz zu finden.

1.6. Beschäftigungsabbau als Selektionsprozeß

Von der Belegschaft wurde die Entwicklung der AG "Weser", insbesondere der Beschäftigungsabbau, subjektiv indes anders wahrgenommen. Zwar registrierte man aufmerksam Auftragsmangel und Kurzarbeit, gelegentliche Übernahme schiffbaufremder Arbeiten und zeitweiliges Ausleihen an andere Werften, als Zeichen der allgemeinen Krise des Schiffbaus, die auch vor der AG "Weser" nicht halt gemacht hatte.

"Anzeichen für eine Schließung gab es viele, da waren keine Neubauaufträge, Leute wurden verschachert an andere Großbetriebe und überhaupt der Personalabbau seit 1975." (Ingenieur, 45)

Aber, so stellt es sich in der Rückerinnerung dar, diese Krisensymptome erregten offenbar keine besondere Besorgnis. Man hatte sich gleichsam daran gewöhnt, daß es im Schiffbau Probleme gab, und gemeinsam mit bzw. unterstützt von der Betriebsleitung vertraute man darauf, sie mittels Durchhalteprogrammen und Sanierungsstrategien überwinden zu können.

"Es haben doch alle gehofft. Wir hatten ja vorher schon viele Wechselbäder mitgemacht. Das ging schon vier Jahre so. Mal ging es wieder aufwärts und dann wieder bergab. Und hoffen tut man immer." (Kaufmännische Angestellte, 47)

Gewiß, geredet wurde viel über die Krise im Schiffbau und deren mögliche Folgen für die AG "Weser", aber die meisten glaubten, es würden auch wieder bessere Zeiten kommen. Anderen Werften ging es schließlich auch nicht besser und man hatte auch früher schon Flauten gemeistert. Obwohl die Belegschaft von Kurzarbeit, Überstundenabbau usw. nachhaltig betroffen war, kamen Zweifel an der Überlebenschance der AG "Weser" nur selten auf.

Im Gegenteil: Da die verschiedenen Maßnahmen der Belegschaft als unvermeidlich für den Fortbestand der AG "Weser" nahegelegt wurden, galten sie zugleich als Beweis für die Absicht der Betriebsleitung, die Werft nicht aufzugeben. Sie fanden deshalb die, wenngleich nicht immer ungeteilte Zustimmung der Belegschaft und wurden von ihr vorwiegend als Symptome eines Gesundungsprozesses begriffen, welcher der Sicherung der Werft und damit ihrer Arbeitplätze diente.

So wurde auch der sogenannte Kapazitätsabbau - d.h. die Reduzierung der Belegschaft von rund 5.000 auf 2.200 innerhalb weniger Jahre - weniger als Indiz dafür betrachtet, daß es mit der Werft nicht zum Besten stand, sondern die Entlassungen bestärkten viele in der Auffassung, auf diese Weise werde die Werft in die Lage versetzt, besser mit der Situation fertig zu werden. Die Belegschaft nämlich, die am Ende dieses Reduzierungsprozesses übrig geblieben war, interpretierte ihn als notwendigen Auslesevorgang, mit dem die Spreu vom Weizen gesondert wurde.

Obgleich die Entlassungen nach eindeutigen sozialen Kriterien erfolgten, d.h. vor allem jüngere, nicht verheiratete Arbeiter und Angestellte davon betroffen waren, und viele außerdem freiwillig die Werft verließen, weil sie sich dort keine Zukunft mehr versprachen, hält sich bei der verbliebenen Belegschaft bis heute hartnäckig die Meinung, es seien vor allem Ausländer, Ältere, Leistungsschwache gewesen, denen man gekündigt habe.

"Das waren zum größtenteil Ausländer. Und welche, die erst kurz auf der Werft waren und die die Masse krank gemacht haben. Für die war es nicht freiwillig." (Schmied, 54)

"Entlassen wurden nur die, die ohnehin entlassen worden wären, wie auch in anderen Betrieben. Die hatten sich was zu schulden kommen lassen oder so. Zum Teil sind sie natürlich dazu gedrängt worden." (Arbeiterin, 52)

Übrig blieb, so sieht es jedenfalls rückblickend die große Mehrzahl, eine ausgewählte Stammbelegschaft der Tüchtigsten, Leistungsfähigsten und Erfahrendsten.

"Wir waren die höchste Güteklasse, die da war. Wir haben immer die Arbeit gemacht und eigentlich das Geld verdient." (Fräser, 57)

"Die, die übrig geblieben waren, das waren die Besten." (Schiffbauer, 61)

Diese hohe Selbsteinschätzung wurde zudem noch durch die Tatsache bestärkt, daß nicht wenige, die seinerzeit an ein Ausscheiden unter Mitnahme der Abfindung dachten, zum Bleiben überredet wurden bzw. sich dazu genötigt sahen, weil man sie nicht gehen ließ: "Man hat mich nicht weggehen lassen"; "mein Chef hat das nicht genehmigt"; "mein Meister hat mich überredet", "ich hätte sonst keine Abfindung gekriegt" usw.

Wer am Ende noch auf der Werft beschäftigt war, hatte sich also - zum Teil, wie vielfach im Nachhinein behauptet wird, wider bessere Einsicht, zum Teil, weil man ein Ende der Werft nicht ernsthaft einkalkulierte - nicht nur entschieden, den Durchhalteappellen der Betriebsleitung zu folgen und mit ihr an ein Fortbestehen der Werft zu glauben, sondern betrachtete sich zugleich als Teil einer Belegschaft, deren überlegene Qualifikation und Leistungsfähigkeit dafür die beste Gewähr bot.

Zwar wurden immer wieder Höchstgrenzen genannt, unter die man nicht gehen könne, weil sonst die Arbeitsfähigkeit des Betriebs nicht mehr gewährleistet sei. Aber auch nachdem man von 5.000 auf 4.000, dann auf 3.000 und schließlich darunter gegangen war, meinte man noch immer, mit einer derart reduzierten Stammbelegschaft der Besten könne man die AG "Weser" sichern.

"Nein, (ans Weggehen) habe ich überhaupt nicht gedacht. Weil man uns so große Hoffnung gemacht hat, daß das so weitergehen würde. Da war damals das Modell 3.000, da dachten wir doch, da muß man mitziehen. Dann gings unter die 3000, gingen 2800 Beschäftigte. Da kamen allen schon einmal Bedenken, ob das wirklich stimmt, was man so sagte... Aber man sagte, die Arbeit geht wieder los in den 80er Jahren. 2000 sollten nun das Absolute sein. Bei dem Stand wurde uns gesagt, es werde keiner mehr entlassen." (Meister, 61)

Selbst wenn zuweilen die Skepsis wuchs, wurde sie stets von neuem von der Hoffnung verdrängt, wenn alle sich bemühten, könne das gemeinsame Ziel erreicht, d.h. die Zukunft der Werft gesichert werden. Die entsprechenden Beteuerungen der Betriebsleitung, die AG"Weser" sei überlebensfähig, sobald sie sich "gesund geschrumpft" habe, machte man sich zu eigen. Der Kapazitätsabbau schien mithin auch aus der Sicht der Mehrheit der Restbelegschaft nicht nur unumgänglich, sie akzeptierte ihn auch bereitwillig, weil sich dadurch die Chancen auf den Erhalt ihrer Arbeitsplätze scheinbar besserten.

Daß die Betriebsleitung selbst an einem Fortbestehen der Werft interessiert war, stellte sie in den Augen der Belegschaft im übrigen nicht nur mit ständig neuen Plänen zur Fusionierung, Umstrukturierung und Sanierung, sondern vor allem mit unübersehbaren Investitionen unter Beweis. Wer noch Zweifel an der Lauterkeit ihrer Absichten hatte, den Bestand der Werft zu sichern, sah sich widerlegt beim Anblick neuer Gebäude, Werkstätten, Maschinen usw..

"Aber dann wurde eine neue Halle gebaut, Lehrlinge wurden eingestellt. Die große Halle kostete 10-20 Millionen, und ein Kran wurde aufgestellt, der wurde nicht einmal in Betrieb genommen und eine neue Tischlerei gab's. Deshalb rechnete eigentlich keiner damit, daß die Werft geschlossen würde." (Schmied, 54)

"Wir konnten gar nicht glauben, daß das zu Ende gehen sollte. Wir haben doch noch die neue Werkstatt eingerichtet, die neue Küche, die Spinde fertiggemacht. Das war im August, September." (Schlosser, 49)

Für die Arbeiter und Angestellten bekräftigten diese Investitionen in Millionenhöhe noch einmal handfest den Willen der Betriebsleitung, die Werft nicht aufzugeben. Sie verstärkten außerdem die bei den meisten ohnehin verbreitete Überzeugung, auf einer Werft zu arbeiten, die technisch auf dem neuesten Standard ausgerüstet und somit anderen Werften überlegen war. Durchweg hielt man, wahrscheinlich nicht zu Unrecht, die AG "Weser" für die modernste Werft der Bundesrepublik, wenn nicht Europas - weit vor der Konkurrenz der anderen bundesdeutschen Werften, die man herablassend als "Dorfschmieden" und "Tante-Emma-Läden" abqualifizierte.

Die allgemeine Sorge über die Zukunft der Schiffbauindustrie in der Bundesrepublik wurde so von der selbstbewußten Gewißheit begleitet, daß es im Zweifelsfall eine andere Werft treffen müsse, da die AG "Weser" über einen Vorsprung an avancierter Technologie und eine hochqualifizierte Belegschaft verfügte.

Kurzum, vor dem Hintergrund der Erfahrungen der vergangenen Jahre - Selektion der Besten und neue Produktionsanlagen - festigte sich die Überzeugung: Der AG "Weser" kann nichts geschehen.

Kaum jemand hatte deshalb zum Zeitpunkt der Schließung noch daran gedacht, sich einen anderen Arbeitsplatz zu suchen. Schließlich waren von der Belegschaft Vorleistungen erbracht, Verschlechterungen hingenommen, Zugeständnisse gemacht worden. Sie hatte sich auch emotional immer stärker mit dem Betrieb identifiziert und die individuelle berufliche Existenz auf Gedeih und Verderb mit der der Werft verknüpft.

So kam - trotz der bedenklichen Vorzeichen - die Nachricht von der Schließung für die Belegschaft wie ein Schock, zumal die meisten sie völlig unvorbereitet - "ich war wie betäubt"; "ich wollte es nicht glauben" - nach Feierabend aus den Fernseh- bzw. Radionachrichten des Bremer Lokalsenders erfuhren.

"Ich war im Garten, da kam ein Kollege vorbei und erzählte mir ganz aufgeregt, er hätte eben Radio gehört, da hätte Koschnick gesagt, die Werft wird dichtgemacht. Da ist für mich eine Welt zuammengebrochen." (Fräser, 53)

Aber mehr noch wurde die Schließungsverkündung mit einer Mischung aus Wut, Verzweiflung, Unglauben und Ratlosigkeit aufgenommen, weil sie eine Belegschaft überraschte, der zu diesem Zeitpunkt die wirtschaftliche Situation der Werft keineswegs bedrohlicher erschien als in der Zeit davor. Das zumindst war die vorherrschende

Meinung während der Besetzung der Werft, an der - von wenigen Ausnahmen abgesehen - die Belegschaft geschlossen teilnahm und mit der sie vergeblich versuchte, ihre Arbeitsplätze zu erhalten. Allerdings richtete sich diese Besetzung weniger gegen die Unternehmens- bzw. Konzernleitung als vielmehr gegen die Landesregierung, von der als einziger noch Hilfe erwartet wurde und auf die dergestalt Druck ausgeübt werden sollte. Man nahm an, durch diese dramatische Aktion die Öffentlichkeit mobilisieren und angesichts der bevorstehenden Landtagswahlen die Regierungspartei zu einer Änderung ihrer Ablehnung weiterer Subventionen bewegen zu können.

"Sollen wir den Krupp denn zwingen, die AG "Weser" wieder zu öffnen? Das ist doch unmöglich. Der Streik war auch mehr gegen die Regierung gerichtet. Es ging hauptsächlich um die 8 Millionen, die die Regierung uns hätte geben sollen." (Schweißer, 53)

"(Die Besetzung) war ein Strohhalm, den wir ganz spontan ergriffen haben. der Gedanke war auf die Wahl gerichtet: Sportsfreunde, so mit uns nicht!" (Meister, 57)

Diese Erwartungen erfüllten sich jedoch nicht. Die SPD mit dem Bürgermeister Koschnick an der Spitze wurde mit absoluter Mehrheit in ihrem Amt bestätigt und interpretierte das Wahlergebnis nicht zuletzt auch als Bereitschaft der Bevölkerung die Stillegung zu akzeptieren - eine Interpretation, die eine Wahluntersuchung von Infas (Feist u.a. 1983) bestätigte. Anders als die Werftbelegschaft hielten danach lediglich 18% der Wahlbevölkerung die Politiker für die Hauptschuldigen an der Werftkrise, weshalb es auch keine "Protestwahl" gab.[1] Als das Wahlergebnis feststand, wurde deshalb die Besetzung beendet und die Belegschaft fügte sich in das Unvermeidliche - die Schließung. Dem Schock, daß die Erwartungen an den Erhalt der Werft sich als Illusion erwiesen hatten, folgte insofern ein weiterer, als die Belegschaft sich nun auch von der "eigenen" Partei, Regierung, Gewerkschaft und sogar von der Öffentlichkeit im Stich gelassen sah. Vor diesem Hintergrund überrascht es nicht, daß sich Enttäuschung und Hoffnungslosigkeit breit machten.

---

1 Auch eine neuere Untersuchung im Zusammenhang mit der Stillegung des Stahlwerkes in Rheinhausen zeigt, daß derartige spektakuläre Betriebsschließungen die regionale Wählerstruktur nicht nachhaltig verändern (Urban 1988).

"Als die Werft zu war, war das, wie wenn man den Boden unter den Füßen verliert ..." (kaufmännische Angestellte, 49)

Zwar erwiesen sich, wie sich zeigt, die düsteren Zukunftserwartungen zumindest bei größeren Teil der Belegschaft als unbegründet, aber der Schock wirkt bis heute nach.

Öl-Großtanker "Irene Lemos", 1972 erbaut auf der AG "Weser"

2. Die Folgen der Schließung für die Belegschaft

2.1 Verbleib der Entlassenen im Zeitraum von drei Jahren

Bereits unmittelbar nach der Schließung der AG "Weser" zum 31.12. 1983 zeigte sich, daß die pessimistische Erwartung, die überwiegende Mehrheit der Werftbeschäftigten würde für längere Zeit arbeitslos bleiben, sich nicht bestätigte. Auch während der unmittelbaren Schließungsphase der AG "Weser" von Januar bis Juli 1984 stieg die Arbeitslosenquote unter den Entlassenen nicht über 60%. In diesem Zeitraum fanden ca. 24% der Belegschaft[1] "nahtlos", d.h. ohne arbeitslos zu werden, einen neuen Arbeitsplatz. Weitere 11% wurden nach einer Arbeitslosendauer von unter 6 Monaten wiederbeschäftigt. Das Ausmaß der Arbeitslosigkeit im unmittelbaren Gefolge der Werftschließung wurde zudem durch die längeren Kündigungsfristen der meisten Angestellten und eines kleineren Teils der Arbeiter gemildert. Bis Ende Juni 1984 war dadurch ein relevanter Teil der Belegschaft formal noch weiterbeschäftigt (vgl. Schaubild 8).[2]

Ein halbes Jahr später - Anfang 1985 - hatte sich die Arbeitslosenzahl mehr als halbiert. Dies war hauptsächlich auf eine deutliche Zunahme der Beschäftigung auf ca. 60% zurückzuführen. Auch Ausgliederungsprozesse spielten nunmehr eine Rolle. Von Bedeutung war im ersten Jahr nach der Schließung insbesondere die Abwanderung von mehr als einem Drittel der ausländischen Belegschaft, die durch das Rückkehrhilfegesetz gefördert bzw. forciert wurde. Hinzu kam die Verrentung bzw. Frühverrentung von älteren, meist arbeitslosen Werftbeschäftigten.

Im Verlauf von *weiteren eineinhalb Jahren* kam es zu einem weiteren Anstieg der Wiederbeschäftigungsquote auf ca. 70% (Juni/Juli 1986). Auch Langzeit-Arbeitslose unter den Entlassenen hatten somit offensichtlich noch Chancen, wieder einen Arbeitsplatz zu finden. Dagegen kam Ausgliederungsprozessen nur noch eine untergeordnete Bedeutung zu. Zwar verdoppelte sich die Zahl der Rentner, andere

---

1 Ca. 260 Arbeiter und 230 Angestellte
2 Die meisten Arbeiter und Angestellten waren nur noch formal weiterbeschäftigt. Nur wenige waren an der Abwicklung der Schließung beteiligt.

Formen der Ausgliederung wie der Eintritt in Bildungsmaßnahmen und die Rückkehr von Frauen in den Haushalt spielten jedoch faktisch keine Rolle.

Schaubild 8: Verbleib der AG"Weser"-Belegschaft

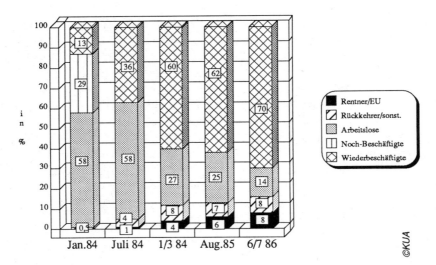

Eine weitere, im Juni 1987 durchgeführte Erhebung unter den 1986 noch dauerarbeitslosen deutschen Werftbeschäftigten ergab eine Fortsetzung dieser Entwicklung. Die Zahl der Arbeitslosen hatte sich erneut halbiert. Die meisten hatten eine neue Beschäftigung gefunden, davon ein Fünftel in AFG-Maßnahmen. Weitere 20% gingen in Rente bzw. in den vorgezogenen Ruhestand (Häußermann/Petrowsky 1989).

Der Wiedereingliederungsprozeß der entlassenen AG "Weser"- Belegschaft weist gegenüber den Erfahrungen anderer Arbeitsloser Besonderheiten auf. Dies zeigt sich sowohl im zeitlichen Verlauf als auch im Ausmaß der beruflichen Wiedereingliederung.

Aus der Erhebung von Infratest ist bekannt, daß ein relevanter Abbau der Arbeitslosigkeit durch Wiederbeschäftigung vor allem im ersten Jahr nach der Arbeitslosmeldung erfolgt.

Es "zeigt sich, daß ein Abbau des Arbeitslosen-Bestands durch Wiedereingliederung ins Berufsleben per Saldo praktisch nur im ersten Jahr nach dem Stichtag erfolgt; ab diesem Zeitpunkt vollzieht sich der weitere Abbau des Arbeitslosen-Bestands per Saldo fast ausschließlich nur mehr durch vorübergehende oder endgültige Ausgliederung aus dem Erwerbsleben ...." (Infratest 1983, S.23)

Im Fall der AG "Weser" hingegen vollzog sich der Prozeß der beruflichen Wiedereingliederung über mehrere Jahre hinweg, wenngleich im ersten Jahr nach der Schließung der quantitativ größte "Wiederbeschäftigungsschub" stattfand. Der Abbau des Arbeitslosenbestands erfolgte aber auch nach dem ersten Jahr primär durch Arbeitsaufnahme und nicht durch Ausgliederung.

Die Ursache hierfür ist vor allem in der Struktur der entlassenen Werftbelegschaft zu suchen. Während in den Zugängen zur Arbeitslosigkeit ein erheblicher Teil von zuvor nicht erwerbstätigen Personen enthalten ist, befinden sich unter den Arbeitslosen der AG "Weser" - und dies dürfte auch für andere Betriebsstillegungen gelten - ausschließlich Arbeitnehmer mit langjähriger Berufserfahrung. Diese sehen - sofern sie nicht dem Rentenalter nahe sind - auch nach längerer Arbeitslosigkeit ihre Perspektive überwiegend in einer Fortsetzung der Erwerbstätigkeit und nicht in einer "Alternativrolle" (Bildung, Hausfrau etc.). Dies traf nicht nur für die Männer zu, bei denen üblicherweise solche Alternativen zur Erwerbstätigkeit keine große Bedeutung zukommt. Auch die überwiegende Mehrheit der Frauen von der AG "Weser" strebte eine Wiederbeschäftigung an.[1] Insgesamt haben im Zeitraum von drei Jahren nur 10-15% der entlassenen Frauen die Arbeitssuche aufgegeben und sind nunmehr - in der Regel unfreiwillig - im Haushalt tätig. Diese relativ niedrige Ausgliederungsquote kam aus verschiedenen Gründen zustande. So waren die meisten entlassenen Frauen ledig und deshalb auf ein eigenes Einkommen angewiesen: "Ich habe bestimmte finanzielle Verpflichtungen und brauche ein bestimmtes Einkommen" (Kaufmännische Angestellte, alleinstehend). Bei den verheirateten Frauen wurde vor allem die Notwendigkeit des "Zuverdienens" als Grund für die Fortsetzung der Erwerbstätigkeit betont: "Ich mußte arbeiten, weil wir sonst unser Haus hätten verkaufen

---

1 Aus den Interviews wurde deutlich, daß der Anteil der weiblichen Angestellten, die bereits *vor* der endgültigen Schließung der Werft mit einer aktiven Arbeitssuche begonnen haben, deutlich über jenem der männlichen Angestellten lag. Ein weiteres Indiz für die überdurchschnittlich aktive Arbeitssuche stellt die große Zahl der jeweiligen Bewerbungen sowie die Bereitschaft zur eigeninitiativen Weiterbildung (z.B. EDV) dar.

müssen" (technische Zeichnerin, 30). Und schließlich war für viele nach einer oft jahrzehntelangen Erwerbstätigkeit ein eigenes Einkommen und eine eigene Alterssicherung zur Selbstverständlichkeit geworden: "Ich mußte ja noch arbeiten, bis meine Rente voll ist" (Datatypistin, 52).

Eine relativ niedrige Ausgliederungsquote zeigt sich nicht nur im Falle der AG "Weser", sondern auch bei der AEG-Brunnenstraße sowie bei der IAB-Untersuchung (IAB II, Tabelle 6).[1] Gleichzeitig war in allen diesen Fällen eine deutlich höhere Wiederbeschäftigungsquote zu verzeichnen als bei den "normal" Arbeitslosen. Dagegen unterscheiden sich die Arbeitslosenanteile nur geringfügig.[2]

Inwieweit dies eine weitere Besonderheit von Betriebsstillegungen darstellt, läßt sich auf Grundlage derart allgemeiner, globalen Verbleibdaten nicht entscheiden. Bekanntlich verteilt sich das Verbleibsrisiko in Arbeitslosigkeit nach soziodemographischen und -biographischen Merkmalen (Alter, Nationalität, Geschlecht Ausbildung und berufliche Qualifikation) unter den Entlassenen. Die Relevanz dieser Faktoren für die sozialen Selektionsprozesse auf dem Arbeitsmarkt wird durch eine Reihe empirischer Arbeitsmarktstudien belegt (Brinkmann/Schober 1976, S.95; Rosenbladt/Büchtemann 1980, S.554; Brinkmann 1983, S.4; Infratest 1983, S.27 ff.) Weiter spielt die Situation auf jenen Teilarbeitsmärkten (berufsfachliche Märkte bzw. der Arbeitsmarkt für Un- und Angelernte), auf denen die Entlassenen nach Arbeit suchen, bei der beruflichen Wiedereingliederung eine wichtige Rolle. Schließlich besitzt auch die räumliche und berufliche Mobilitätsbereitschaft bzw. -fähigkeit der Entlassenen einen Erklärungwert für unterschiedliche Wiederbeschäftigungserfolge.

Angesichts erheblicher Unterschiede in der Struktur der Entlassenen aus Betriebsstillegungen (AG "Weser", AEG Brunnenstraße, IAB I) untereinander und im Vergleich mit den Stichproben von Infra-

---

1 Da die IAB-Verlaufsuntersuchung nur eineinhalb Jahre umfaßt, Ausgliederungsprozesse jedoch verstärkt nach dem ersten Jahr Arbeitslosigkeit einsetzen (Infratest 1983) , fällt die Ausgliederungsquote hier noch relativ gering aus.

2 Würde man die "nahtlos" Wiederbeschäftigten der AG "Weser" und AEG miteinbeziehen, fiele die Wiederbeschäftigungsquote nach ca. zweieinhalb Jahren mit jeweils ca. 70% noch höher aus. Diese Gruppe muß jedoch bei Vergleichen mit den Erhebungen von Infratest und des IAB herausgerechnet werden, da diese nur registrierte Arbeitslose umfassen.

test und IAB II bezüglich dieser arbeitsmarktrelevanten Merkmale stellen unterschiedlich hohe Wiedereingliederungsquoten nicht notwendig einen Beleg für unterschiedliche Arbeitsmarktchancen dar. Sie können vielmehr auch aus der Über- bzw. Unterrepräsentation bestimmter "Problemgruppen" des Arbeitsmarktes resultieren. Deshalb werden im folgenden zunächst die Wiederbeschäftigungschancen von Teilgruppen der AG "Weser"- Belegschaft, die nach arbeitsmarktrelevanten Merkmalen gebildet worden sind, untersucht und anschließend mit den anderen Erhebungen verglichen.

Tabelle 6: **Wiedereingliederungschancen von Entlassenen und Arbeitslosen (in %)**

	"Normale" Arbeitslose			Arbeitslose aus Betriebsstillegungen (ohne "nahtlos" Wiederbeschäftigte)		
Zeitpunkt Arbeitspl.- verlustes	Infratest Nov. 77	IAB II Nov.81		IAB I Nov.81	AG W Jan. 84	AEG 83/84
Erhebung nach n Mon.	12	36		18	18	18	30	24-36
wiederbeschäftigt	44	49		47	53	50	61	66
arbeitslos	32	14		36	29	33	18	71
ausgegliedert	24	37		18	18	17	21	71

Infratest: Arbeitslosenbestand, IAB I : Zugänge in Arbeitslosigkeit aus Betriebsstillegungen , IAB II: Zugänge in Arbeitslosigkeit insgesamt
Quelle : Infratest 1983; IAB-Arbeitslosenverlaufsuntersuchung 1985; Forschungsgruppe AEG "Brunnenstraße" 1987; Arbeitsamtsuntersuchung 3/85; schriftliche Befragung 8/85

Auch im Fall der AG "Weser" zeigt sich die dominierende Rolle der soziodemographischen Merkmale Alter, Nationalität und Geschlecht bei der Zuteilung von Arbeitslosigkeitsrisiken bzw. Wiederbeschäftigungschancen [1] (vgl. Schaubild 9.)

— Der entscheidende Faktor für die differierenden Wiederbeschäftigungschancen der Entlassenen war das *Alter*. Unabhängig von der Nationalität und dem Geschlecht steigt der Arbeitslosenanteil ab einer "kritischen" Altersgrenze sprunghaft an. Der "Sprung"

---

1 Die folgenden Ausführungen beziehen sich - soweit nicht anders vermerkt - nur auf Personen, die dem Arbeitsmarkt noch zur Verfügung stehen. Werden keine anderen Angaben gemacht, basieren die statistischen Aussagen auf der schriftlichen Befragung eineinhalb Jahre nach der Werftschließung.

findet bei den untersuchten Teilgruppen der Belegschaft (deutsche und ausländische Arbeiter, männliche und weibliche Angestellte) allerdings bei einer unterschiedlichen Altershöhe statt (z.B. bei den Arbeitern ab 50 Jahren, bei den Angestellten ab 54 Jahre). Auch *innerhalb* der einzelnen Berufsgruppen erweist sich das Alter als entscheidend für Wiederbeschäftigung oder Arbeitslosigkeit. Im Durchschnitt sind die nach Berufen unterschiedenen, wiederbeschäftigten Arbeiter und Angestellten um ca. 10 Jahre jünger als

Schaubild 9: Arbeitslosenquoten nach Alter, Nationalität und Geschlecht

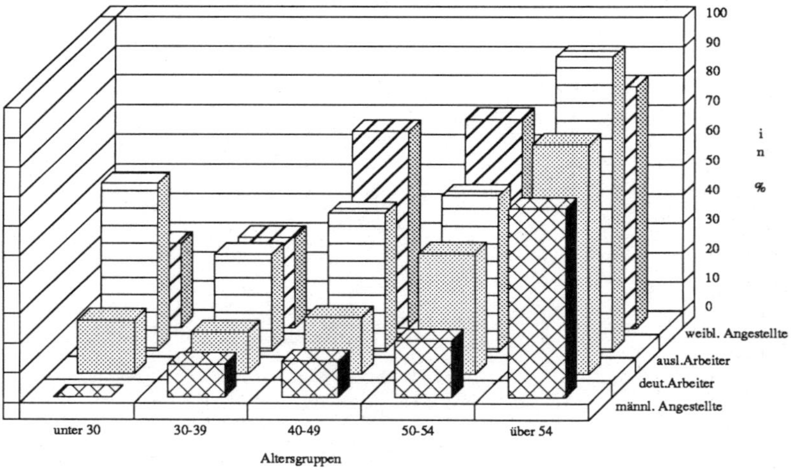

die jeweiligen Arbeitslosen (vgl. Gerdes u.a.,1987, S. 216).

— Innerhalb der jeweiligen Altersgruppen besaßen die männlichen Angestellten jeweils die besten Wiederbeschäftigungschancen, gefolgt von den deutschen Arbeitern. Im Vergleich zu diesen Gruppen fiel die Arbeitslosigkeit bei den weiblichen Angestellten und den ausländischen Arbeitern vor allem bei den unter Fünfzigjährigen sehr hoch aus. Das Alter stellt folglich nicht die alleinentscheidende Determinante für unterschiedliche Beschäftigungserfolge dar. Eine detailliertere Analyse der vier Teilgruppen zeigt, ob die Geschlechtszugehörigkeit bzw. die Na-

Schaubild 10: Arbeitslosenquote und Durchschnittsalter nach Berufsgruppen

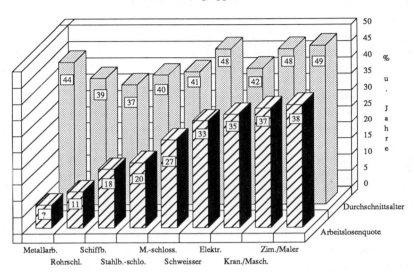

tionalität die entscheidenen Selektionskriterien darstellen, oder ob sich hinter diesen Faktoren berufliche und qualifikatorische Unterschiede verbergen.

Bei den *deutschen Arbeitern* handelte es sich überwiegend um Facharbeiter, die auf der Werft zumeist in Metallberufen bzw. schiffbaunahen Berufen tätig waren. Dabei reicht die Arbeitslosenquote der einzelnen Berufsgruppen von 7% bei den sonstigen Metallarbeitern bis zu 38% bei den Schiffszimmerern und Lackierern.

Altersunterschiede erklären auch hier einen Teil dieser Schwankungen: Berufsgruppen mit einem höheren Durchschnittsalter weisen in der Regel auch eine höhere Arbeitslosenquote auf (Rangkorrelation Rho=0,7)[1]. Z.B. liegt das Durchschnittsalter der Berufsgruppen mit

---

1 Umgekehrt geht ein überdurchschnittlicher Anteil der Altersgruppe zwischen 30 und 49 Jahren mit einem unterdurchschnittlichen Arbeitslosenanteil einher (Rangkorrelation Rho=0,8).

dem höchsten Arbeitslosenanteil (Kranführer/Maschinisten, Schiffszimmerer/Lckierer) um ca. 10 Jahre über jenem von relativ "erfolgreichen" Berufsgruppen (Schlosser, Schiffbauer). Diese Differenzen fallen allerdings nicht so markant aus, daß sie die gesamten Unterschiede in den berufsgrupppenspezifischen Arbeitslosenquoten erklären könnten. Auch Qualifikationsunterschiede (Anteil der Facharbeiter bzw. Angelernten je Berufsgruppe), tragen zur Erklärung wenig bei (Rho=0,14).

Zwar liegt die Arbeitslosenquote der angelernten Arbeiter mit 33% um 7 Prozentpunkte über jener der Facharbeiter. Zugleich ist jedoch der Altersdurchschnitt der Angelernten höher als jener der Facharbeiter. Zudem konzentrieren sie sich im wesentlichen auf zwei Berufsgruppen (Schweißer, Kranführer) mit sehr schlechten Chancen auf dem regionalen Arbeitsmarkt. Diese Umstände erklären ihre überdurchschnittliche Arbeitslosenquote eher als Qualifikationsunterschiede.

Alter und Qualifikation vermögen die unterschiedlichen Wiederbeschäftigungschancen der einzelnen Berufsgruppen nicht allein zu erklären. Auch berufsspezifische Einflüsse haben vermutlich eine Rolle gespielt. Darunter werden zum einen die Angebots-/Nachfrageverhältnisse auf beruflichen Teilarbeitsmärkten, zum anderen die berufliche Flexibilität ("Breite" der beruflichen Fertigkeiten) sowie die zwischenberufliche Mobilität (Bereitschaft bzw. Möglichkeit zum Berufswechsel) verstanden. Der Einfluß dieser Faktoren läßt sich beispielhaft bei den "sonstigen Metallarbeitern", den Schiffbauern und den Elektrikern aufzeigen.

Die *"sonstigen Metallarbeiter"* (Dreher, Fräser, Feinschmiede) unterscheiden sich hinsichtlich Alter und Qualifikation kaum vom Durchschnitt der deutschen Arbeiter. Gleichwohl weisen sie mit Abstand die niedrigste Arbeitslosenquote auf. Dies erklärt sich vor allem aus den günstigen Nachfragebedingungen für diese Berufe auf dem lokalen Arbeitsmarkt. Die regionale berufsgruppenspezifische Arbeitslosenquote lag 1984 und 1985 deutlich niedriger als bei anderen Berufsgruppen (vgl. Tabelle 3). Berufserfahrene Dreher und Fräser waren auch bei der allgemein angespannten Arbeitsmarktlage gesuchte Fach-

Tabelle 7: Qualifikation nach Berufsgruppen (in %)

Berufsgruppe	Angelernte	Facharbeiter/ Angestellte mit abgeschlossener Ausbildung	Fach- und Hochschulausbildung
Arbeiter			
Schiffbauer	11	89	
Stahlbauschlosser	6	94	
Maschinenschlosser	5	95	
Rohrschlosser	15	85	
Schweißer Deutsche	72	28	
Ausländer	61	39	
sonstige Metallarbeiter	24	76	
Elektriker	0	100	
Kranführer/Maschinisten	62	38	
Schiffszimmerer/Maler	11	89	
übrige Arbeiter	72	28	
insgesamt	**25**	**75**	
Angestellte			
Leitende Angestellte	11	37	53
Ingenieure/Techniker	12	14	74
Bürokräfte Männer	34	55	11
Frauen	33	57	10
Meister/Vorarbeiter	15	66	19
insgesamt	**17**	**41**	**42**

Wenn nicht anders vermerkt, nur deutsche Arbeiter bzw. männliche Angestellte
Quelle: Schriftliche Befragung 8/85

Tabelle 8: Bereitschaft zum Berufswechsel (in %)

	zum Berufswechsel bereit		
	nein, auf keinen Fall	ja, unter Umständen	davon: Beruf egal
Schiffszimmerer/-Lackierer	0	100	20
Meister	8	92	83
Schiffbauer	18	82	41
Bürofachkräfte	23	77	15
sonstige Metallarbeiter	25	75	63
Elektriker	29	71	0
Rohrschlosser	30	70	0
Schlosser	38	62	38
Schweißer	40	60	6
Ingenieure/Techniker	80	20	7

Quelle: Interviews 1986/87

kräfte, zumal es sich dabei teilweise sogar um Experten für Spezialmaschinen handelte.

"Es gibt halt nur ganz wenige Maschinen für Karusselldreher in Bremen. Wir waren nur 6 Karusselldreher. Alle 6 haben wieder Beschäftigung gefunden. Allgemeine

Dreher gibt es zwar mehr, aber für die gab es auch mehr Angebote. Zum Glück hatte X solche Spezialmaschinen, die ich kannte." (Dreher, 51)

Während für die guten Wiederbeschäftigungschancen der sonstigen Metallarbeiter primär die günstige Arbeitsmarktlage verantwortlich war, traf dies bei den Schiffbauern nicht zu. Obwohl die regionale Arbeitslosenquote für diese Berufsgruppe mit 25% weit über dem Durchschnitt lag (vgl. Tabelle 3), wiesen sie mit 18% eine unterdurchschnittliche Arbeitslosenrate unter den Entlassenen auf. Dieses Ergebnis erklärt sich zu einem erheblichen Teil aus dem geringen Durchschnittsalter. Darüber hinaus spielt bei den Schiffbauern aber auch eine hohe berufliche Flexibilität eine Rolle. Nicht zuletzt weil sie während Auftragsflauten häufig in den verschiedensten Bereichen der Werft eingesetzt waren und auch an andere Betriebe ausgeliehen wurden, verfügten sie über eine breitgefächerte Qualifikation und Erfahrung. Entsprechend schätzten sie ihre Einsatzmöglichkeiten als sehr gut ein: "Schiffbauer können alles", war die Meinung vieler.

"Was ich eigentlich lernen mußte, das war genaues Arbeiten. Denn bei Schiffbauern da kam es auf den Millimeter nicht so genau an. Mit Zeichnungen umgehen konnte ich ja. Und wie man mit Blech usw. umgeht, wußte ich auch." (Schiffbauer, 48, angelernt in einer Zuschneiderei)

Zur beruflichen Flexibilität kam eine hohe Bereitschaft zum Berufswechsel. Hierzu waren 80% bereit und tatsächlich arbeiten heute mehr als die Hälfte in einem anderen Beruf.

Diese überdurchschnittliche berufliche Mobilität resultierte zum einen sicherlich aus der schlechten Arbeitsmarktlage für Schiffbauer.

"Schiffbauer gibt's hier ja reichlich. Die Leute, die mit mir in der Lehre waren, sind auch arbeitslos oder haben nur Jobs auf Zeit. Die Werften sind auch voll. ... Der Beruf ist mir da egal, es kommt mir darauf an, Arbeit zu finden." (Schiffbauer, 25, mehrere Betriebswechsel)

Zum anderen stellte sich jedoch heraus, daß viele jüngere Schiffbauer noch keine allzugroße Bindung an ihren erlernten Beruf aufwiesen.

"Ich hätte jede Arbeit gemacht, Hauptsache es gibt gutes Geld". (Schiffbauer 33)

Immerhin 40% der wiederbeschäftigten Schiffbauer fanden jedoch - meist nach einer mehr als halbjährigen Arbeitslosigkeit oder einem Betriebswechsel - wieder im Schiffbau Arbeit. Über Zeitverträge, die danach in der Regel entfristet wurden, besetzten sie dort Arbeitsplätze, die durch Fluktuation, aber auch durch die Abwanderung von Ausländern im Rahmen des Rückkehrhilfegesetzes frei wurden. Dabei spielten auch negative Erfahrungen in einem anderen Beruf eine Rolle für den Wunsch, doch wieder im alten Tätigkeitsfeld zu arbeiten.

"Am Anfang war (der Beruf) nicht so wichtig. Aber nach der Erfahrung dieser Lagerarbeit bei X wurde es mir ganz klar, daß ich unbedingt wieder in meinen Beruf reinwollte." (Schiffbauer, 35, inzwischen wieder auf einer Werft)

Bei den Schiffbauern trafen also ein relativ niedriges Durchschnittsalter, Flexibilität und eine hohe Mobilitätsbereitschaft zusammen, so daß ein erheblicher Teil in anderen metallverarbeitenden Berufen unterkam. Zudem war die Arbeitsmarktsituation für die berufserfahrenen Werftarbeiter auf längere Sicht besser, als die meisten erwartet hatten, da sie bei den verbliebenen Werften gute Chancen besaßen, fluktuationsbedingt freiwerdende Arbeitsplätze zu besetzen.

Anders lagen die Verhältnisse bei den *Elektrikern*. Ihr hoher Arbeitslosenanteil (35 %) überrascht zunächst, da es sich fast ausschließlich um Facharbeiter handelt, deren Altersmittel kaum vom Durchschnitt abweicht. Zudem lag die Arbeitslosenquote dieser Berufsgruppe im Arbeitsamtbezirk Bremen mit 10 % 1984/85 relativ niedrig. Die Bereitschaft zum Berufswechsel war allerdings bei den Elektrikern geringer ausgeprägt wie bei den Schiffbauern (vgl. Tabelle 8). Jedoch waren auch hier ca. 70 % ("unter Umständen") zu einer solchen Veränderung bereit. Die Bereitschaft zum Wechsel konnte jedoch, anders als bei den Schiffbauern, nur begrenzt (34 %) in die Tat umgesetzt werden. Eine Ursache hierfür bestand in einer stark werftbezogenen Spezialisierung bzw. Vereinseitigung, die sich in einem rasch weiterentwickelnden Beruf als vermittlungshemmend herausstellte. Dies betraf insbesondere Bordelektriker und Elektroinstallateure, die sich selbst häufig als "Strippenzieher" titulierten.

"Ich hätte als Elektroniker umschulen müssen. So hatte ich in meinem Beruf keine Chance." (Elektroinstallateur, 35, heute Kontrolleur am Band)

Dagegen fanden Elektriker, die sich bereits auf der Werft in Elektronik weiterqualifiziert hatten und z.B. im Schalttafelbau oder als Betriebselektriker tätig waren, eher einen neuen Arbeitsplatz im erlernten Beruf. Hinderlich für eine Wiederbeschäftigung waren hier manchmal auch undifferenzierte Vorstellungen bei Personalabteilungen über die Tätigkeit von Werftelektrikern.

"Die meisten hatten keine Vorstellung davon, was ich denn nun als Elektriker auf der AG "Weser" gemacht habe. Die meinten dann, daß man nur so leichtere Montagearbeiten gemacht hätte und wenn es so richtig um schwere Sachen gegangen wäre, dann wäre auch Siemens bei uns gewesen. Und das stimmt natürlich nicht." (Elektriker, 38, heute Betriebselektriker)

Insgesamt bestand bei den Elektrikern wohl eine stärkere Kluft zwischen der Bereitschaft zum Berufswechsel und der Möglichkeit dazu, da ihnen geringere Ausweichmöglichkeiten in verwandte Berufe zur

Tabelle 9: Anteil der Berufswechsler an den Wiederbeschäftigten nach Berufsgruppen

	Berufswechsler in % der Beschäftigten
Rohrschlosser	58
Schiffbauer	51
Schiffszimmerer/Maler	48
Kranführer/Maschinisten	47
Maschinenschlosser	46
Stahlbauschlosser	41
Elektriker	34
Sonst. Metallarbeiter	26
Schweißer	17
Arbeiter insgesamt	**40**

Quelle: Schriftliche Befragung 8/85

Verfügung standen als etwa den Schiffbauern. Auch die anderen Werften blieben ihnen weitgehend verschlossen, da diese Elektroarbeiten an Fremdfirmen vergaben. Anders auch als bei den Schiffbauern galten schließlich die Qualifikationen der Werftelektriker als veraltet.

Generell war der größere Teil der *Arbeiter* zu einem Berufswechsel (75 %) bzw. Branchenwechsel (94 %) bereit. Diese Konzessionsbereitschaft basierte teilweise auf Freiwilligkeit ("der Beruf war mir egal"), zum anderen Teil wurde sie durch die schlechte Arbeitsmarktlage erzwungen ("Hauptsache Arbeit, egal wie"). Eine fehlende berufliche Mobilität von Seiten der Entlassenen war somit kein wesentlicher Grund für ein Scheitern bei der Arbeitssuche. Unterschiede existierten weniger bei der subjektiven Mobilitätsbereitschaft, als vielmehr bei den vorhandenen Möglichkeiten zum Berufs- bzw. Branchenwechsel. Problematisch an Berufswechseln war jedoch, daß sie oft mit einer Dequalifizierung und entsprechenden Einkommensverlusten einhergingen. Dies führte dazu, daß ein Teil der Werftarbeiter nach einiger Zeit versuchte, durch einen Betriebswechsel oder eine interne Umsetzung wieder in dem auf der Werft ausgeübten Beruf zu arbeiten.

Ihre Grenzen fand die Bereitschaft zu Zugeständnissen bei der Arbeitssuche bei der räumlichen Mobilität. Nur 18% der interviewten Arbeiter faßten eine Ortswechsel ins Auge, während 82% hierzu "in keinem Fall" bereit waren. Begründet wurde dies häufig mit dem Alter ("in meinem Alter geht so 'was nicht mehr"), mit schulpflichtigen Kindern und - überwiegend - mit Hauseigentum, das meist in Eigenarbeit geschaffen wurde.

"Ich hätte schon früher 'mal in Wilhelmshaven anfangen können. Aber ich habe ein eigenes Haus und Kinder, die hier zur Schule gehen. Darauf möchte ich eigentlich nicht verzichten. Allerdings, ich weiß nicht, wie es einem Menschen zumute ist, der zwei Jahre arbeitslos ist." (Arbeiter, 53, unter schlechteren Bedingungen wiederbeschäftigt)

Die Wiedereinstellungschancen von *Ausländern* waren generell schlechter als jene der deutschen Arbeiter. Ihr weit überdurchschnittlicher Arbeitslosenanteil läßt sich nicht allein aus einer Konzentration auf Berufsgruppen mit ungünstigen Arbeitsmarktchancen (Schweißer) bzw. aus Alters- und Qualifikationsunterschieden erklären. Ausländische Schweißer z.B. besaßen, obwohl sie im Durchschnitt um 6 Jahre jünger als die deutschen Schweißer waren, deutlich schlechtere Wiederbeschäftigungschancen. Betroffen sind hier vor allem türkische Schweißer. Dabei spielen auch sprachliche Probleme eine Rolle.[1] Diese erweisen sich insbesondere in modernen Großbetrieben - bei denen eine (offene) Diskriminierung von Ausländern keine Rolle spielt - zunehmend als Einstellungshindernis, wie die Antwort eines Großunternehmens auf die entsprechende Frage zeigt:

"Die Nationalität spielt bei der Einstellung nur indirekt eine Rolle. Viele Ausländer haben keine abgeschlossene Berufsausbildung, und wenn sie eine haben, fehlt ihnen

---

1 Dies zeigte sich bei den Interviews bzw. mehr noch bei erfolglosen Interviewversuchen. Häufig mußte von den Kindern der ehemaligen Werftarbeiter gedolmetscht werden.

dennoch oft die Fähigkeit, sich entsprechend dem technischen Wandel in der Produktionstechnik anzupassen. Auch am Band muß bei uns heute fast jeder fähig sein, Computerausdrucke zu lesen und Bildschirminformationen aufzunehmen."

Nur eines der befragten einstellenden Unternehmen deutete eine Bevorzugung deutscher Bewerber an:

"Nationalität spielt eigentlich keine Rolle, aber wir stellen bei gleicher Qualifikation natürlich lieber Deutsche ein. Aus so einem gewissen Bewußtsein will man natürlich nicht, daß die eigenen Leute arbeitslos werden. Und wir haben auch schlechte Erfahrungen mit Ausländern gemacht." (Handelsunternehmen)

Offen bleibt letztlich, in welchem Umfang solche, eine Diskriminierung oft verschleiernde Gründe, zu der hohen Arbeitslosigkeit unter den Ausländern beigetragen hat. Subjektiv jedenfalls fühlten sich viele Ausländer benachteiligt.[1]

"Wenn ich kein Ausländer wäre, hätte ich schon längst wieder Arbeit. Die Deutschen werden alle angestellt. ... Wenn die Leute mich am Telefon hören, ist es meistens schon vorbei, denn mein Akzent scheint sie abzustoßen." (ausländischer Schweißer, 42, nur zeitweilig beschäftigt)

Wie bei den Arbeitern lag auch bei den *männlichen Angestellten* das Durchschnittsalter der Wiederbeschäftigten um 10 Jahre unter jenem der Arbeitslosen. Jedoch erklären Altersunterschiede hier nicht die stark differierenden Arbeitslosenquoten zwischen den Angestelltenberufen, die von 7 % bei den Ingenieuren bis zu 31 % bei den Buchhaltern reichen. Vielmehr kommt der Berufsausbildung eine zentrale Bedeutung zu. Insbesondere ein Hochschulabschluß erhöhte die Wiederbeschäftigungschancen deutlich. Darüberhinaus spielt hier auch der Beruf eine gewisse Rolle. Z.B. lag die regionale Arbeitslosenquote bei Bürofachkräften und Sachbearbeitern fast doppelt so hoch wie bei den Ingenieuren.

Die Mobilitätsbereitschaft der Angestellten unterschied sich grundlegend von jener der Arbeiter. Auf der einen Seite war fast die Hälfte auf keinen Fall zu einem Berufswechsel bereit, wobei dieser Anteil mit der Qualifikation zunahm und bei den Ingenieuren 80% betrug. Andererseits bestand eine hohe regionale Mobilitätsbereitschaft. Über die

---

1 Auf die Frage nach den Ursachen der schwierigen Arbeitssuche wurde am häufigsten "Alter" und "Ausländer" genannt.

Hälfte der Angestellten hätten für einen neuen Arbeitsplatz einen Umzug in Kauf genommen. Bei den Ingenieuren betrug dieser Anteil fast 75%.

Angesichts der ungünstigen Altersstruktur schneidet die Gruppe der Meister (Werk- und Industriemeister) - die formell zu den Angestellten zählt - noch relativ günstig ab. Die wiederbeschäftigten Meister weisen mit durchschnittlich 47 Jahren den höchsten Altersschnitt auf. Zwei Faktoren waren hier maßgeblich. Zum einen bestand bei einem Teil die Bereitschaft bzw. die Notwendigkeit, "wieder mein Geschirr auszupacken, und mit der Hand zu arbeiten, nicht als Meister, sondern als Arbeiter." (Meister, 47, wiederbeschäftigt im 3. Betrieb) Dies traf vor allem für Werkmeister zu, die keine Meisterprüfung vorzuweisen hatten und deshalb ihre betriebsintern erworbenen Qualifikationen nur schwer in andere Unternehmen transferieren konnten.

Zum anderen gab es eine Reihe von älteren Industriemeistern, die in meist neu errichteten Ausbildungszentren mit der Lehrlingsausbildung betraut wurden. Die Zeit bis zur Rente wurde dabei teilweise auch durch mehrjährige AFG-Maßnahmen überbrückt.

Frauen arbeiteten auf der AG "Weser" fast ausschließlich als Angestellte. Mehr als die Hälfte der weiblichen Büroangestellten war eineinhalb Jahre nach der Werftschließung noch arbeitslos. Auch im Zeitraum danach kam es, anders als bei den Männern, zu keiner nennenswerten Steigerung der Beschäftigung.[1] Dabei war das Durchschnittsalter der Frauen das niedrigste unter allen Angestellten. Während aber normalerweise die Altersdifferenz zwischen Arbeitslosen und Wiederbeschäftigten 10 Jahre betrug, belief sie sich bei den Frauen auf fast 20 Jahre. Ähnlich wie die männlichen Büroangestellten verfügten zwei Drittel über eine berufliche Ausbildung. Auch dies erklärt somit nicht die hohe Betroffenheit von Arbeitslosigkeit. Eine Ursache dürfte dagegen in der Berufsstruktur der arbeitslosen Frauen liegen. Es handelt sich fast ausschließlich um Stenokontoristinnen, Phonotypistinnen, Telefonistinnen, Schreibkräfte etc., während die wiederbeschäftigten Frauen zumeist Sachbearbeiterinnen, qualifizierte Sekretärinnen und EDV-Expertinnen waren. Auch wenn 80% der Frauen zu

---

1 Diese Aussage stützt sich auf die Befragung von ca. einem Drittel der Frauen.

einem Berufswechsel bereit waren, blieben sie bei dieser Berufsstruktur doch im wesentlichen auf das Segment typischer "Frauenarbeitsplätze im Angestelltenbereich" angewiesen.

Hinzu kommt meist eine lange Betriebszugehörigkeitsdauer in einem Betrieb, der in der Verwaltung nur partiell moderne Methoden einsetzte.

"Ich war 23 1/2 Jahre bei der AG "Weser" und, wie ich schon sagte, es ist ein sehr konservativer Betrieb gewesen. Ich habe keine Erfahrung mit Computern oder EDV-Kenntnisse und war auch noch nicht einmal als richtige Schreibkraft tätig." (Schreibkraft, 49, dauerarbeitslos)

Insgesamt zeigt die Analyse der Wiederbeschäftigungschancen von Teilgruppen der AG "Weser"- Belegschaft, daß neben dem Alter auch Qualifikationsunterschiede und berufsspezifische Faktoren eine Rolle spielten. Dagegen ließen sich offene Diskriminierungen nach Nationalität und Geschlecht nicht nachweisen, was nicht bedeutet, daß sie bedeutungslos waren. Auch die Befragung der einstellenden Betriebe brachte in dieser Hinsicht keine Aufschlüsse. Schließlich dürften auch unterschiedliche Methoden der Arbeitssuche sowie unterschiedliche Beziehungsnetze die Arbeitsmarktchancen beeinflußt haben. Insbesondere ältere Werftarbeiter begründeten ihre erfolgreiche Wiederbeschäftigung damit, "gleich die richtigen Beziehungen" gehabt zu haben. Andere betonten, daß sie ihre Arbeit letztlich nicht wegen einer besonderen Qualifikation etc. gefunden haben, sondern aufgrund eines "richtigen" Verhaltens, einer speziellen "Strategie" und eines besonderen Engagement.

"Ich bin deshalb so glimpflich davongekommen, weil ich viel dafür getan habe. Ich habe mich sehr engagiert, um neue Arbeit zu finden, nichts ist mir dabei in den Schoß gefallen. Ich würde nicht sagen, daß ich Glück gehabt habe, sondern daß ich mir das, was ich habe, erarbeitet und erkämpft habe." (Kaufmännische Angestellte, 39, wiederbeschäftigt, viermal den Betrieb gewechselt)

Die herausragende Bedeutung des Alters für die Wiederbeschäftigungschancen ist - dies zeigt ein Vergleich mit anderen Erhebungen - keine Besonderheit des Fallbeispiels AG "Weser". Auch bei der AEG Brunnenstraße wiesen Arbeiter über 45 Jahre mit 36 % (Angestellte 20%) eine deutlich höhere Arbeitslosenquote auf als die jüngeren mit 9% (Angestellte unter 45: 16%). "Dies gilt sowohl für Facharbeiter wie auch für angelernte Arbeitskräfte." (Forschungsgruppe AEG "Brunnenstraße" 1987, S.66) Für die Arbeitslosen aus Betriebsstillegungen (IAB I) sowie für "normal" Arbeitslose (IAB II, Infratest 1983) traf dieser Sachverhalt ebenfalls zu (vgl. Tabelle 10 und 11).

Auffällig ist jedoch, daß die "kritische" Altersschwelle, von der an die Arbeitslosenquote deutlich ansteigt, im Fall der Betriebsschließungen um ca. 10 Jahre höher liegt als bei "normalen" Arbeitslosen. So

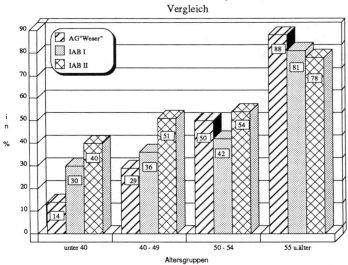

Schaubild 11: Arbeitslosenquoten im Vergleich

nimmt der Wiederbeschäftigungsgrad normalerweise in der Altersgruppe zwischen 40 und 49 deutlich ab. Bei den Arbeitslosen aus Betriebsstillegungen hingegen fällt er in dieser Altersgruppe ähnlich aus wie bei den Jüngeren.

Anders verhält es sich bei den weiblichen Angestellten. Die hohen Arbeitslosenquoten im Gefolge der Werftschließung entsprechen offensichtlich den "üblichen" Verhältnissen auf dem Arbeitsmarkt, wie der Vergleich mit der IAB-Untersuchung (vgl. Tabelle 11) und mit Infratest (Arbeitslosenquote der Frauen 45 %) deutlich macht.[1] Nicht

---

[1] Der AEG-Fall weicht hiervon völlig ab. Der Arbeitslosenanteil der weiblichen Arbeiter liegt dort mit 31% zwar deutlich höher als bei den Männern, aber erheblich unter jenem der AG "Weser". Die weiblichen Angestellten weisen sogar mit 14,5% eine niedrigere Arbeitslosenquote als die Männer auf (vgl. Forschungsgruppe AEG "Brunnenstraße" 1987, S.63f.).

dies stellt also eine Besonderheit des AG "Weser"-Falls dar, sondern der hohe Wiederbeschäftigungsgrad der 40-49-jährigen Männer.

Generell ist festzustellen, daß der Wiederbeschäftigungsgrad von arbeitslosen Männern (unter 50 Jahre) aus Betriebsstillegungen im Vergleich zu "normalen" Arbeitslosen wesentlich höher ausfällt (vgl. Tabelle 11). Dies trifft sowohl für Arbeiter und Angestellte als auch für unterschiedliche Qualifikationen zu. Dabei muß berücksichtigt werden, daß insbesondere die Schließung der AG "Weser", aber auch der AEG, unter sehr ungünstigen Arbeitsmarktbedingungen stattfand und im Falle der AG "Weser" zudem Berufsgruppen aus einer Krisenbranche freigesetzt wurden, während die Stichproben von Infratest und des IAB in etwa durchschnittliche Arbeitsmarktverhältnisse widerspiegeln.

Zudem darf nicht übersehen werden, daß in diesen Vergleichen die "nahtlos" Wiederbeschäftigten der AG "Weser" und der AEG, die zwischen 20 % und 25 % der Entlassenen ausmachen, nicht berücksichtigt werden, und damit der Wiederbeschäftigungsgrad eigentlich noch höher ausfällt.

Eine einfache, monokausale Erklärung für diese Besonderheiten gibt es nicht. Eine Rolle spielt jedoch die besondere Struktur von entlassenen Belegschaften aus Großbetrieben.

Dabei handelt es sich überwiegend um Arbeitskräfte, denen normalerweise kein Arbeitsplatzverlust gedroht hätte, die sich also von den "normalen" Zugängen in Arbeitslosigkeit unterscheiden. Durch eine Betriebsschließung gelangen überwiegend Arbeitnehmer mit einer relativ hohen Beschäftigungssicherheit auf den externen Arbeitsmarkt.

Dies bedeutet jedoch nicht, daß sie auch automatisch über überdurchschnittliche Wiederbeschäftigungschancen verfügen.

Denn die Zugangsrisiken in und die Abgangsrisiken aus Arbeitslosigkeit kumulieren jeweils bei unterschiedlichen Arbeitsmarktgruppen. So weisen z.B. ältere Arbeitnehmer eine relativ hohe Beschäftigungssicherheit auf, besitzen aber im Falle eines Arbeitsplatzverlustes schlechtere Wiederbeschäftigungschancen. Entlassene aus Betriebsstillegungen sind insofern wie andere Arbeitsuchende

Tabelle 10: Wiederbeschäftigungsquote nach einem Jahr (in %)

	"Normal" Arbeitslose Infratest	Arbeitslose der AG "Weser"
unter 30	69	75
30 - 49	57	74
50 u. älter	30	31

In die Berechnung wurden nur Personen einbezogen, die zum Befragungszeitpunkt dem Arbeitsmarkt zur Verfügung standen.
Infratest: Arbeitslosenbestand, ein Jahr nach der ersten Stichprobe, Männer und Frauen (ohne Ausländer)
AG "Weser": Arbeitslose Werftangehörige (ohne "nahtlos" Wiederbeschäftigte) ein Jahr nach der Betriebsschließung, Männer und Frauen (ohne Ausländer)
Quelle: eigene Berechnungen, Infratest 1983 und Arbeitsamtuntersuchung 1985

auch, den "normalen" Selektionsprozessen auf dem Arbeitsmarkt ausgesetzt. Neben dem Alter, dem Beruf, der Qualifikation, dem Geschlecht und der Nationalität spielt hierbei auch der bisherige Berufsverlauf eine Rolle, ein Aspekt, der bisher ausgeklammert worden ist. Untersuchungen unter Arbeitslosen und Beschäftigten zeigen, daß das Risiko instabiler Berufsverläufe und Mehrfacharbeitslosigkeit bei Personen kumuliert, die bereits (kurz) zuvor arbeitslos gewesen sind (Büchtemann/Rosenbladt 1983, S.268 ff.). Mehrfacharbeitslosigkeit und Langzeitarbeitslosigkeit gilt bei vielen Unternehmen als Makel, der ein wesentliches Einstellungshindernis darstellen kann. Bezüglich dieser Merkmale unterscheiden sich Entlassene aus Betriebsstillegungen und "normale" Arbeitslose (Zugänge oder Bestand) jedoch erheblich. Bei der ersten Gruppe handelt es sich überwiegend um *Erstmalsarbeitslose*, während sich unter den letzteren ein relevanter Anteil an *Mehrfacharbeitslosen* bzw. *Langzeitarbeitslosen* (Bestand) befindet. Hinzu kommt, daß entlassene Stammbelegschaften eine langjährige Berufserfahrung vorzuweisen haben, während unter den "normalen" Arbeitslosen ein erheblicher Anteil bisher nicht oder nur kurzzeitig erwerbstätig gewesen war. Solche Unterschiede begünstigen offensichtlich nicht nur die Wiederbeschäftigung der jüngeren Entlassenen, sondern verbessern auch die Chancen für Arbeitnehmer, die normalerweise wegen ihres Alters schwerer vermittelbar sind.

Die angeführten Gründe besitzen sicherlich einen erheblichen Erklärungswert für das überdurchschnittlich Abschneiden der entlassenen AG "Weser"- Beschäftigten. Es bestätigt sich die Annahme (vgl. I

Tabelle 11: Arbeitslosenquoten der entlassenen AG "Weser"-Beschäftigten im Vergleich

	AG "Weser"-Entlassene[1]	"Normal" Entlassene IAB II	Entlassene aus anderen Betriebsstillegungen IAB I
Arbeiter[2]	26,1 [3]	44,4	35,4
unter 40 Jahre	21,3	40,3	29,7
40-49 Jahre	25,0	52,0	35,7
50-54 Jahre	49,6	51,1	40,0
über 54 Jahre	87,1	79,8	75,0
männl. Ang.[2]	22,8 [3]	36,9	27,7
unter 40 Jahre1	6,7 [5]	30,5	15,8
40-49 Jahre	14,0 [5]	44,6	15,4
49 und älter	60,4 [5]	69,4	53,3
weibl. Ang.[2,6]			
unter 40 Jahre	33,3 [5]	42,6	35,7
40-49 Jahre	50,0 [5]	50,0	41,6
49 und älter	83,3 [5]	67,1	75,0
Insgesamt[4]	27,9 [3]	43,5	35,4
unter 40 Jahre	22,8	40,8	30,3
40-49 Jahre	29,0	51,4	36,4
50-54 Jahre	50,3	54,1	42,4
über 54 Jahre	88,1	77,7	81,5

1) Nur beim Arbeitsamt als arbeitslos registrierte AG "Weser"- Entlassene. Die "nahtlos" Wiederbeschäftigten wurden ausgeklammert, um die Vergleichbarkeit mit der IAB-Verbleibsuntersuchung zu gewährleisten.
2) Nur Deutsche.
3) Zu Ermittlung der Arbeitslosenquoten der Arbeiter (insgesamt) und der Angestellten (insgesamt) wurde das AGW-Sample umgewichtet, um eine Strukturgleichheit bezüglich des Alters mit der IAB-Verbleibsuntersuchung herzustellen. Dies war erforderlich, da im AGW-Sample ältere Jahrgänge erheblich stärker vertreten waren als in der IAB-Untersuchung und dem Alter ein hoher Erklärungswert für länger anhaltende Arbeitslosigkeit zukommt.
4) Arbeiter und Angestellte zusammen, nur Deutsche.
5) Daten aus Schriftlicher Befragung (nur als arbeitslos Registrierte). Da die Angestellten eine sechsmonatige Kündigungsfrist hatten, waren die arbeitslosen Angestellten zum Zeitpunkt der Arbeitsamtuntersuchung höchstens 8 Monate arbeitslos. In der IAB-Verlaufsuntersuchung wurde der Verbleib der Arbeitslosen jedoch nach einem Jahr untersucht. Deshalb wurden bei den Angestellten die Ergebnisse der schriftlichen Totalbefragung herangezogen, die ungefähr 1 Jahr nach dem Kündigungstermin für die Angestellten durchgeführt wurde.
6) Eine Umgewichtung des AGW-Samples der weiblichen Angestellten zur Herstellung einer Strukturgleichheit beim Alter mit der IAB-Untersuchung ist wegen der geringen Fallzahlen (n=22) nicht sinnvoll.

Quelle: Arbeitsamtuntersuchung 1985, Schriftliche Befragung 8/1985, IAB Arbeitslosenverlaufsuntersuchung 1985

3.), daß Entlassene aus Betriebsschließungen eine besondere Arbeitsmarktgruppe darstellen, die bereits bei einer "normalen" Funktionsweise des Arbeitsmarktes über überdurchschnittliche Wiederbeschäftigungschancen verfügt.

Offen ist jedoch bisher geblieben, inwieweit auch eine Veränderung der Selektionsmechanismen auf dem Arbeitsmarkt - z.B. durch ein modifiziertes Einstellungsverhalten der regionalen Unternehmen oder durch Besonderheiten bei der Arbeitssuche der Entlassenen - ebenfalls zu diesem relativ günstigen Ergebnis beigetragen haben (vgl. II.2.4, II.2.5).

2.2 Die Wiederbeschäftigungsbedingungen nach der Stillegung

Selektionsprozesse auf dem Arbeitsmarkt entscheiden nicht nur über Beschäftigung und Arbeitslosigkeit, sondern führen zugleich zur Neuverteilung von Beschäftigungskonditionen. Zu den Folgewirkungen von Betriebstillegungen gehören auch Veränderungen dieser Beschäftigungsbedingungen, die sich als berufliche und soziale Auf- bzw. Abstiegsprozesse darstellen lassen. Die Analyse dieser Prozesse erfordert die Einbeziehung verschiedener Dimensionen der Erwerbsarbeit. Wichtig ist zunächst, inwieweit eine längerfristige Absicherung der Reproduktion gelingt. Als Idealtyp steht hierfür das "Normalarbeitsverhältnis" (Mückenberger 1985, Baumeister u.a. 1988), das heißt eine stabile, langfristige und sozial abgesicherte Beschäftigung. Sie bildet den Erfahrungshorizont der Entlassenen der AG "Weser", die als Angehörige einer Stammbelegschaft eine langjährige berufliche Stabilität aufzuweisen hatten. Eine Wiederbeschäftigung in Leiharbeit oder in befristeten bzw. wiederholten kurzfristigen Beschäftigungen (incl. ABM) bedeuten vor diesem Hintergrund einen tiefgreifenden beruflichen Einschnitt und stellen eine der gravierendsten Folgewirkungen der Werftschließung dar. Deshalb werden die *Wiederbeschäftigten* der AG "Weser" zunächst anhand der grundlegenden Kriterien "Anknüpfung an die frühere berufliche Stabilität" *("stabil Beschäftigte")* und "instabil beschäftigt" *("Instabile")* unterschieden.

Die Beurteilung des Wiederbeschäftigungserfolgs *innerhalb* der Gruppe der "stabil Wiederbeschäftigten" läßt sich zunächst durch einen Einkommensvergleich mit der AG "Weser" vornehmen. Damit sind die materiellen Verluste bzw. Gewinne in Folge einer Betriebsstillegung angesprochen. Zudem sind Einkommensveränderungen häufig auch ein Indiz für Änderungen im beruflichen Status bzw. in der Hierarchieposition. Als *"Gewinner"* werden "stabil Wiederbeschäftigte" mit Einkommenverbesserungen, als *"Davongekommene"* jene mit gleicher Einkommensituation und als *"Verlierer"* jene mit Einkommensverlusten im Vergleich zur AG "Weser" bezeichnet.[1] Diese Typisie-

---

1 Die Gehaltsverbesserungen betrugen im Durchschnitt ca. 400 - 500 DM, die Einkommenseinbußen schwankten zwischen 100 und 1 500 DM, wobei der durchschnittliche Verlust ca. 400 DM monatlich betrug.

rung nach dem Einkommen entspricht zugleich auch dem Standpunkt eines "außenstehenden" Beobachters, der ein neues, gutbezahltes "Normalarbeitsverhältnis" als ein Indiz dafür wertet, daß die Auswirkungen der Betriebsschließung für den jeweiligen Betroffenen relativ gering gewesen sind. Eine solche Perspektive ist auch in der Öffentlichkeit weit verbreitet. Sie reduziert die Wiederbeschäftigungs-konditionen auf den "harten Kern" der materiellen Reproduktionserfordernisse in einer Erwerbswirtschaft *("Erwerbsperspektive")*. Eine solche Typisierung stellt jedoch zugleich auch eine Verengung der Dimensionen von Arbeit dar. Zum einen vernachläßigt sie die *"Arbeitskraftperspektive"*, die das Interesse an einem langfristigen Erhalt der Arbeitskraft und einer Minimierung ihres Verschleißes beinhaltet. Und zum anderen klammert sie die *"Subjektperspektive"* aus, d.h. den Aspekt der Selbstverwirklichung und der Gewinnung von sozialer Identität im Arbeitsprozeß (Schumann u.a. 1981, S. 25 ff.).

Die Typisierung der Wiederbeschäftigten nach Veränderungen in der Erwerbsstabilität und dem Einkommen ruft somit unmittelbar Widerspruch hervor und erfährt ihre kritische Relativierung durch Fragen nach Veränderungen im Arbeitsinhalt, bei den Arbeitsbelastungen, in den Aufstiegschancen und der Arbeitszeit.[1] Welche Bedeutung dieser Relativierung zukommt, wird insbesondere in den Interviews, das heißt in der subjektiven Bewertung und Gewichtung dieser Faktoren deutlich. Hier zeigt sich, daß aus der Sicht der Betroffenen eine Betriebsschließung mehr bedeutet als einen Arbeitsplatzverlust, der durch eine ähnlich bezahlte Wiederbeschäftigung kompensiert werden kann.

Eineinhalb Jahre nach der Werftschließung arbeiteten ca. 40% der Wiederbeschäftigten wieder in einem gleich bzw. besser bezahlten "Normalarbeitsverhältnis" ("Davongekommene" bzw. "Gewinner"). Umgekehrt bedeutet dies, daß es der Mehrheit der Beschäftigten in diesem Zeitraum noch nicht gelungen war, einen mit der AG "Weser" vergleichbaren Arbeitsplatz zu finden ("Verlierer" bzw. "Instabile"). Dabei waren die einzelnen Belegschaftsgruppen unterschiedlich von Instabilität (Befristung, Leiharbeit, Arbeitsbeschaffungs- und Fortbildungs- und Umschulungsmaßnahmen) bzw. Einkommensverlusten betroffen (Schaubild 12). So mußten z.B. insbesondere die deutschen Ar-

---

1 Schriftliche Befragung 8/1985

beiter Einkommensverluste hinnehmen, während unter den Ausländern der höchste Anteil "Instabiler" zu finden ist.

Schaubild 12: Wiederbeschäftigungsbedingungen

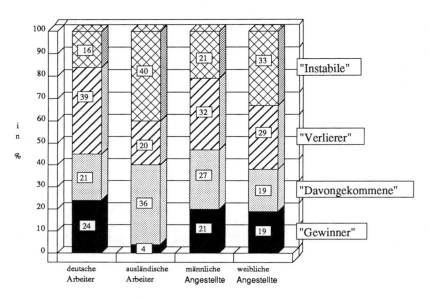

Das Profil der "Gewinner", "Davongekommenen" und "Verlierer" unterscheidet sich zwischen den einzelnen Belegschaftsgruppen.

Der *typische "Gewinner"* bei den *deutschen Arbeitern*[1] z.B. hat bei der AG "Weser" als Facharbeiter (82%) gearbeitet und ist heute als Angelernter (70%) in einem Großbetrieb (75%) eingestellt (Tabelle 12). Dies ging in der Regel mit einem Berufswechsel einher. Das Durchschnittsalter beträgt ca. 33 Jahre. Fast ein Drittel dieser Gruppe hat im Anschluß an die Werftschließung mindestens ein Arbeitsangebot abgelehnt. Die Dauer der Arbeitslosigkeit lag für die meisten unter 3 Monate, ca. 30% fanden "nahtlos" einen neuen Arbeitsplatz. Im Vergleich zu den "Verlierern" wechselten relativ wenige (18%) den Betrieb im Untersuchungszeitraum erneut.

---

1 Die Fallzahlen bei den ausländischen Arbeitern sind zu klein, um ein vergleichbares Profil zu erstellen.

Tabelle 12: Profil der wiederbeschäftigten Arbeiter[1]

Typ	Anteil in %	Alters-durch-schnitt Jahre	Anteil Fachar-beiter AGW in %	Anteil Fachar-beiter 1985 in %	Betriebsgröße 1985		
					groß	mittel in %	klein
"Gewinner"	28	33	82	30	75	12	13
"Davonge-kommene"	25	39	80	51	49	25	25
"Verlierer"	47	40	74	55	30	24	46

Typ	arbeitslos nie in%	nach Stillegung über 6 Mon. in %	Betrieb gewechselt in %	Arbeits-platz abgelehnt in %
"Gewinner"	29	15	18	32
"Davonge-kommene"	23	21	17	24
"Verlierer"	23	17	29	23

Typ	Veränderung von:					
	Arbeitsinhalt		Belastung		Arbeitszeit	
	besser/gleich in %	schlechter in %	besser/gleich in %	schlechter in %	besser/gleich in %	schlechter in %
"Gewinner"	39	61	46	54	47	53
"Davonge-kommene"	58	42	50	50	64	36
"Verlierer"	60	40	63	37	63	37

1) Im August 1985 stabil wiederbeschäftigte deutsche Arbeiter; "Gewinner" = Einkommensverbesserung zur AG "Weser"; "Davongekommene" = keine Einkommensveränderung zur AG "Weser"; "Verlierer" = Einkommensverschlechterung zur AG "Weser"
Quelle: Schriftliche Befragung 8/85

Auffällig ist die Polarisierung bezüglich des Arbeitsinhalts: Die Verbesserung der Einkommensituation wurde für ca. zwei Drittel der "Gewinner" mit Verschlechterungen bei der "Interessantheit" und bei dem "Abwechselungsreichtum" der neuen Arbeit erkauft[1]. Es handelt sich dabei fast ausschließlich um jene, die in einem Bremer Großbetrieb mit Fließfertigung einen Arbeitsplatz gefunden haben. Der Be-

---

1 Schriftliche Befragung 8/1985

trieb hat ca. 15% der wiederbeschäftigten deutschen AG "Weser"-Arbeiter aufgenommen. Dieses Unternehmen mit seinen überdurchschnittlichen Verdienstmöglichkeiten prägt somit entscheidend das Bild der wiederbeschäftigten Arbeiter.

Deutliche Unterschiede zu den "Gewinnern" weisen die "Davongekommenen" (gleiches Einkommen) und die "Verlierer" (Einkommensverluste) auf. Diese Gruppen sind im Durchschnitt ca. 7 Jahre älter als die "Gewinner". Nach der Werftschließung war ein größerer Teil zunächst längere Zeit arbeitslos. Jedoch wurde eine Wiederbeschäftigung häufiger wieder in der früheren Qualifikation und im alten Beruf gefunden. Dies schlägt sich auch in der Einschätzung der Arbeitsbedingungen nieder, in der wiederum eine interessante Polarisierung sichtbar wird: Die Verlierer beim Einkommen sind am häufigsten wieder als Facharbeiter beschäftigt und arbeiten mehrheitlich unter besseren bzw. gleichen Arbeitsbedingungen (Arbeitsinhalt, Belastung, Arbeitszeiten) wie auf der AG "Weser".

Die Wiederbeschäftigungsbedingungen der Arbeiter hängen von verschiedenen Faktoren ab. Veränderungen beim Einkommen erklären sich im wesentlichen aus Altersunterschieden und der Betriebsgröße. Jüngere Arbeiter sind zu einem hohen Prozentsatz in Großbetrieben untergekommen, die überdurchschnittliche Verdienstmöglichkeiten bieten. Dabei spielt wiederum insbesondere die Einstellungspolitik eines regional bedeutsamen Automobilunternehmens eine wichtige Rolle.[1] Da die meisten Wiederbeschäftigten in diesen Großbetrieben in der Fließfertigung bzw. Montage arbeiten, korreliert eine Einkommensverbesserung eng mit verschlechterten Arbeitsinhalten. Dies erklärt auch den auf den ersten Blick überraschenden Befund, daß ein Berufswechsel und ein Verlust der Facharbeiterqualifikation[2] auch für mit einer Verbesserung des Einkommens verbunden ist. Schließlich wundert es angesichts der in größeren Betrieben vorherrschenden Schichtarbeit

---

1 Vgl. II. 2.5, Einstellerbefragung.
2 Zwar werden von denGroßbetrieben auch für die Fließbandarbeit meist nur Facharbeiter eingestellt und eine entsprechende Bezahlung geboten. Die befragten Arbeiter sahen jedoch i.d.R. in der von ihnen ausgeübten Arbeit eine "Anlerntätigkeit" und bezeichneten sich als "Angelernte".

auch nicht, daß im Vergleich zur AG "Weser" auch Nachteile bei den Arbeitszeiten in Kauf genommen werden mußten.

Ältere Arbeiter hingegen fanden vorwiegend in kleineren Unternehmen - vor allem im Bereich des Maschinenbaus und im Dienstleistungssektor - wieder Arbeit.[1] Dies erklärt den geringeren Verdienst, aber auch, daß sie dort Arbeitsbedingungen vorfanden, die jenen auf der Werft ähnlich sind. In vielen kleineren Betrieben dominiert eine handwerkliche Produktionsweise, die jener auf der AG "Weser" ähnelt. Ein Teil (ca. 10%) der "Davongekommenen" und "Verlierer" arbeitet im übrigen wieder im Schiffbau, in dem ähnliche Arbeitsverhältnisse, aber nunmehr schlechtere oder allenfalls gleiche Verdienstmöglichkeiten wie auf der AG "Weser" bestehen. Auch ein nochmaliger Betriebswechsel, der bei den "Davongekommenen" eine überdurchschnittliche Rolle gespielt hat, geht - zumindest zeitweilig - häufig mit Einkommensverlusten im Vergleich zur AG "Weser" einher.

Ein völlig anderes Bild zeigt sich bei den *männlichen Angestellten*.[2] Hier stehen sich die "Gewinner" sowohl beim Einkommen als auch bei den Arbeitsbedingungen und bei den für den Angestelltenberuf wichtigen Aufstiegschancen deutlich besser als die übrigen (Tabelle 13). Umgekehrt gehen Einkommenseinbußen auch meist mit Verschlechterungen bei den Arbeitsinhalten und den Aufstiegsmöglichkeiten einher. Die "Davongekommenen" nehmen bezüglich dieser Kriterien eine mittlere Position ein. Im Unterschied zu den Arbeitern trifft hier also die gewählte einkommensorientierte Typisierung ins "Schwarze", d.h. sie erfährt keine grundlegende Relativierung durch die Einbeziehung der Arbeitsumstände.

Der typische "Gewinner" bei den Angestellten ist ein Ingenieur bzw. leitender Angestellter um die 40 Jahre, während sich unter den "Verlierern" ein hoher Prozentanteil älterer, ehemaliger Meister findet, die nunmehr als "einfache" Arbeiter oder Angestellte einen Arbeitsplatz gefunden haben. Auffällig ist auch hier, daß unter den "Verlierern" überdurchschnittlich viele nach der ersten Wiederbeschäftigung nochmals den Betrieb gewechselt haben.

---

1 Vgl. hierzu Teil II.2.5, Einstellerbefragung
2 Wegen der geringen Fallzahlen bleiben hier die weiblichen Angestellten ausgeklammert.

Tabelle 13: Profil der wiederbeschäftigten Angestellten[1]

Typ	Anteil in %	Alters- durch- schnitt Jahre	Anteil der Ang. mit Berufsaus- bildung		Betriebsgröße 1985		
			AGW in %	8/85 in %	groß in %	mittel in %	klein in%
"Gewinner"	27	39	88	85	46	30	24
"Davonge- kommene"	34	44	95	83	45	33	21
"Verlierer"	40	45	80	49	47	38	15

Typ	arbeitslos nach Still.		Betrieb gewechselt	Arbeits- platz abgelehnt
	nie in%	über 6 Monate in %	in %	in %
"Gewinner"	82	3	15	39
"Davonge- kommene"	76	5	7	50
"Verlierer"	63	4	20	39

Typ	Veränderung von:					
	Arbeitsinhalt		Belastung		Aufstiegsmög- lichkeiten	
	besser/ gleich in %	schlechter in %	besser/ gleich in %	schlechter in %	besser/ gleich in %	schlechter in %
"Gewinner"	88	12	53	47	91	9
"Davonge- kommene"	66	34	65	35	60	40
"Verlierer"	58	42	66	34	44	56

1) Im August 1985 stabil wiederbeschäftigte männliche Angestellte; "Gewinner" = Einkommensver- besserung zur AG"Weser"; "Davongekommene" = keine Einkommensveränderung zur AG "We- ser"; "Verlierer" = Einkomensverschlechterung zur AG"Weser"
Quelle: Schriftliche Befragung 8/85

Über Verbesserungen bzw. Verluste in Folge der Stillegung entscheidet auch bei den Angestellten zunächst einmal das Alter. Im Unterschied zu den Arbeitern spielt aber auch die Ausgangsqualifikation eine große Rolle. Insbesondere eine Fachhochschul- oder Universitätsausbildung hat eine Wiederbeschäftigung zu gleichen oder besseren Konditionen als auf der AG "Weser" ermöglicht, während betriebsinterne Qualifikationen (Werkmeister, zu Angestellten aufgestiegene Arbeiter) sich als schwer transferierbar erwiesen. Anders auch als bei den Arbeitern erklären unterschiedliche Betriebsgrößen und Branchen nicht die differierenden Wiederbeschäftigungsbedingungen.

Insgesamt zeigt sich, daß eine Typisierung der Wiederbeschäftigten nach den Kriterien "Normalarbeitsverhältnis" und "Einkommen" im wesentlichen nur der Situation der Angestellten gerecht wird, weil diese Faktoren positiv mit den anderen Dimensionen der Erwerbsarbeit korrelieren. Bei den Arbeitern hingegen ist ein verbessertes Einkommen in der Regel mit schlechteren Arbeitsbedingungen erkauft worden, d.h. der Begriff "Gewinner" greift in diesem Fall zu kurz. Deutlicher wird dies noch in der Bewertung der Wiederbeschäftigungsbedingungen durch die Betroffenen selbst.

"Instabil" Beschäftigte finden sich vor allem unter den ausländischen Arbeitern und bei den weiblichen Angestellten. Bei den Ausländern - und generell bei den Arbeitern - herrscht Leiharbeit vor, während bei den Angestellten Befristungen - oft in Form von ABM - die größte Bedeutung zukommt (vgl. Schaubild 12). Unter den Verleiharbeitern dominieren - ebenso wie unter den befristet beschäftigten Arbeitern - die "Verlierer": 70% verdienen weniger und 60% arbeiten unter höherer Belastung und ungünstigeren Arbeitszeiten. Allerdings bezeichen fast zwei Drittel ihre Arbeit als ähnlich interessant wie auf der Werft. Ursache hierfür dürfte sein, daß Verleiharbeit als relativ abwechslungsreich gilt, da in kurzen Zeiträumen immer wieder neue Tätigkeiten aufgenommen werden (müssen).

Bei den Angestellten hingegen haben Befristungen keine vergleichbar negativen Auswirkungen auf das Arbeitseinkommen. Die Relation zwischen "Gewinnern", "Davongekommenen" und "Verlierern" unterscheidet sich nicht wesentlich von jener bei den stabil Wiederbeschäftigten. Jedoch geben 80% an - und dies verwundert bei einem befristeten Arbeitsverhältnis natürlich nicht - heute schlechtere Aufstiegschancen zu besitzen als auf der AG "Weser". Ähnlich wie bei den Arbeitern führt bei den Angestellten (50%) auch die Leiharbeit zu Einkommenseinbußen. Damit einher gehen ungünstigere Arbeitszeiten, während der Arbeitsinhalt und die Belastung im wesentlichen gleich geblieben sind.

Insgesamt zeigt sich, daß instabile Arbeitsverhältnisse überwiegend auch mit einer Verschlechterung der Einkommenssituation und ungünstigeren Arbeitsbedingungen verbunden sind, d.h. die "Instabilen" waren i.d.R. von der Betriebsstillegung am schwersten betroffen.

Allerdings hat sich das Bild zwischen dem ersten Befragungszeitpunkt (schriftliche Befragung 8/85) und den Interviews drei Jahre danach erheblich gewandelt. Über 60% derjenigen, die zunächst in einem instabilen Arbeitsverhältnis gestanden hatten, arbeiteten nunmehr in einem "Normalarbeitsverhältnis". Auch Einkommensverschlechterungen bzw. ungünstigere Arbeitsbedingungen müssen nicht notwendig eine dauerhafte Auswirkung der Werftschließung bleiben. Oft beschränken sie sich auf die Situation eines "Einstiegsarbeitsplatzes" bzw. gehen mit einem beruflichen Neuanfang einher. Mehr als ein Drittel derer, die zu Beginn ihrer Wiederbeschäftigung Einkommeneinbußen hinnehmen mußten, haben 3 Jahre später zumindest wieder den gleichen Verdienst wie auf der AG "Weser". Bis dahin allerdings haben sich die relativen Einkommensverluste in einigen Fällen zu erheblichen Beträgen summiert. Auch ca. 30% der Interviewten, die sich zunächst in einer schlechteren Arbeitssituation befanden, sahen nach 3 Jahren eine positive Veränderung, d.h. gleiche bzw. bessere Bedingungen wie auf der Werft.

Inwieweit lassen sich die Wiederbeschäftigungserfahrungen der entlassenen Arbeitnehmer der AG "Weser" verallgemeinern? Ein Vergleich mit ähnlich detailliert dokumentierten Fällen, von denen drei in Vollbeschäftigungszeiten Ende der sechziger Anfang der siebziger Jahre fallen, zeigt zunächst, daß Einkommenseinbußen und verschlechterte Arbeitsbedingungen generell zu den Begleiterscheinungen von Betriebsschließungen gehören (Tabelle 14). Während Langzeitarbeitslosigkeit und "instabile" Beschäftigungsformen erwartungsgemäß heute nach einer Betriebsstillegung eine wesentlich größere Rolle spielen als seinerzeit unter Vollbeschäftigungsverhältnissen (Hillen 1971, S.46 ff.; Bosch 1978, S.107 ff., Eberwein/Tholen 1987), scheint kein unmittelbarer Zusammenhang zwischen der Veränderung der Einkommens- und Arbeitssituation und der jeweiligen Beschäftigungssituation zu bestehen.

So mußte z.B. bei der Zechenschließung in Oberhausen 1968 ein ähn-

Tabelle 14: Wiederbeschäftigungsbedingungen nach Betriebsstillegungen im Vergleich (in %)

Beurteilung der gegenwärtigen im Vergleich zur vorherigen Arbeit						
	Verdienst	Arbeitsinhalt	Belastung	Arbeitszeit	Aufstiegsmöglichkeiten	Weg zur Arbeit
besser						
AGW	22	18	14	11	12	28
AEG	22	27[1]	22	22	12	27
R-Werk	55	38[4]	45[1,2]	38[3]	-	9
Zeche	34	54[4]	-	-	26	6
Textilb.	47	30	-	-	23	3
gleich						
AGW	30	44	43	53	41	25
AEG	35	31[1]	33[1]	54	32	32
R-Werk	28	-[4]	-	46[3]	-	36
Zeche	22	8[4]	-	-	37	9
Textilb.	30	21	-	-	50	14
schlechter						
AGW	48	38	43	36	47	48
AEG	42	42[1]	42	24	56	41
R-Werk	17	62[4]	55[1,2]	15[3]	-	55
Zeche	43	34[4]	-	-	33	83
Textilb.	23	49	-	-	24	81

1. Eine Unterscheidung in besser bzw. gleich wurde nicht vorgenommen
2. Mittelwert aus körperlicher Anstrengung und nervlicher Belastung
3. Gefragt wurde nach Schichtarbeit, besser, gleich, schlechter
4. Gefragt wurde: "Welche Arbeit gefiel besser?"

AGW = AG"Weser"Bremen, eineinhalb Jahre nach der Stillegung Ende 1983, AEG = AEG Brunnenstraße West-Berlin, 2-3 Jahre nach der Stillegung 1983/84, R-Werk = Röhrenwerke im Ruhrgebiet, 1 Jahr nach der Stillegung 1972, Zeche = Kohlezeche in Oberhausen, 1 1/4 Jahre nach der Stillegung Ende 1968, Textilb. = Textilbetrieb in Epe, 1 3/4 Jahre nach der Stillegung Juli 1967

Quelle: Schriftliche Befragung 8/85, Forschungsgruppe "AEG-Brunnenstraße", Bosch 1978, Hillen 1971

lich hoher Anteil der Entlassenen Einkommenseinbußen hinnehmen wie 1983/84 im Falle der AEG und der AG "Weser".

Umgekehrt treten vergleichbare Verluste auch bei einer angespannten Arbeitsmarktsituation nicht bei jeder Betriebsschließung auf, wie eine Befragung von entlassenen TextilarbeiterInnen illustriert.[1] Mehr als die Hälfte der hiervon Wiederbeschäftigten konnte sich nach dem Konkurs Ende 1981 im Einkommen verbessern (Fischer/Richter 1984). Offensichtlich hängen Veränderungen in den Beschäftigungskonditionen - anders als der Wiederbeschäftigungsgrad - weniger von der konjunkturellen Situation als vielmehr von dem jeweiligen Betriebstyp und von der Branchen- und Betriebsstruktur der jeweiligen Region ab.

— Eine zentrale Rolle kommt der *Betriebsgröße* zu. Tabelle 15 zeigt, daß das durchschnittliche Einkommensniveau mit der Betriebsgröße zunimmt. Bei vielen Großbetrieben - und dies trifft auch für die AG "Weser" und die AEG Berlin zu - handelt es sich zudem um hochgradig gewerkschaftlich organisierte "Traditionsbetriebe" mit einer entsprechend überdurchschnittlichen Lohn- und Gehaltsstruktur. Werden solche "Hochlohnbetriebe" geschlossen, so müssen die Entlassenen in der Regel mit Einkommensverlusten rechnen, da eine Wiederbeschäftigung oft nur in kleineren und mittleren Unternehmen möglich ist. Im Einzelfall hängt dies natürlich von der Unternehmensstruktur der jeweiligen Region ab. Im Fall der AG "Weser" z.B. hätten Einkommenseinbußen eine wesentlich größere Rolle gespielt, wenn nicht während der Schließungsperiode gleichzeitig ein großes Automobilunternehmen, das weit überdurchschnittliche Löhne bot, expandiert hätte.

— Modifiziert wird der Faktor "Betriebsgröße" durch *branchenspezifische Lohnunterschiede*. So erzielten z.B. nach der Schließung einer großen Textilfabrik in Epe 1967 fast die Hälfte der Wiederbeschäftigten ein höheres Einkommen, weil in diesem Betrieb Niedriglohngruppen überproportional vertreten waren (Hillen 1971, S.62ff). Betriebsstillegungen in der Bekleidungs- und Lederindustrie und im Bereich des Groß- und Einzelhandels, d.h. in Branchen mit einem hohen Anteil von Beschäftigten am unteren Ende der Tarifskala, werden in der Regel geringere Einkommenseinbußen zur Folge haben als solche im Bereich des Bergbaus oder

---

1 Bei dem geschlossenen Betrieb handelt es sich um ein mittelgroßes Unternehmen der Bekleidungsindustrie, das Ende 1981 in Konkurs ging. Die Befragung ist nicht repräsentativ. Zudem ist das Sample mit 60 Befragten vier Monate nach der Entlassung und 44 Befragten 1 Jahr danach relativ klein (Fischer/ Richter 1984, S.2).

Tabelle 15: Mittleres Einkommen nach Betriebsgrößenklassen 1985

Beschäftigte in den Betrieben	Mittleres Einkommen pro Tag in den			
	geschlossenen Betrieben DM	schrumpfenden Betrieben DM	expandierenden Betrieben DM	stabilen Betrieben DM
1 - 19	62	70	70	66
20 - 99	85	86	86	86
100 - 499	92	94	93	94
500 u. mehr	103	107	107	102
Insgesamt	70	91	92	89

Quelle: Cramer 1987

der Werftindustrie, da hier ein Wechsel in besserzahlende Branchen wahrscheinlicher ist (Hillen 1971, S. 63, Fischer/Richter 1984, S.30 ff.).

— Weiter erklärt auch der Anteil *"betriebsspezifischer Qualifikationen"* einen Teil der Unterschiede in der Einkommensentwicklung. Ein erheblicher Teil der betrieblich erworbenen Qualifikationen bzw. Positionen erweist sich als nicht in andere Betriebe transferierbar. Im Fall der AG "Weser" z.B. wurden Vorarbeiter und Werkmeister[1] wieder als "normale" Facharbeiter eingestuft. Eine Rückstufung der Lohngruppe betraf auch jene Entlassenen, die sich an speziellen Arbeitsplätzen durch langjährige Erfahrung und Leistung qualifiziert hatten. Diese Faktoren spielten auch bei den anderen Stillegungsfällen eine wichtige Rolle (Bosch 1978, S. 178.) Hinzu kommen häufig *Berufswechsel* nach Betriebsschließungen, die oft mit einem Statuswechsel vom Facharbeiter zum Angelernten verbunden waren (Ehrmann u.a. 1988, S. 109). Auch hieraus erklären sich Lohneinbußen. Hinzu kommt, daß viele Wiederbeschäftigte - wie andere *"Neulinge"* auch - auf Einstiegsarbeitsplätzen mit einer entsprechend niedrigeren Lohngruppe begonnen haben und darüberhinaus geringere Senioritätsrechte auf Überstunden besitzen (Bosch 1978, S. 174). Schließlich muß auch die unterschiedliche Altersstruktur in den Betrieben berücksichtigt werden: Jüngere Arbeitnehmer haben - dies zeigt nicht nur der Fall

---

[1] Ein Werkmeister besitzt im Unterschied zum Industriemeister keinen Meisterbrief.

AG "Weser" - bessere Chancen auf einen gutbezahlten Arbeitsplatz als Ältere (Hillen 1971, S. 63, Bosch 1978, S. 178).

Solche betriebs-, branchen- und personenspezfischen Faktoren dürften in der Bundesrepublik Deutschland Einkommensveränder-ungen im Gefolge von Betriebsstillegungen eher erklären als die jeweilige Arbeitsmarktsituation. Sicherlich befinden sich die Entlassenen auf einem von Massenarbeitslosigkeit gekennzeichneten regionalen Arbeitsmarkt in einer Situation mit geringen Wahlalternativen und minimaler Verhandlungsmacht. Das tarifvertragliche System und der Einfluß von Gewerkschaften und Betriebsräten verhindern jedoch in der Regel, daß Betriebsschließungen für generelle Lohnsenkungen ausgenutzt werden.[1] Ausnahmen finden sich - dies zeigt zumindest der Fall AG "Weser" - bei nicht tarifgebundenen, meist kleinen Betrieben und Verleihfirmen.

Ähnlich wie Einkommensänderungen hängen auch verbesserte bzw. verschlechterte Arbeitsbedingungen wesentlich vom jeweiligen Betriebstyp und seiner Belegschaftsstruktur ab. Verschlechterte Arbeitsinhalte als Folge einer Betriebsschließung müssen z.B. vor allem Facharbeiter erwarten, die bisher im Bereich von Einzelfertigung tätig waren. Hierfür stellt die AG "Weser", aber auch die Großmaschinenfabrik der AEG-Brunnenstraße ein Beispiel dar. Veränderungen der Arbeitswege hingegen erklären sich vor allem aus regionalspezifischen Besonderheiten. So hielten sich z.B. im Fall der AG "Weser" und der AEG-Berlin Verbesserungen und Verschlechterungen infolge der Abgegrenztheit der regionalen Arbeitsmärkte die Waage, während bei den Betriebsschließungen im Ruhrgebiet und im Münsterland eine Wiederbeschäftigung häufiger nur in größerer Entfernung möglich war.

Zusammenfassend besteht der wesentliche Unterschied zwischen Betriebsstillegungen heute und solchen, die unter Vollbeschäftigungsbedingungen stattgefunden haben, nicht so sehr in der unterschiedlichen Qualität der Wiederbeschäftigungsbedingungen, sondern in der unterschiedliche Höhe des Wiederbeschäftigungsgrads. Verschlechterte Einkommens- und Arbeitsbedingungen gehörten auch bei Betriebs-

---

1 Dies schließt natürlich nicht aus, daß die allgemein schlechte Arbeitsmarktlage die Position der Arbeitnehmer bei Tarifverhandlungen geschwächt hat, mit der Folge geringerer Einkommensteigerungen.

schließungen in einer Vollbeschäftigungssituation zu den wesentlichen Folgewirkungen für die Entlassenen. Ihr Ausmaß hängt damals wie heute von der Größe, dem (Fertigungs)- Typ, der Branchenzugehörigkeit und der Belegschaftsstruktur des geschlossenen Unternehmens ab.

Wiederbeschäftigungsbedingungen aus subjektiver Sicht

Aus objektiven Daten kann nur ein unvollständiges Bild über die Situation der Wiederbeschäftigten gezeichnet werden. Was aufgrund eines Einkommenszuwachses als Verbesserung erscheint, kann aus der Sicht der Betroffen durchaus als Verschlechterung gewertet werden, weil andere Faktoren wie Arbeitsbedingungen und -inhalte ein ähnliches Gewicht wie das Einkommen haben. Das Selbstverständnis der Wiederbeschäftigten ist geprägt durch eine unterschiedliche Gewichtung der einzelnen Beschäftigungsfaktoren und weicht deshalb von einer objektiven Einschätzung ab.

Relativ unabhängig von der genauen Höhe gilt für die *"Gewinner"* ein Einkommenszuwachs als eindeutige Verbesserung. Ein Selbstverständnis als "Gewinner" ergibt sich allein daraus allerdings noch nicht. Der "Gewinner" in diesem Sinne betont eher, daß er auch auf anderen Gebieten keine Nachteile erfahren hat: Er arbeitet wieder in seinem Beruf, in einer vergleichbaren Position und unter ähnlichen oder sogar besseren Bedingungen, als auf der Werft. Die männlichen Angestellten, für die dies in der Hauptsache zutrifft, betonen besonders die gestiegenen Anforderungen an ihr fachliches Können und einen gewachsenen Verantwortungsbereich.

"Auf der AG "Weser" war ich lediglich für die Projektierung zuständig. Heute bin ich außerdem für den Vertrieb zuständig. (Die Tätigkeit) ... ist ungefähr genauso interessant, wie auf der AG "Weser". Vielleicht etwas interessanter, weil mein Aufgabengebiet sich erweitert hat." (Ingenieur, 39)

Auch die wenigen Arbeiter, die eine Verbesserung erreicht haben, stellen Vielseitigkeit, größere Gestaltungsspielräume, ein insgesamt gewachsenes Interesse an der Arbeit und eine geringere Belastung in den Vordergrund.

"Insgesamt ist die Arbeit jetzt besser. Sie ist viel vielseitiger.... Es ist eine sehr selbständige Arbeit ... Die Anforderungen sind höher. Man muß sehr gut Zeichnungen lesen können.... Die Arbeit ist jetzt vielleicht etwas leichter. Auf der AG "Weser" war das mehr eine Knüppelei, da war die Belastung eindeutig höher." (Schlosser, 32)

Darüber hinaus betonen einige "Gewinner", mit ihrem neuen Arbeitsplatz sei das Blickfeld erweitert worden und hätten sich neue, über bisherige Vorstellungen hinausreichende Perspektiven ergeben. Allerdings sind diese "Gewinner", die sich auch als solche verstehen, in der Minderheit. Die Majorität sieht sich, obwohl besser bezahlt als auf der Werft, in einer schlechteren Position.

Höhere körperliche und psychische Belastungen am neuen Arbeitsplatz sind oft der Preis für die erreichten Einkommensverbesserungen. Eine veränderte Arbeitsorganisation, bei der Leistungen stärker kontrolliert werden ("... wir liegen ständig unter Beobachtung"), Band- und Montagetätigkeiten mit gestiegenen kontinuierlichen Leistungsanforderungen und veränderten Arbeitszeiten sind für sie Gründe, eher von einer Verschlechterung als einer Verbesserung zu reden.

"Ja, die Schicht. Lieber auf drei-, vierhundert Mark verzichten, als Schicht machen. Sonntagsdienst und Nachtschicht. Ich hab jetzt was mit dem Magen. Ich weiß nicht, ob das von der Schicht kommt. Es wiegt das ganze Geld nicht auf." (Schiffszimmerer, 44)

Eine erhöhte Belastung wird fast ausschließlich von Arbeitern, die heute auf Band- und Montagearbeitsplätzen beschäftigt sind, als wesentliche Einschränkung geltend gemacht. Das gilt für die Mehrzahl der "Gewinner" unter den Arbeitern. Neben der Belastung wird der Einkommenserfolg für sie auch dadurch geschmälert, daß die gestellten Anforderungen an die berufliche Qualifikation weitaus geringer sind als auf der Werft. Es fehlen die Möglichkeiten, erworbenes Wissen und Können anzuwenden bzw. weiter auszubilden.

"Von meinen alten Kenntnissen kann ich nichts gebrauchen. Ich wurde völlig neu angelernt. Ich arbeite praktisch als Angelernter. Aber nur Facharbeiter können bei X. Kontrolleur werden. Die Tätigkeit bei der AG "Weser" war vier bis fünf Mal interessanter." (Elektriker, 31)

Aus höherer Belastung und fachlicher Unterforderung ergibt sich für die meisten das Gefühl, sich mit der Arbeit nicht mehr identifizieren zu können, soziale, berufliche und persönliche Identität verloren zu haben. Besonders aus dieser Subjektperspektive heraus wird der Einkommensgewinn keineswegs als allgemeine Verbesserung beurteilt.

"Im Betrieb, da gibt's nur Druck, immer schneller und schneller. Irgendwann sind die Leute krank. Das Bremer Werk steht noch gut da, was die Arbeit betrifft, aber das geht auf Knochen der Leute, die am Band stehen - wenn man nicht nachkommt, dann wird gepfuscht. Ich würde lieber 1,50 DM weniger haben, und die gleiche Arbeit wie auf der AG "Weser" ... Menschlich ist man ein Wrack geworden. Man geht durchs Tor rein, wie ein Roboter zum Umkleideraum und dann an den Arbeitsplatz. Ich weiß schon heute, was wir in fünf Jahren machen werden. Das ist immer das gleiche ... Alles wiederholt sich, immer das gleiche, immer Schrauben reindrehen ... Finanziell stehe ich besser. Auch von der Alterssicherung her. Aber wenn ich die Differenz aufmache, wenn die AG "Weser" heute wieder aufmachen würde, ich würde wieder hinmachen." (Elektriker, 31)

Aber auch ohne solche Dequalifizierungserfahrung und höhere Belastung gibt es Einwände mit erheblichem Gewicht für die Beurteilung der neuen Arbeitssituation. So werden z.B. trotz einer erreichten gleichen beruflichen Position mit vergleichbarem Verantwortungsbereich und ähnlichen Anforderungen wie auf der Werft inhaltliche Bezüge zur Arbeit vermißt.

"Die Werft war interessanter, das ist ganz klar. Das würde ich bedingungslos sagen. Der Schiffbau ist halt Handwerk. Da sieht man ein Schiff wachsen, da kann man sein Produkt verfolgen. In der Chemie, da wächst gar nichts. Da wird gemischt und vermahlen und gerührt, das ist alles. Das große Erfolgserlebnis wie auf der Werft, das fehlt." (Schlosser, 45)

Weil für viele "Gewinner" Arbeitsbedingungen und -inhalte mindestens einen gleichen Stellenwert wie finanzielle Erwägungen haben, ist man mit dem derzeitigen Arbeitsplatz sehr unzufrieden und schaut sich nach einem anderen Arbeitsplatz um. Für viele "Gewinner" dürfte damit der Suchprozeß nach der Schließung noch nicht abgeschlossen sein. Viele äußern die Absicht, den Betrieb zu wechseln bzw. sich um einen Aufstieg oder eine Weiterqualifikation zu bemühen.

"Bei der AG "Weser" wollte ich meinen Meister machen und hätte das wohl auch gekonnt. Jetzt möchte ich immer noch meinen Meister machen, aber dafür muß ich bei X. kündigen; denn X. bildet keine Meister mehr aus. Die brauchen keine mehr. Also muß ich auf privatem Wege meinen Meister machen, und dazu muß ich eben bei X. kündigen. Ich habe aber eine mündliche Zusage, daß sie mich nach meiner Meisterprüfung wieder einstellen würden. ...aber wenn nicht, denn guck ich mal woanders, und vielleicht komm' ich dann in meinen Beruf ja wieder rein". (Rohrinstallateur, 24).

Die meisten *"Davongekommenen"* stellen dagegen i.d.R. schlicht fest, daß sich nichts geändert hat und zwar nicht nur in Bezug auf das Einkommen, welches es nach wie vor erlaubt, den früheren Lebensstandard zu halten, sondern auch in Hinsicht auf Beruf und Qualifikation. Es hat hier weder Verbesserungen noch Verschlechterungen gegeben. Auch an der ursprünglichen beruflichen Perspektive hat sich nichts geändert.

Oft hängt es damit zusammen, daß diese "Davongekommenen" wieder im Schiffbau arbeiten, oder zumindest in einer Branche bzw. in einem Betrieb in dem zur AG "Weser" vergleichbare Qualifikationsanforderungen gestellt und Arbeitsbedingungen geboten werden. Für sie bedeutete die Stillegung lediglich, in einem anderen Betrieb zu arbeiten und zwei mehr oder weniger gleichwertige Arbeitsplätze miteinander vertauscht zu haben.

Allerdings erreichen manche ihren früheren Lohn nur, wenn Leistungen erbracht werden, die weit über denen liegen, die auf der Werft zu erbringen waren.

"... ich (bin) in der Lage, meinen Stundenlohn über Akkord so hoch zu schrauben, daß ich jetzt das gleich habe, wie 1983 auf der Werft. Auf der AGW hatte ich M II mit 700 DM Überbezahlung. Ich muß jetzt so viel arbeiten, um auf meinen Lohn zu kommen, daß, wenn ich das einem Refamann erzählen würde, der würde mich einen Lügner nennen." (Werkführer, 50)

Nicht jeder "Davongekommene" konnte indes in seinen früheren Beruf oder seine Position zurückkehren. Dann sind eine berufliche Dequalifizierung bzw. der Berufswechsel der Grund für Unzufriedenheit.

"Die Anforderungen sind weitaus geringer. Diese Arbeit könnte jeder machen, dazu braucht man keine kaufmännische Ausbildung." (Kaufm. Ang., 44)

Es gibt aber auch Fälle, in denen Berufswechsler den neuen Tätigkeiten positive Aspekte abgewinnen. Die Kritik hält sich dann in Grenzen und gelegentlich wird sogar von einer Verbesserung gesprochen.

"Die Arbeit macht mir sehr viel Spaß ... ich (kann) mir alles besser einteilen. Ich kann selbständig arbeiten ... Für uns hat sich natürlich einiges geändert. Aber ich muß sagen, nicht zum Negativen, eher zum Positiven." (Elektriker, 40)

Trotz dieser - seltenen - Abweichungen wird jedoch von den meisten die neue Tätigkeit ähnlich bewertet, wie die alte auf der Werft. Sie stufen sich deshalb selbst als noch einmal "glimpflich Davongekommene" ein.

Weniger "glimpflich" erscheint dagegen die Lage der *"Verlierer"*. Der typische "Verlierer" ist von zum Teil erheblichen materiellen Verlusten betroffen. Er sieht sich dementsprechend "sozial um eine ganze Ecke zurückgeworfen". Allerdings hat er sich aber in beruflicher Hinsicht meistens nicht verschlechtert.

Für ihn ist "bis auf das Einkommen eigentlich alles gleich geblieben", weil akzeptable Arbeitsbedingungen und -inhalte Einkommensverluste kompensieren.

"(Das Einkommen) .. hat sich etwas verschlechtert. Vor allem, ich bekomme kein Urlaubsgeld und keine sonstigen Sozialleistungen. Das macht schon 300 DM pro Monat aus. Aber der Vorteil ist, keine Schicht, kein Akkord, es ist körperlich angenehmer... Nein finanziell hat sich nicht viel geändert, das war nicht so wichtig." (Fräser, 51)

"Ich mach jetzt genau das, was ich gelernt hab. Ja und ... jetzt ist die Arbeit sogar noch'n bißchen interessanter. Und darauf kommt's ja an." (Schiffbauer, 35)

Aus ihrer Sicht haben geringere Belastungs- und Leistungsanforderungen, gleiche oder bessere Anwendungsmöglichkeiten von Wissen, Können und beruflicher Erfahrung durchaus soviel Gewicht, daß damit Einkommenseinbußen verschmerzt werden. Viele Ältere geben sich mit einem geringen Lohn zufrieden, wenn sie wenigstens bis zur Rente in ihrem alten Beruf arbeiten können. Sie versuchen sich in der Regel mit ihrer Situation zu arrangieren, indem sie finanzielle Verluste im Rahmen eines gemeinsamen Haushaltseinkommens ausgleichen, weniger sparen, Aufwendungen für das Auto, die Urlaubsreisen oder für Hobbys und kulturelle Aktivitäten kürzen. Das sei durchaus zu "verschmerzen" und letztlich "nicht so wichtig".

Dagegen trösten sich vor allem Jüngere mit der Hoffnung, sich finanziell und beruflich noch verbessern zu können.

"(Ich strebe an) ... drei Jahre Berufserfahrung zusammenzukriegen, ohne die kommt man nirgends rein. Das ist wie ein numerus clausus ... Ich bin ganz gut davongekommen ... auch deshalb, weil man mehr Chancen hat, wenn man jung ist, was ganz anderes zu machen." (Schiffbauer, 21)

Nur ein Teil der "Verlierer" sieht sich tatsächlich in dieser Rolle. Für diese "Verlierer" sind Einkommensverluste mit Berufs- und Qualifikationswechsel, fachlicher Unterforderung und reduzierten Möglichkeiten der beruflichen und sozialen Identität verbunden.

"Für mich persönlich stellt die Schließung der AG "Weser" immer noch eine kleine Katastrophe dar ... Es hat sich eigentlich alles verschlechtert." (Techniker, 38)

"(Qualifikation?) Davon kann ich überhaupt nichts gebrauchen. Das einzige, was ich jetzt mache, ist schippen. (Die Tätigkeit)... ist eintönig, immer das gleiche. Das ist nicht zu vergleichen mit der AG "Weser"... Man verblödet dabei, ist völlig unterfordert". (Schmied, 36)

Sich auch subjektiv als "Verlierer" zu sehen, hängt also nicht allein von der Verschlechterung des Einkommens ab. Ebenso bedeutsam ist, ob man auch in beruflicher Hinsicht Einbußen hinnehmen mußte oder nicht. Ähnlich wie bei "Gewinnern" und "Davongekommenen" weicht die Selbsteinschätzung der "Verlierer" von einer Kategorisierung ab, die sich lediglich auf das Einkommen bezieht.

Neben dem Einkommen, den Arbeitsbedingungen und -inhalten, hat sich auch die *Beschäftigungsstabilität* für viele Wiederbeschäftigte verändert. Auch dabei wird nicht selten die Situation subjektiv nicht so eingeschätzt, wie sie aufgrund objektiver Kriterien erscheint. Obgleich sowohl die "Gewinner" als auch die "Davongekommenen" und "Verlierer" wieder in einem stabilen Beschäftigungsverhältnis tätig sind, fällt dessen subjektive Einschätzung unterschiedlich aus. Dies ergibt sich bei einigen vor allem daraus, daß sie in einem Betrieb arbeiten, der zu einer Branche gehört, die für krisensicher oder zukunftsorientiert gehalten wird. Die populären Annahmen, "Rüstung ist immer eine sichere Sache" oder "Gegessen wird immer" sowie "In der Elektronik liegt ja die Zukunft" sind Grund genug, sich auf dem jetzigen Arbeitsplatz sicher zu fühlen, der für manchen sogar so sicher "wie beim Staat" ist, aus dessen Diensten man nur entlassen werden könne, "wenn man silberne Löffel klaut".

Diese Zuversicht teilen jedoch nicht alle. Neben einigen, die Bedenken haben, weil man "als Neuer noch nicht so fest im Sattel sitzt", und "weil die, die zuletzt kommen, als erste gehen müssen", sind die meisten deshalb skeptisch, weil die Erfahrung mit der Werftschließung nachwirkt. Ihre einstige Erwartung, eine "Lebensstellung" auf der

Werft zu haben, hat sich als Illusion erwiesen. Sie mußten die Erfahrung machen, daß man sich "auf nichts mehr verlassen kann", "daß heute nichts mehr sicher ist" und sind dementsprechend vorsichtiger geworden, wenn die Stabilität des neuen Arbeitsplatzes zu beurteilen ist. Auch wer ein unbefristetes Beschäftigungsverhältnis hat, äußert eine gewisse Befürchtung, denn: "eine Lebensstellung, die gibt es heute nicht mehr".

Während bei den unbefristet Wiederbeschäftigten die Unsicherheit nur als latentes Risiko zum Ausdruck kommt, ist sie bei *instabil Beschäftigten* eine konkrete Erfahrung. Sie reicht von der Befristung, über Leiharbeit bis zu erneuter Arbeitslosigkeit. Auch Arbeitsbeschaffungsmaßnahmen und Umschulungen gehören dazu, da ungewiß bleibt, ob sie zu einer stabilen Wiederbeschäftigung oder erneuter Arbeitslosigkeit führen. Die anhaltende Unsicherheit der Situation erlaubt keine positive Perspektive für die Zukunft.

"Ich möchte sagen, es hat uns unsicher gemacht. Man weiß nicht, was kommt. Es hat uns viel nervöser gemacht." (Tischler, 44, erneut arbeitslos)

"... das Geregelte fehlt, der sichere Arbeitsplatz, das fehlt alles. Damals wußte man, wo man hingehört, heute, wenn es hart kommt, ist man alle 6 Wochen in einem anderen Betrieb." (Schiffbauer, 50, Verleih)

Arbeitslos zu bleiben oder wieder zu werden ist hier nicht nur eine vage Möglichkeit, sondern eine ständig präsente Gefahr, mit der man sich dauernd auseinandersetzen muß. So bleibt oft nur: zu "warten und sehen, was kommt".

Verunsicherung und Zukunftsangst sind jedoch nicht die einzigen Auswirkungen instabiler Beschäftigungsverhältnisse. Hinzu kommt nicht selten, daß man finanzielle Einbußen hatte und "beruflich noch nicht wieder Fuß fassen konnte". Zudem sind die Arbeitsplatzbedingungen oft weitaus ungünster als auf der Werft, besonders die Belastung, auf die der ständige Arbeitsplatzwechsel noch verstärkend hinzukommt.

"Die neuen Arbeitsplätze bedeuten für mich jedesmal eine Umstellung. Man muß sich da immer wieder neu reinfuchsen." (Schiffbauer, 22, erneut arbeitslos)

Diese Diskontinuität des Erwerbslebens erzeugt das Gefühl, immer "tiefer" zu sinken, immer mehr "zurückstecken" und die Ansprüche immer wieder etwas reduzieren zu müssen. Bisher Erreichtes scheint gefährdet, weil nicht die konkrete Aussicht besteht, bald wieder "festen Boden unter die Füße" zu bekommen.

Derartige Verunsicherungen und Desorientierung kommen allerdings nicht bei allen instabil Beschäftigten auf. Für ausländische Arbeiter z. B. ist die Möglichkeit ein gutes Einkommen zu erzielen, wichtiger als die Art des Beschäftigungsverhältnisses. Da sie die gegenwärtigen Arbeitsmarktbedingungen für Ausländer realistisch einschätzen, ist es für sie schon ein Erfolg, wenigstens phasenweise beschäftigt zu sein und dann regelmäßig Lohn zu erhalten.

Für jüngere Arbeiter ist "Instabilität" kein Grund zur Sorge, vor allem wenn sie die Hoffnung haben, ihr befristetes Arbeitsverhältnis oder eine AFG-Maßnahme in ein dauerhaftes Beschäftigungsverhältis überleiten zu können.

"Ich kann hoffen, von K. übernommen zu werden. Die Umschulung läuft noch bis Januar 88." (Schiffbauer, 20, FuU),

"Ich habe die Hoffnung, länger zu bleiben. Von selbst werde ich bestimmt nicht aufhören." (Schlosser, 25, befristet)

Mit diesen optimistischen Hoffnungen wird "Instabilität" dann eher zur vorübergehenden Phase der Berufsbiographie.

Schließlich hat auch bei einigen Älteren "Instabilität" kein besonderes Gewicht mehr. Sie gehen davon aus, nach Beendigung einer AFG-Maßnahme oder nach Auslaufen der Befristung in Rente gehen zu können.

"Ob mein Arbeitsplatz sicher ist, das spielt für mich keine Rolle mehr, denn ich habe einen ABM-Vertrag und gehe danach in Pension." (Sekretärin, 56)

Für sie gibt es insofern wenig Anlaß, sich um Instabilität zu sorgen, d.h. Arbeitslosigkeit zu fürchten, weil die Rentenperspektive eine gewisse "gesicherte" Zukunft verspricht.

2.3 Erwerbsverläufe nach der Stillegung

Die Folgen einer Betriebsschließung werden durch eine stichtagsbezogene Situationsbeschreibung nur unzureichend erfaßt. Sie bedarf der Ergänzung durch eine Prozeßanalyse, die die unterschiedlichen Erwerbsverläufe nach der Stillegung untersucht. Die schriftliche Befragung eineinhalb Jahre nach der Werftschließung und mehr noch die Interviews nach drei Jahren ermöglichen die Rekonstruktion dieser Verläufe in Form eines retrospektiven Längsschnitts. Wesentliche Kriterien zur Typisierung der unterschiedlichen Erwerbsverläufe stellen dabei die Anzahl der Arbeitslosigkeitsphasen nach der Stillegung ("Mehrfacharbeitslosigkeit"), die unterschiedliche Arbeitslosigkeitsdauer bis zur Wiederbeschäftigung ("kontinuierliche" und "diskontinuierliche" Erwerbsverläufe) sowie die Zahl der seitherigen Betriebswechsel dar.

Mehrfacharbeitslosigkeit

Aus der empirischen Arbeitsmarktforschung ist bekannt, daß bei einem erheblichen Teil ehemaliger Abgänger aus der Arbeitslosigkeit "instabile" Erwerbsverläufe feststellbar sind, d.h. daß diese dem Muster "beschäftigt-arbeitslos-beschäftigt" folgen (Brinkmann 1977, S.84; Rosenbladt/Büchtemann 1980, S. 566 ff.). Das Auftreten von "Mehrfacharbeitslosigkeit" in einem Zeitraum von nur eineinhalb Jahren nach der Werftschließung stellt sicherlich eine schwerwiegende Belastung dar, zumal sie ein Indiz für eine anhaltende Erschütterung der beruflichen Situation sein kann. Im negativsten Fall münden solche Erwerbsverläufe in Dauerarbeitslosigkeit oder Ausgliederung aus der Erwerbsarbeit. Betroffen sind hiervon zum einen die *"erneut Arbeitslosen"*, die zum Stichtag bereits wieder ohne Beschäftigung sind. Zum anderen zählen hierzu auch die *"wiederholt Arbeitslosen"*, die zwar zum Befragungszeitpunkt Arbeit haben, jedoch in den eineinhalb Jahren nach der Betriebsschließung bereits mindestens noch einmal arbeitslos geworden sind.

Prozesse der beruflichen Destabilisierung spielen bei "normalen" Arbeitslosen eine große Rolle. Nach einer repräsentativen Längsschnittuntersuchung von Infratest wiesen über 40% der Abgänger aus Arbeitslosigkeit bereits einen "instabilen", d.h. von wiederholter bzw.

erneuter Arbeitslosigkeit unterbrochenen Erwerbsverlauf auf (Rosenbladt/Büchtemann 1980, S.566 ff.).[1] Diese berufliche Instabilität war nicht nur vorübergehender Natur, sondern erfaßte im Zeitraum von vier Jahren fast die Hälfte der Untersuchungsgruppe. Ein Fünftel von ihnen wurde in dieser Periode sogar mehrmals arbeitslos.

Zudem finden sich in der Gruppe jener, die vier Jahre nach der Erstbefragung arbeitslos waren, fast ausschließlich erneut Arbeitslose (Infratest 1983, S.70 ff.). Dies bestätigt, daß

"die Beendigung von Arbeitslosigkeit für einen nicht unerheblichen Teil der Betroffenen mit vergeblichen Versuchen einer stabilen beruflichen Wiedereingliederung, erneutem Arbeitsplatzverlust und wiederholter Arbeitslosigkeit verbunden ist." (Brinkmann 1977, S.85)

Ein hiervon deutlich abweichendes Bild zeigt sich bei den Entlassenen der AG-"Weser". Nur ein vergleichsweise geringer Anteil - jeweils ca. 5% - war eineinhalb Jahre nach der Stillegung mehrfach arbeitslos gewesen bzw. war erneut arbeitslos.[2] Betroffen waren insbesondere die ausländischen Arbeiter und die weiblichen Angestellten, während bei den männlichen Angestellten "Mehrfacharbeitslosigkeit" kaum eine Rolle spielte. Dabei dauerte die Arbeitslosigkeit bei ca. 75% mehr als 6 Monate, d.h. Mehrfacharbeitslosigkeit und überdurchschnittliche Arbeitslosigkeitsdauer traten in der Regel zusammen auf.

Auffällig ist, daß sowohl jüngere Arbeiter unter 30 als auch ältere ab 50 bei den instabilen Erwerbsverläufen überrepräsentiert sind. Diese Altersgruppen wurden nach der Werftschließung überdurchschnittlich häufig befristet wiederbeschäftigt bzw. kamen nur in Leiharbeit unter.

Längerfristig, d.h. über einen Zeitraum von drei Jahren, spielen insta-

---

1 Abgänger aus Arbeitslosigkeit vom Sept./Okt. 1977. Untersuchungszeitraum ca. 1 1/4 Jahre. Stichtag der Erhebung Nov./Dez. 1978.
2 Die Vergleichbarkeit zwischen der Erhebung von Infratest und der AG "Weser" ist insofern eingeschränkt, als die Erhebung von Infratest auch Abgänge in die Nichterwerbstätigkeit enthält, während im Fall der AG "Weser" nur Abgänge in die Beschäftigung berücksichtigt werden. Würden hier auch die Abgänge in die Nichterwerbstätigkeit einbezogen, fielen die Prozentsätze noch geringer aus, d.h. die Unterschiede zu Infratest wären noch ausgeprägter. Weiter sind bei der AG "Weser"- Untersuchung auch "nahtlos" Wiederbeschäftigte enthalten. Rechnet man diese zu Vergleichzwecken heraus, so erhöht sich der Anteil der Mehrfacharbeitslosen auf 6% und jener erneut Arbeitslosen auf 7 %.

Tabelle 16: Erwerbsverläufe im Zeitraum von eineinhalb Jahren nach der Werftschließung (in %)

	Arbeiter		Angestellte	
n=	Deutsche (383)	Ausländer (42)	Männer (181)	Frauen (15)
Von den seit der Stillegung Beschäftigten waren:				
"Kontinuierliche"	*51*	*17*	*77*	*47*
davon:				
"Nahtlos" Wiederbesch.	17	2	59	33
Kurzzeitarbeitslose	34	14	18	13
"Diskontinuierliche"	*38*	*60*	*19*	*33*
davon arbeitslos:				
3 - 5 Monate	17	43	9	13
6 -11 Monate	16	12	10	20
über 12 Monate	5	5	0	0
"Mehrfacharbeitslose"	*10*	*24*	*4*	*20*
"Betriebswechsler"	*24*	*19*	*15*	*13*
davon Betriebswechsel mit zwischenzeitlicher Arbeitslosigkeit:	13	38	7	50

"Kontinuierliche": Nicht, oder nur unmittelbar nach der Stillegung weniger als 3 Monate arbeitslos; "Diskontinuierliche": Nur unmittelbar nach der Stillegung arbeitslos, Arbeitslosigkeitsdauer über 3 Monate; "Mehrfacharbeitslose": Mindestens zwei Arbeitslosigkeitsphasen nach der Stillegung und mindestens einmal beschäftigt; "Betriebswechsler": Im zweiten oder dritten Betrieb nach der Werftschließung, unabhängig von der Dauer der Arbeitslosigkeit.
Quelle: Schriftliche Befragung 8/1985

bile Erwerbsverläufe auch bei den Entlassenen der AG "Weser" eine größere Rolle, wenngleich auch hier nicht in dem Maße, wie bei anderen Arbeitslosen.[1] Ca. ein Viertel war mehrfach arbeitslos gewesen (20%) bzw. zum Befragungszeitpunkt erneut arbeitslos (5%). Es handelt sich dabei fast ausschließlich um Arbeiter, die nach der Stillegung zunächst überdurchschnittlich lange arbeitslos waren (im Durchschnitt ca. 6 Monate) und anschließend überwiegend befristet bzw. in Leiharbeit Beschäftigung fanden ("instabil Beschäftigte", vgl. II.2.2).

Nur in Ausnahmefällen wurde dieses erste Arbeitsverhältnis durch Eigenkündigung beendet: In 90% der Fälle kündigte das Unternehmen bzw. lief ein befristeter Vertrag aus. Fast alle fanden nach einer mehr

---

1 Die folgenden Angaben stützen sich auf die Interviews. Zur Methode vgl. Anhang A.3.

Tabelle 17 : Mehrfacharbeitslosigkeit nach Altersgruppen

Anteil der mehrfacharbeitslosen Arbeiter[1] an der jewelligen Altersgruppe in %					
insg.	unter 30	30-39	40-49	50 u.älter
10	14	10	8	3

1) Für andere Teilgruppen der Belegschaft war wegen der geringen Fallzahlen eine Aufgliederung nach Altersgruppen nicht sinnvoll
Quelle: Schriftliche Befragung 8/1985

oder weniger kurzen Arbeitslosigkeitsphase (durchschnittlich 5 Monate) erneute Arbeit. Immerhin ein Drittel dieser Gruppe arbeitete zum Befragungszeitpunkt bereits im dritten Betrieb, wobei auch dieser Wechsel überwiegend unfreiwillig (Anteil der Eigenkündigungen nur 20%) erfolgte.

Nach drei Jahren scheint sich die Arbeitssituation jedoch bei den meisten stabilisiert zu haben. Drei Viertel besitzen inzwischen einen festen Arbeitsvertrag, wobei jedoch die Mehrheit weniger verdient als auf der AG "Weser" und ca. die Hälfte auch die Arbeitssituation insgesamt als schlechter beurteilt. Somit gehören die mehrfach bzw. erneut Arbeitslosen neben den Dauerarbeitslosen und Ausgegliederten zu den eigentlichen Verlierern der Werftschließung.

Arbeitslosigkeitsdauer nach der Stillegung

Erhebliche Unterschiede traten bei der Dauer der Arbeitslosigkeit im Anschluß an die Werftschließung auf, d.h. die durch Arbeitslosigkeit bedingten materiellen Einbußen variierten bei den Entlassenen. Zugleich waren sie in unterschiedlichem Maße Verunsicherungen und Zukunftsängsten ausgesetzt. Die unterschiedliche Dauer der Arbeitslosigkeit bei den Wiederbeschäftigten stellt somit ebenfalls einen Indikator für die Folgewirkungen der Werftschließung dar.[1]

Als *"kontinuierlich"* werden Erwerbsverläufe bezeichnet, wenn unmittelbar nach der Betriebsschließung (*"Nahtlose"*) bzw. nach einer Arbeitslosigkeit von weniger als drei Monaten (*"Kurzzeitarbeitslose"*) eine neue Arbeit aufgenommen worden ist. Angenommen wird, daß

---

1 Mehrfacharbeitslose sind in dieser Typisierung nicht enthalten. Betriebswechsler gehören zu dieser Gruppe, sofern der Wechsel ohne zwischenzeitliche Arbeitslosigkeit erfolgt ist.

eine solche kurze Arbeitslosigkeitsdauer vergleichsweise geringe Belastungen mit sich brachte und im wesentlichen als "friktionelle" Arbeitslosigkeit zu charakterisieren ist, d.h. auf übliche Such- und Einstellungszeiten bzw. Informations- und Orientierungsprobleme auf dem Arbeitsmarkt zurückzuführen ist.[1]

Als *"diskontinuierlich"* werden hingegen Erwerbsverläufe von Wiederbeschäftigten bezeichnet, die nach der Betriebsschließung länger als drei Monate arbeitslos waren (länger Arbeitslose). Angesichts der langen ununterbrochenen Beschäftigungszeiten der ehemaligen Werftbeschäftigten wird eine solche längere Unterbrechung der Erwerbstätigkeit zunächst als Symptom für eine berufliche "Destabilisierung" und für erhebliche materielle und immaterielle Belastungen gewertet.[2]

Nach der Werftschließung blieben über 80% der deutschen und nahezu alle ausländischen Arbeiter zeitweilig arbeitslos. Bei den Angestellten hingegen - insbesondere bei den Männern - spielte eine "nahtlose" Wiederbeschäftigung eine wesentlich größere Rolle (Tabelle 16). Generell wiesen die Erwerbsverläufe der männlichen Angestellten bei weitem die größte Kontinuität auf, gefolgt von den deutschen Arbeitern und den weiblichen Angestellten[3], von denen immerhin ca. die Hälfte nur kurz arbeitslos war. Dagegen waren die berufliche Situation der meisten Ausländer in den ersten eineinhalb Jahren nach der Schließung von längerer Arbeitslosigkeit und Mehrfacharbeitslosigkeit gekennzeichnet. Auffällig ist, daß auch hier - wie bereits bei den "Mehrfacharbeitslosen" - sowohl jüngere (unter 30 Jahre) als auch ältere (über 30 Jahre) Arbeiter und Angestellte häufiger diskontinuierliche Erwerbsverläufe aufzuweisen hatten. Bei den jüngeren

---

1 Der Zeitraum von drei Monaten wurde pragmatisch bestimmt. Innerhalb dieser Zeit fand die Mehrheit der Wiederbeschäftigten wieder Arbeit, während die anderen Wiederbeschäftigten zumeist erheblich länger als drei Monate arbeitslos waren. Ähnlich auch Fischer/Richter 1984, S. 23.

2 Sowohl die "Kontinuierlichen" als auch die "Diskontinuierlichen" waren eineinhalb Jahre nach der Werftschließung (Zeitpunkt der schriftlichen Befragung) beschäftigt. Eine erneute Unterbrechung der Erwerbstätigkeit ist in diesem Zeitraum nicht aufgetreten, jedoch sind "Betriebswechsler" ohne zwischenliegende Arbeitslosigkeitsphase einbezogen.

3 Die geringe Fallzahl bei den weiblichen Angestellten erfordert eine vorsichtige Interpretation der Prozentzahlen, da eine Veränderung um nur eine Person bereits eine Prozentverschiebung von 7% bewirkt.

war vor allem mangelnde Berufserfahrung ein Grund für eine längerdauernde Arbeitssuche, bei der Altergruppe über 50 hingegen erwies sich das Alter als wichtigstes Hindernis für eine rasche Wiederbeschäftigung.

Die größere Kontinuität der Erwerbsverläufe der Angestellten beruht sicherlich zu einem erheblichen Teil auf dem späteren Kündigungstermin.[1] Die Phase, die bei den Arbeitern als "Sucharbeitslosig-

Tabelle 18: Diskontinuierliche Erwerbsverläufe nach Altersgruppen[1] in %

Anteil diskontinuierlicherErwerbsverläufe an der jeweiligen Altersgruppe					
	insg.	unter 30	30-39	40-49	50 u.älter
Dt. Arbeiter	46	52	40	43	58
Män. Angestellte	19	25	19	17	24

1) Abweichungen zur Tabelle 16 erklären sich daraus, daß die Gruppe der Mehrfacharbeitslosen hier nicht gesondert berücksichtigt wurde.
Quelle: Schriftliche Befragung 8/1985

keit" erscheint, entfällt faktisch bei den Angestellten, da diese hierfür ein halbes Jahr "formaler" Weiterbeschäftigung - in dieser Zeit waren auf der Werft nur noch Arbeiten zur Abwicklung der Schließung nötig - nutzen konnten. Kurzzeitarbeitslosigkeit bei den Angestellten besitzt somit eine andere Bedeutung als bei den Arbeitern. Sie weist darauf hin, daß es den Betroffenen nicht gelungen ist, aus einem Arbeitsverhältnis heraus innerhalb eines halben Jahres einen neuen Arbeitsplatz zu finden bzw. daß sie diese Zeit nicht für eine aktive Arbeitssuche genutzt haben. Dies mag erklären, warum bei den Angestellten - anders als bei den Arbeitern - Kurzzeitarbeitslose ähnlich schlechte bzw. teilweise sogar schlechtere Wiederbeschäftigungsbedingungen (Einkommen, Arbeitsinhalt, Qualifikation) aufzuweisen haben als die länger Arbeitslosen (vgl. Tabelle 19).

Zwischen der Dauer der Arbeitslosigkeit und den Wiederbeschäftigungsbedingungen besteht ein deutlicher Zusammenhang. Insbesondere bei den Arbeitern zeichnen sich die "nahtlos" Wiederbe-

---

1 Den meisten Arbeiter wurden zum 31.12. 1983, den meisten Angestellten erst zum 30.6.1984 gekündigt.

schäftigten durch die Polarisierung "besseres Einkommen - schlechtere Arbeitssituation" aus, während bei den "Diskontinuierlichen" umgekehrt überdurchschnittliche Einkommensverluste mit besseren oder zumindest gleichen Arbeitsbedingungen zusammenfallen. Zugleich besteht auch ein augenscheinlicher Zusammenhang zur Betriebsgröße. Während Großbetriebe offensichtlich überwiegend unmittelbar nach der Werftschließung eingestellt haben und nach einer gewissen Zeit die "Tore schlossen", haben mittlere und kleinere Betriebe auch noch Arbeitslose übernommen, die nach der Werftschließung länger arbeitslos waren.

Tabelle 19: Unterschiedliche Arbeitslosigkeitsdauer nach der Werftschließung: Profil der "Nahtlosen" und der kurz- und länger Arbeitslosen (in %)

	Anteil der Qualifizierten[1] auf AGW	im Jahr 1985	Anteil instabiler Beschäftigungsverhältnisse[2]	Einkom. 1985 +	=	-	Arbeitsinhalt 1985 +	-	=	Betriebsgr. 1985 gr.	mi.	kl	Anteil Betriebswechsler	(n)
Arbeiter[3]														
"Nahtlose"	80	47	0	33	27	40	8	36	56	59	15	26	10	(61)
"Kurzzeitarbeitslose"	75	47	12	25	26	49	15	41	44	44	24	31	29	(113)
"Länger Arbeitslose"	78	48	18	18	24	56	19	44	37	36	28	35	33	(147)
"Betriebswechsler"	83	54	16	18	20	62	15	55	30	37	31	31	100	(93)
Angestellte[4]														
"Nahtlose"	90	73	10	27	38	34	26	45	30	49	32	20	14	(99)
"Kurzzeitarbeitslose"	81	51	22	22	14	62	19	49	32	49	32	19	30	(37)
"Länger Arbeitslose"	81	73	38	15	43	42	23	42	31	42	23	35	12	(26)
"Betriebswechsler"	93	54	25	7	55	37	12	52	36	39	25	36	100	(28)

1) Facharbeiteranteil bzw. Anteil der Angestellten mit beruflicher Ausbildung bzw. einer höheren Qualifikation
2) Leiharbeit bzw. befristet beschäftigt
3) nur deutsche Arbeiter, die seit der Werftschließung mindestens einmal beschäftigt waren.
4) nur Männer, die seit der Werftschließung mindestens einmal beschäftigt waren.
Quelle: Schriftliche Befragung 8/1985

Insgesamt zeigt die Analyse der Erwerbsverläufe der Wiederbeschäftigten, daß auch hier die "Problemgruppen" des Arbeitsmarktes Nachteile in Gestalt von Mehrfacharbeitslosigkeit und/oder einer längeren Arbeitslosigkeitsdauer hinnehmen mußten. Diese Gruppen dürften auf dem Arbeitsmarkt kaum über große Wahlmöglichkeiten verfügt haben. Ihre längere Arbeitslosigkeit ist folglich überwiegend Ausdruck ungünstiger Arbeitsmarktchancen.

Betriebswechsel

Auch *Betriebswechsel* nach einer ersten Wiederbeschäftigung können bei den Entlassenen, die überwiegend weit mehr als ein Jahrzehnt der AG "Weser" angehörten, auf eine berufliche Destabilisierung hindeuten, selbst, wenn der Wechsel ohne zwischenzeitliche Arbeitslosigkeit erfolgte. Im Falle von Eigenkündigungen signalisieren Betriebswechsel, daß die Phase der beruflichen Neuorientierung mit der ersten Arbeitsaufnahme nach der Werftschließung noch nicht abgeschlossen war. Kündigungen von Unternehmensseite bzw. auslaufende Zeitverträge deuten hingegen daraufhin, daß eine stabile Wiedereingliederung in das Erwerbsleben noch nicht erfolgt ist.

Jene ehemaligen AG "Weser"- Arbeitnehmer, die nach der ersten Beschäftigungsaufnahme nochmals den Betrieb gewechselt haben, sind allerdings nicht vorrangig einer "Problemgruppe" zuzurechnen, sondern es handelt sich dabei eher um jüngere deutsche Arbeiter aus Berufsgruppen mit relativ guten Arbeitsmarktchancen (z.B. "sonstige Metallarbeiter"). Bei den deutschen Arbeitern und den männlichen Angestellten war zudem nur ein kleiner Teil der Betriebswechsel mit einer zwischenzeitlichen Arbeitslosigkeitphase verbunden (Tabelle 19).[1]

Generell spielten Betriebswechsel bei den Arbeitern eine größere Rolle als bei den Angestellten, was möglicherweise auf die unterschiedlichen Kündigungsfristen zurückgeführt werden kann. Da die Angestellten durch den späteren Entlassungstermin über einen längeren Zeitraum ohne den Druck von Arbeitslosigkeit eine neue Arbeitsstelle suchen konnten, verfügten sie über bessere Möglichkeiten, vergleichsweise ungünstige Arbeitsangebote abzulehnen und von vorneherein eine adäquate Arbeit anzunehmen. Ein Indiz hierfür ist, daß ein Drittel der männlichen Angestellten, aber nur ein Fünftel der deut-

---

[1] Bei den Ausländern und den Frauen hingegen waren "nahtlose" Betriebswechsel deutlich seltener.

schen Arbeiter nach der Werftschließung ein Arbeitsangebot abgelehnt haben.[1]

Der überproportionale Anteil von Jüngeren an der Gruppe der "Betriebswechsler" hat verschiedene Ursachen. So sind sie häufiger durch Kündigungen zu einem Betriebswechsel gezwungen worden. Denn im Falle von wirtschaftlichen Schwierigkeiten von Betrieben werden i.d.R. zunächst jüngere Arbeitnehmer entlassen, da ihnen eine höhere Mobilitätsfähigkeit und bessere Wiederbeschäftigungschancen zugeschrieben werden. Eine Rolle spielt aber auch, daß Jüngere aus eigenem Antrieb den Betrieb nochmals gewechselt haben. Denn im Unterschied zu älteren Arbeitnehmern verfügen sie auf dem Arbeitsmarkt über mehr Optionen und besitzen damit bessere Chancen, durch einen erneuten Betriebswechsel ihre Beschäftigungsbedingungen zu verbessern.

Tabelle 20: Betriebswechsel nach Altersgruppen[1]

Anteil der "Betriebswechsler" an der jeweiligen Altersgruppe in %					
	insg.	unter 30	30-39	40-49	50 u.älter
Deutsche Arbeiter	27	36	31	26	19
Männl. Angestellte	17	25	24	14	21

1) Nur zum Stichtag Wiederbeschäftigte; dadurch erklären sich die Abweichungen zur Tabelle 16
Quelle: Schriftliche Befragung 8/1985

Besonders häufig finden sich Betriebswechsel bei der Gruppe der "sonstigen Metallarbeiter", die über überdurchschnittlich gute Wiederbeschäftigungschancen verfügte (vgl. II.2.1).

Zum Stichtag (8/1985) arbeiteten über drei Viertel dieser Gruppe wieder in ihrem alten Beruf. Betriebswechsel dienten hier vor allem dazu, wieder eine Annäherung an die frühere Arbeitssituation zu erreichen. Möglich wurde dies wegen der relativ starken Arbeitsmarktposition dieser Berufsgruppe. Hingegen waren Berufsgruppen mit schlechten Arbeitsmarktchancen i.d.R. auch unterdurchschnittlich an Betriebswechseln beteiligt.

<u>Eine deutliche Ausrichtung läßt</u> sich schließlich an den Zielbranchen

---

1 Von den Ausländern haben 11%, von den Frauen 21% ein Arbeitsplatzangebot abgelehnt. Auch dies ist ein Indiz dafür, daß die "Problemgruppen" über geringere Optionen auf dem Arbeitsmarkt verfügt haben.

der "Betriebswechsler" erkennen. Wechsel erfolgten vor allem in den Schiffbau und den Maschinenbau (vgl. Gerdes u.a.1987, Tab.45). Auch dies deutet darauf hin, daß diesen Betriebswechseln die Intention zugrunde liegt, an frühere Arbeitsbedingungen (Einzelfertigung, stärkere handwerkliche Orientierung) anzuknüpfen, d.h. berufsnah zu arbeiten.

Der erste "Europa-Tanker", die T.S. Ioannis Colocotronis", 1974, im Bau.

Erwerbsverläufe aus subjektiver Sicht

Kaum einer der wiederbeschäftigten ehemaligen AG "Weser"-Mitarbeiter kann auf eine "gradlinige" berufliche Karriere nach der Stillegung zurückblicken. Vorübergehende Erfahrungen wie Arbeitslosigkeit, berufliche und soziale Verschlechterungen sowie Betriebswechsel stellen einen Bruch im bisher weitgehend stabilen Berufsverlauf dar. Nicht alle diese Erfahrungen wurden allerdings von den Entlassenen gleichermaßen als "Destabilisierungserfahrung", durch die man "aus der Bahn geworfen" wurde, gewertet.

Als eine derartige Erschütterung des Berufsverlaufs nach der Schließung gilt zunächst die *"Mehrfacharbeitslosigkeit"*. Mehrfacharbeitslose sehen sich in der Mehrzahl tatsächlich aus der Bahn gedrängt. Für sie sind wechselnde Beschäftigungsverhältnisse verbunden mit Phasen der Arbeitslosigkeit ein klares Indiz dafür, daß sie auf dem Arbeitsmarkt noch nicht wieder Fuß fassen konnten. Sie fühlen sich verunsichert und unwägbaren Risiken ausgesetzt. Häufige Arbeitsplatzwechsel und Arbeitslosigkeit scheinen immer weiter von einer Stabilisierung des Berufsverlaufs fortzuführen.

"Auf meine Situation muß ich sagen, daß diese ganzen Arbeitsplatzwechsel immer mit Verlusten verbunden waren und ich jedesmal tiefer runtergesackt bin. Wenn ich mich gerade an meinen neuen Arbeitsplatz etwas gewöhnt hatte, dachte es geht voran, dann war es wieder zu Ende. Es ist immer wieder ein neuer Umbruch und immer wieder ist es weniger und ich muß mehr zurückstecken." (Schlosser, 46).

Besonders Ältere, Ausländer und jüngere Arbeiter unter 30 Jahren beklagten, daß ihnen wegen ihres Alters, ihrer Herkunft oder mangelnder Berufserfahrung die Rückkehr in ein "Normalarbeitsverhältnis" verschlossen blieb. Um überhaupt Arbeit zu finden, blieb ihnen oft nur die Möglichkeit, ein befristetes Arbeitsverhältnis oder eine unqualifizierte Arbeit anzunehmen. Damit waren sie besonders dem Risiko eines erneuten Arbeitsplatzverlustes ausgesetzt, weil entweder der Zeitvertrag nicht verlängert wurde oder man als weniger Qualifizierter als erster Personalreduzierungen zum Opfer fiel. Besonders für Ausländer ist typisch, daß sie nur phasenweise mit Zeitverträgen beschäftigt waren.

"Ich war zwei Jahre arbeitslos.... Gefunden habe ich (Arbeit) in Bremerhaven bei der Montagefirma X. Dort bin ich für sechs Monate beschäftigt worden mit einem Zeitvertrag. Dann mußte ich sechs Wochen aussetzen und konnte wieder sechs Monate arbeiten. Im April sind die sechs Monate um. Dann muß ich vielleicht wieder sechs Wochen aussetzen und kann dann evtl. nochmal sechs Monate arbeiten. Das weiß ich aber nicht... Ich suche was anderes, ist alles zu unsicher... Wenn ich kein Ausländer wär, hätte ich schon längst wieder Arbeit. Die Deutschen werden alle eingestellt, nur wir bleiben draußen". (Schweißer, 43, Ausländer).

Bei diesen Mehrfacharbeitslosen setzte die Destabilisierung bereits direkt nach der Stillegung ein, weil zunächst eine Phase längerer Arbeitslosigkeit begann und das erste Beschäftigungsverhältnis meist durch eine Befristung bereits unsicher war.

Bei anderen Mehrfacharbeitslosen setzte die Destabilisierung erst später ein. Ihnen war es zunächst gelungen ein festes Arbeitsverhältnis herzustellen. Ihre damit verbundenen Erwartungen an eine Stabilisierung des Berufsverlaufs wurden jedoch enttäuscht, weil die Unternehmen, in denen sie beschäftigt waren, in wirtschaftliche Schwierigkeiten gerieten und mit Personalreduzierungen oder sogar einer Stillegung reagierten. Diese erneute Entlassung führte dann erst zur eigentlichen Destabilisierung, weil eine Festeinstellung nicht möglich war und Befristung mit Arbeitslosigkeit wechselte.

"Ich war zwei Monate arbeitslos. Und dann habe ich 1 1/2 Jahre gearbeitet. Dann hat die Firma Konkurs gemacht. Direkt am nächsten Tag bin ich bei einer anderen Tischlerei angefangen. Dort war ich auch 1 1/2 Jahre. Ende November 1986 bin ich entlassen worden, aus Arbeitsmangel. Das war auch keine feste Stelle, sondern ein 18-Monate-Vertrag... Ich möchte sagen, es hat uns unsicher gemacht. Man weiß nicht, was kommt. Es hat uns viel nervöser gemacht". (Tischler, 44)

Schließlich blieb für einen Teil der Mehrfacharbeitslosen diese Form der Destabilisierung eine vorübergehende Erfahrung, weil sie nach verschiedenen Betriebswechseln und Arbeitslosigkeitsphasen letztlich eine Festeinstellung erreichen konnten. Der Preis für die wiedererlangte Beschäftigungsstabilität besteht allerdings bei den meisten darin, jetzt erheblich weniger zu verdienen und eine Tätigkeit mit höheren Leistungs- und Belastungsanforderungen auszuüben.

"Ich war acht Monate arbeitslos. Schließlich fand ich einen Job bei einer kleinen Firma ... Irgendwie muß die Firma in den Miesen gewesen sein... Es wurden sechs Leute entlassen... Ich hatte noch keinen Kündigungsschutz ... Also wurde auch ich entlassen. Ich war dann drei Monate arbeitslos. Dann fand ich Arbeit bei X. Dort bin ich jetzt noch. Ich verdiene zwei Mark weniger als das, was ich hätte verdienen können, heute auf der Werft ... Hier wird viel Genauigkeit verlangt. Im Grunde ist das für mich ein neuer Beruf ... Wir arbeiten zwar keinen Akkord, aber trotzdem müssen wir genaugenommen schneller arbeiten... Arbeitsmäßig habe ich mich jedenfalls verschlechtert... Es bleibt mir keine Wahl, als dort zu bleiben. In meinem Alter finde ich nichts anderes mehr." (Rohrschlosser, 49)

Trotz der wiedergewonnen Beschäftigungsstabilität wird die Wiederbeschäftigung hier als "Rückschritt" bewertet, weil gewohnte spezifische Arbeits- und Lebenszusammenhänge durch berufliche Verschlechterungen zerrissen wurden. Die Rückkehr zur Normalität gelang hier nur teilweise.

Ebenfalls vorübergehend sind die *"diskontinuierlichen Beschäftigungsverläufe"*. Zwar signalisieren auch sie eine Destabilisierung des Berufsverlaufs, aber sie wurden in unterschiedlicher Weise erlebt. Zum einen erwies sich Arbeitslosigkeit als *Bestätigung* für eine von vornherein erwartete Chancenlosigkeit auf dem Arbeitsmarkt und zum anderen als nicht erwartete *Erfahrung* von Chancenlosigkeit.

Doch wurde sie nicht in jedem Fall als destabilisierend erlebt. Vor allem jüngere Arbeiter sowie etliche Angestellte kalkulierten bewußt eine Zeit der Arbeitslosigkeit für sich ein, in der Überzeugung, später bessere Chancen auf dem Arbeitsmarkt zu haben.

"Diskontinuität" kam besonders für die Älteren nicht unerwartet. Als sie entlassen wurden, stand für die meisten von ihnen bereits fest, daß sie so schnell keine neue Arbeit finden würden. Sie waren sich ihres "Handicaps" bewußt und rechneten damit, eine lange Durststrecke vor sich zu haben. Auch Behinderung, betriebsinterner Status oder betriebsspezifische Qualifikationen versprachen von vornherein wenig Chancen, auf dem Arbeitsmarkt wählen zu können.

"Ich habe ja Schweißer gelernt, aber zur Ausübung dieses Berufes bin ich nicht mehr in der Lage. Ansonsten, einen richtigen Beruf hatte ich zuletzt ja eigentlich gar nicht mehr - was hätte man machen sollen. Das, was ich zuletzt gemacht habe, war ja eine rein betriebsinterne Angelegenheit. Da war man reingewachsen. So richtig im Betrieb aufgewachsen, ohne das man eine zusätzliche Ausbildung bekommen hatte. Das hat außerhalb der AG "Weser" natürlich keinen Wert mehr gehabt... Ich bin auch zu alt..." (Sachbearbeiter, 47)

Nach der Devise "hauptsache Arbeit" versuchten sie deshalb, Arbeitslosigkeit zu vermeiden bzw. abzukürzen. Die einzige Möglichkeit dazu sahen sie in der Bereitschaft, sich an gegebene Bedingungen und

Anforderungen auf dem Arbeitsmarkt anzupassen und auf Ansprüche zu verzichten. Vorrangiges Ziel war ein sicherer Arbeitsplatz, um die Zeit bis zur Rente ohne allzu große Verluste zu überbrücken.

"Ich habe in allen Sparten, die mit Maschinenbau zu tun haben, gesucht. Aber auch anderes habe ich versucht. Ich habe mich z. B. als Hauswart beworben, also auch um andere Tätigkeiten bemüht, um überhaupt Arbeit zu kriegen." (Dreher, 49)

Diese Überbrückungs-"Strategie" war besonders für die über 50jährigen die vorherrschende Handlungsmaxime. Trotz vorhandener und subjektiv auch so eingeschätzter überdurchschnittlicher Qualifikationen und Erfahrungen rechneten sie sich nach der Schließung von Anfang an keine Chancen mehr aus.

"Qualifikationen hatte ich eine ganze Menge, aber das Alter war entscheidend". (Feuerwehrmann, 53).

Es überrascht nicht, daß unter diesen Umständen auch die Bedingungen der Wiederbeschäftigung als "Rückschritt" erlebt werden, weil man in der Regel nicht nur finanziell Einbußen hinnehmen, sondern auch als "gestandener" Facharbeiter, Meister oder Angestellter nach Jahrzehnten beruflicher Erfahrung wieder von vorn und womöglich berufsfremd beginnen mußte. Hier wurde nicht nur der berufsbiographische Zusammenhang durch die Arbeitslosigkeit zerrissen, sondern darüber hinaus auch langjährige spezifische Arbeits- und Lebenszusammenhänge zerstört. Resignierend haben sie sich in ihrer jetzigen Situation weitgehend eingerichtet unter der Perspektive:"wenn es bis zur Rente so weitergeht, dann ist es gut".

Eine ähnliche Perspektive entwickelten auch jene, die erst im Verlauf ihrer Arbeitssuche die Erfahrung machen mußten, kaum noch Chancen auf dem Arbeitsmarkt zu haben. Besonders die unter 45jährigen gingen anfangs noch davon aus, ausreichend Beschäftigungsmöglichkeiten vorzufinden. Sie waren allenfalls bereit, "ein paar Mark runterzugehen", weil man, um einzusteigen, "kleine Brötchen backen muß", aber größere Konzessionen wollten sie nicht machen. Ein Scheitern ihrer Erwartungen kalkulierten sie zunächst nicht ein. Sie waren der selbstbewußten Überzeugung, an bisher Erreichtes anknüpfen und es fortsetzen zu können, zumindest sich notfalls rasch wieder hocharbeiten zu können.

"Ein, zwei Mark geht man wohl runter, aber nicht bis auf 11,50 DM. Man hat sich ja einen gewissen Standard aufgebaut". (Schlosser, 37)

Erst Mißerfolge bei der Arbeitssuche, Ablehnungen und eine immer länger andauernde Arbeitslosigkeit führte zur desillusionierenden Einsicht, daß ihre Ansprüche nicht zu realisieren waren. Sie mußten die schmerzliche Erfahrung machen, daß sie plötzlich zum "alten Eisen" gezählt wurden.

"Ich hatte die Vorstellung bei der Straßenbahn anzufangen. Aber der sagte gleich: Sie können die Unterlagen mitnehmen, aber es hat keinen Zweck. Wegen des Alters, das war gleich der Prellbock. Das war der erste Schock, Anfang Januar". (Werkführer, 44).

Erst diese entmutigenden Erfahrungen führten dazu, das bisherige Verhalten auf dem Arbeitsmarkt zu revidieren und sich anpassungs- und kompromißbereiter zu zeigen.

"Ich war bereit zu einem Berufswechsel. Zu Anfang hatte ich noch bestimmte Vorstellungen. Mercedes z. B....Die Absage... das war ein riesiger Schock.... Ich kam in die Arbeitslosenhilfe... Da dachte ich, jetzt ist alles scheißegal. Da habe ich im Januar 1985 alle Tiefbaufirmen in Bremen abgeklappert. Das hat ziemlich schnell geklappt... Das einzige, was ich jetzt mache, ist schippen". (Schlosser, 36)

Andere, die ihre Ansprüche durchsetzen wollten, bemühten sich nun darum, erst einmal einen Einstieg zu finden, um dann von dort aus weiter zu sehen. Blieb dieser Weg erfolglos, so kam es zu einer noch weitergehenden Reduzierung der Ansprüche. Schließlich wurde nur noch ein Weg aus der Arbeitslosigkeit gesucht, egal zu welchem Preis.

Unabhängig davon, wie im Einzelfall die Suche nach einem neuen Arbeitsplatz aussah, führten nicht von vornherein reduzierte Erwartungen, sondern vielmehr erst die konkreten Erfahrungen mit der rauhen Wirklichkeit des Arbeitsmarktes zu einer weitgehend anspruchslosen Berufsperspektive. Selbst wenn man im Laufe der Zeit wieder an die früheren Arbeitsbedingungen anknüpfen konnte, bleibt in den meisten Fällen die Arbeitslosigkeit eine berufsbiographisch bedeutsame Destabilisierungserfahrung.

Eine gänzlich andere Bedeutung hatte dagegen die Arbeitslosigkeit für eine Gruppe von höherqualifizierten Angestellten und jüngeren Arbeitern unter 40 Jahren. Für sie stellte sie ein einkalkuliertes Risiko im

Rahmen einer erfolgreich verfolgten Strategie dar. Während viele Ältere mit einer solchen Strategie scheiterten und letztlich Abstriche machen mußten, akzeptierten Jüngere die Arbeitslosigkeit als ein freiwillig eingegangenes Risiko. Aus ihrer Perspektive war im Nachhinein die Zeit der Erwerbslosigkeit keine finanzielle "Durststreke" oder Phase der beruflichen Verunsicherung, sondern wurde eher als eine Periode der Erholung betrachtet, in der man die freie Zeit genoß und "mal die Beine hoch legen" und ein "bißchen Pause" machen konnte.

"Ich war erst arbeitslos und habe das so gewollt. Ich habe da jahrelang eingezahlt und konnte die freie Zeit auch genießen". (Schiffbauer, 41).

Auch finanziell hatte dieser Zeitabschnitt keine einschneidende Bedeutung, da man die Ausfälle nicht selten durch Schwarzarbeit oder gegebenfalls durch die Abfindung ausgleichen konnte.

"Ich war arbeitslos bis Ende Mai. Allerdings habe ich in der Zeit nebenbei gejobt, so brutto für netto... Dadurch hatte ich immer fast dasselbe Geld, wie auf der Werft". (Schlosser, 31).

Man ging davon aus, auch noch zu einem späteren Zeitpunkt gute Arbeitsmarktchancen zu haben, bzw. hoffte, daß die Chancen dann sogar besser wären, als unmittelbar nach der Schließung.

"Ich war zunächst einmal arbeitslos, denn ich wollte nicht einen unterqualifizierten Job annehmen, wie es viele meiner Kollegen getan haben. Die haben gleich nach der Schließung panikartig einen Arbeitsplatz gesucht und das Nächstbeste angenommen. Das kam für mich nicht in Frage." (Ingenieur, 38).

Die Arbeitslosigkeit hatte hier eine ähnliche Bedeutung, wie die freiwillig akzeptierten beruflichen Verschlechterungen im Rahmen einer Einstiegs-Strategie. Sie wurde freiwillig in Kauf genommen und - wenn erfolgreich beendet - im Nachhinein als Bestätigung für richtiges Verhalten, für eine angemessene Strategie gehalten. "Diskontinuität" besaß in diesen Fällen keine destabilisierende Wirkung, weil die eigene Durchsetzungsfähigkeit auf dem Arbeitsmarkt bewiesen werden und man durch bewußte Risikobereitschaft den Berufsverlauf positiv beeinflussen konnte.

Im Gegensatz zu "diskontinuierlichen" Beschäftigungsverläufen scheinen *"kontinuierliche" Verläufe* ein Indiz für die erfolgreiche Fortsetzung des bisherigen Berufsverlaufs zu sein. Für Ingenieure und andere qualifizierte Angestellte sowie einige jüngere Arbeiter gilt dies tatsächlich. Sie konnten ziemlich rasch nach ihrer Entlassung attraktive Arbeitsplätze besetzen, auf denen sie mindestens das gleiche wie auf der Werft verdienten, vergleichbare oder sogar bessere Arbeitsbedingungen vorfanden und dadurch ihre berufliche Karriere "gradlinig" fortsetzen.

Andere allerdings mußten sich die "Kontinuität" mit finanziellen, beruflichen und sozialen Einbußen erkaufen. Zunächst wurde versucht, die Arbeitslosigkeit auf jeden Fall zu vermeiden, und zwar nicht nur weil man soziale Nachteile vermeiden wollte, sondern auch aus der Befürchtung heraus, sich "die Papiere zu beschmutzen", d.h. keine lückenlose Berufsbiographie mehr vorweisen zu können und sich damit möglicherweise berufliche Nachteile einzuhandeln. Um dieser Gefahr zu begegnen, bemühte man sich, in jedem Fall im Arbeitsprozeß zu bleiben, auch wenn dies zunächst mit Einkommensverlusten, beruflicher Dequalifizierung o.ä. bezahlt werden mußte.

"Obwohl ich weniger Geld bekommen habe, habe ich zugegriffen. Ich habe mir gedacht: nicht erst arbeitslos werden, denn nach einem Jahr muß man noch mehr Lohneinbußen in Kauf nehmen." (Schiffbauer, 45)

"Ich hatte bereits am 02.01.84 wieder Arbeit bei M. in Achim... (Daß es so schnell ging)... hängt wohl zum einen mit dem Ort des Betriebes zusammen. Es wollte wohl keiner so weit rausfahren, ganz nach Achim. Und dann noch der geringe Verdienst. Den nimmt ja nun auch nicht jeder in Kauf." (Elektriker, 34)

Die "Kontinuierlichen", die nach dem Prinzip "das machst du erstmal, suchen kannst du ja immer noch", vorgegangen sind und zunächst einen Einstieg gesucht haben, konnten meist die anfänglichen Verschlechterungen im Verlauf der nächsten Jahre wieder ausgleichen. Für einige hat diese Einstiegsstrategie allerdings noch nicht zum Ziel geführt, so daß sie noch immer auf der Suche nach einer angemessenen, besseren Stelle sind.

"Die jetzige Arbeit hat mir eigentlich von Anfang an nicht zugesagt. Aber der Rubel muß ja rollen. Ich dachte mir: Das machst du erstmal, suchen kannst du immer noch. Das heißt: ich suche jetzt immer noch eine bessere Stelle. Vielleicht finde ich ja noch was Besseres". (Kaufm. Angestellter, 44)

Für ältere Arbeiter und Angestellte, aber auch Meister und Vorarbeiter, stellte "kontinuierliche" Wiederbeschäftigung dagegen lediglich das Vermeiden von Arbeitslosigkeit dar. Finanzielle, berufliche und soziale Verschlechterungen wurden nicht in diesem Sinne strategisch einkalkuliert, sondern mußten mangels Alternativen hingenommen werden. Diese "Kontinuierlichen" sehen sich beruflich aus der Bahn geworfen, ohne die Chance, daran aus eigener Kraft etwas zu ändern. Für sie sind die Verschlechterungen der konkrete Ausdruck ihrer geringen Chancen auf dem Arbeitsmarkt.

"Bei meinem Alter, da nützen einem die ganzen Qualifikationen nichts mehr. Da muß man Glück haben". (Brandmeister, 52)

Aus ihrer Sicht ist es nur einer gehörigen Portion "Glück" zu verdanken, daß zumindest die Arbeitslosigkeit vermieden werden konnte, weshalb die so erreichte "Kontinuität" auch nicht als "persönlicher Erfolg" gewertet wird.

"Nur durch Beziehungen (habe ich so schnell eine neue Stelle gefunden). Das war nicht mein persönlicher Erfolg. Ich habe mir gesagt, ich nehme, was ich kriegen kann. Altersmäßig war es halt schon sehr schlecht. Da muß man Abstriche machen". (Werkmeister, 53)

Vor dem Hintergrund reduzierter Erwartungen und der Erfahrung, tatsächlich Abstriche machen zu müssen, wird die neue Beschäftigung als Bruch des bisherigen Berufsverlaufs erfahren. Lediglich das "Glück", überhaupt wieder eine Arbeit gefunden zu haben, hat das Schlimmste verhütet, nämlich aus Beruf und Arbeit völlig auszuscheiden. Eine wiedergewonnene Beschäftigungsstabilität, ein "sicherer" Arbeitsplatz, und damit eine dauerhafte Erwerbsmöglichkeit sind für die meisten bereits ein Erfolg, den man nicht durch "aussichtslose" Handlungen, wie z.B. einen Betriebswechsel, aufs Spiel setzt.

"Natürlich möchte ich bleiben. Ich habe ja nicht mehr so lange zu arbeiten. Und wie die Lage ist, bleibt mir auch nichts anderes übrig." (Schweißer, 52)

Insofern kann man hier trotz einer offensichtlichen Beschäftigungsstabilität von einer Destabilisierung des Berufsverlaufs sprechen, da man keine Chancen mehr für die Zukunft sieht und resignierend zur Anpassung bereit ist.

"Ja, also man wurde ja aus einem sehr langen Lebensrythmus herausgerissen und es ist schwierig, nach 30 Betriebsjahren sich woanders wieder einzugewöhnen. Aber es ist ja erstaunlich, wie sehr der Mensch sich doch anpassen kann". (Meister, 50)

"*Betriebswechsel*" als eine weitere Form der Unterbrechung des Berufsverlaufs können sowohl auf eine Destabilisierung als auch eine Stabilisierung des Berufsverlaufs hindeuten. Als destabilisierend wirken sie, wenn der Wechsel unfreiwillig erfolgte, weil man vom Betrieb gekündigt oder ein Zeitvertrag nicht verlängert wurde. In diesen Fällen war mit dem Betriebswechsel meistens erneute Arbeitslosigkeit verbunden, so daß die unfreiwilligen Betriebswechsler überwiegend zur Gruppe der "Mehrfacharbeitslosen" zählen.

In der überwiegenden Mehrzahl erfolgten die Betriebswechsel nach der Schließung jedoch freiwillig. Der Betrieb bzw. der Arbeitsplatz wurde gewechselt, weil man sich verbessern wollte. Er ist also weitgehend ein Ausdruck gezielten Arbeitsmarktverhaltens. Dabei kündigten die Wiederbeschäftigten ihr Arbeitsverhältnis selbst bzw. hatten nichts gegen eine Kündigung einzuwenden, weil sie ohnehin bald von sich aus den Betrieb verlassen wollten. Die Gründe für die Kündigung waren Unzufriedenheit mit den Einkommens- und Arbeitsbedingungen und die Erwartung, in einem anderen Betrieb bessere Chancen zu haben. Arbeitslosigkeit trat zwischen den Wechseln nur selten auf. Im übrigen muß man zu den Wechseln auch den innerbetrieblichen Arbeitsplatzwechsel zählen, der i.d.R. auf innerbetriebliche Ausschreibungen hin erfolgte.

Die Wechsel liefen nach unterschiedlichen Mustern ab. Für die einen bedeuten sie die Fortsetzung einer Einstiegsstrategie, bei der man zunächst einen qualitativ schlechteren Arbeitsplatz akzeptierte, um "reinzukommen". Ergab sich dann eine bessere Möglichkeit, folgte ein Wechsel.

"Ich habe dann als Dreher angefangen. Das war im Grunde ein Berufswechsel. Das war aber nur um reinzukommen. So als Überbrückung. Es war etwas in der Betriebsschlosserei zu erwarten, dort wurde was frei. Da bin ich dann auch reingekommen. Heute arbeite ich in meinem alten Beruf". (Schlosser, 43)

Die meisten Einstiegsstrategien wurden durch innerbetriebliche Arbeitsplatzwechsel fortgesetzt. Zu einem echten Betriebswechsel kam es nur dann, wenn nach dem "Einstieg" die Erwartung, sich innerbetrieblich verbessern zu können, enttäuscht wurde und man sich aus diesem Grunde außerhalb orientieren mußte.

"Ich hatte mich schon vorher mal bei D. beworben. Als Betriebsschlosser. Aber da war mir abgesagt worden, da hätten sie schon genug. Außerdem war das so, daß wenn Stellen als Betriebsschlosser frei werden, diese nur betriebsintern ausgeschrieben werden. Also habe ich mir gedacht, bewerbe ich mich einfach fürs Band, als Maschinenführer. Die Stelle hab' ich auch gekriegt. Dann gab es tatsächlich eine innerbetriebliche Ausschreibung für Betriebsschlosser. Da habe ich mich beworben. Aber was ich nicht gewußte hatte war, daß mich der Meister von der Bandstraße auch loslassen muß. Der wollte mich aber nicht gehen lassen, damit war meine Bewerbung hinfällig... Das war alles noch in der Probezeit. Ich war dann (nach einem selbstverschuldeten Arbeitsunfall) eine Woche krankgeschrieben... Dann habe ich selbst gekündigt. Ich hatte auch schon was anderes in Aussicht. Außerdem konnte ich mir nicht vorstellen, zehn Jahre oder so bei D. zu bleiben". (Schlosser, 31)

Nicht nur enttäuschte Aufstiegserwartungen, sondern auch fehlinterpretierte Beschäftigungsbedingungen, die zunächst zur Annahme eines Beschäftigungsangebotes geführt hatten, bzw. leidvolle Erfahrungen mit der praktischen Tätigkeit im neuen Betrieb führten dazu, den Betrieb zu wechseln.

"Ich hatte einen unbefristeten Arbeitsvertrag... (in einem) mittleren Betrieb. Dort war ich 1 1/4 Jahre beschäftigt. Dann wurde mein Arbeitsverhältnis in beiderseitigem Einvernehmen beendet. Damals hatte ich noch nichts neues. Ein viertel Jahr später hätte ich aber selber bei dieser Firma gekündigt. Das hatte mehrer Gründe... Es war ein asbestverarbeitender Zementbetrieb. Der Imissionsschutz wurde nicht eingehalten... Dafür wollte ich meinen Kopf nicht herhalten... Auch mein Arbeitsvertrag war für mich nicht annehmbar..."(Ingenieur, 38)

Zu geringes Einkommen, eine zu hohe Belastung oder eine inhaltlich wenig ansprechende Arbeit waren die häufigsten Gründe, den Betrieb zu wechseln.

Während hier von Anfang an mit solchen Arbeitsplatz- bzw. Betriebswechseln Ansprüche durchgesetzt werden sollten, stellten sich bei vorwiegend Älteren über 40 derartige Ansprüche erst später wieder ein. Diese "Betriebswechsler", die zunächst aufgrund weitgehender Anpassungsbereitschaft einen qualitativ schlechteren Arbeitsplatz annahmen, stellten erst im Verlauf ihrer Tätigkeit fest, daß sie allzu schnell auf Ansprüche verzichtet hatten. Sie kamen mit den schlechteren Bedingungen nicht zurecht. Offenbar hatten sie sich nicht gründlich genug mit den persönlichen Folgen auseinandergesetzt. Erst die unattraktive Arbeitssituation führte zum Überdenken der eigenen Ansprüche, mit dem Ergebnis, das der Betrieb gewechselt wurde, um so die bereits aufgegebenen Ansprüche doch noch durchzusetzen.

"Zu Anfang war es mir nicht so wichtig (wieder in meinem Beruf zu arbeiten), aber dann nach der Erfahrung mit der Lagerarbeit bei M. ...als ich merkte, daß ich damit nun gar nicht fertig wurde... wurde mir ganz klar, daß ich unbedingt wieder in meinen Beruf reinwollte... und habe angefangen, Arbeit zu suchen". (Schiffbauer, 45)

Nach anfänglicher Verunsicherung infolge des Arbeitsplatzverlustes bei der Stillegung wurde sozusagen wieder Mut gefaßt und der Berufsverlauf in die gewünschte Richtung gelenkt.

Wurde hier noch aus Eigeninitiative gewechselt, weil man nicht nur unzufrieden war, sondern auch noch Chancen auf dem Arbeitsmarkt sah, konnten vor allem Ältere über 45 eine unbefriedigende Arbeitssituation nur beenden, wenn sich besondere Umstände ergaben, die einen Wechsel möglich machten. Als sie sich auf dem Arbeitsmarkt wegen ihres Alters oder anderer "Defizite" keine Chance mehr ausrechneten, hatten sie sich bereits "zähneknirschend" mit der schlechteren Situation abgefunden. Ein Betriebswechsel kam für sie nicht mehr in Frage, weil sie die Sicherheit des Arbeitsplatzes den unkalkulierbaren Risiken auf dem Arbeitsmarkt vorzogen.

"Ich möchte bleiben, denn in meinem Alter kann man ja nicht soviel wechseln. Da muß man froh sein, wenn man noch was gekriegt hat". (Schlosser, 44)

Bei diesen Älteren kamen freiwillige Betriebswechsel deshalb nur vor, wenn sich aufgrund von Kontakten oft völlig unerwartet konkrete neue Beschäftigungsmöglichkeiten ergaben. Wenn diese Angebote eine Verbesserung boten und durch Fürsprache hinreichend abgesichert waren, wurden sie angenommen und der Betrieb wurde gewechselt.

"Ich habe die Stelle (in Bielefeld) angenommen, weil ich dachte, ich finde in Bremen nichts anderes. ...Über einen Kollegen habe ich dann gehört, daß sie bei V. Leute einstellen würden. Dieser Kollege hat mir dann auch die Bewerbungsunterlagen mitgebracht... Ich habe dann die Stelle gekriegt". (Schweißer, 52)

Unabhängig davon, ob der Betrieb aufgrund derartiger "Zufälle", bei denen Kollegen oder Bekannte Hilfestellung leisteten, oder wegen einer fortgesetzten bzw. später wieder aufgenommenen Durchsetzungsstrategie gewechselt wurde, führte der Wechsel aus subjektiver

Sicht auf jeden Fall zu einer Verbesserung der Beschäftigungssituation. Selbst wenn es dabei zu finanziellen Einbußen kam, konnten diese mit besseren Arbeitsbedingungen kompensiert werden. Mitunter wurden sogar besser bezahlte, aber dafür weniger qualifizierte Tätigkeiten aufgegeben, um wieder im alten Beruf arbeiten zu können. Besonders für Facharbeiter aus den Metallberufen war der Betriebswechsel mithin ein Weg, wenigstens hinsichtlich der Arbeitsbedingungen und beruflichen Ansprüche an die frühere Situation auf der Werft anknüpfen zu können.

2.4. Wege zur Wiederbeschäftigung

Die Analyse des Verbleibs, der Berufsverläufe und der Wiederbeschäftigungsbedingungen läßt darauf schließen, daß die Verteilungsfunktion des Arbeitsmarktes nach der Schließung modifiziert wurde, weil die entlassene Werftbelegschaft überdurchschnittliche Arbeitsmarkterfolge verzeichnen konnte. In welcher Form das geschah, geht aus der bisherigen Analyse allerdings nicht hervor. Dies läßt sich nur klären, wenn man die Wege, die zu einer Wiederbeschäftigung führten analysiert und die Besonderheiten der Arbeitssuche der Entlassenen und des Rekrutierungsverhaltens der Betriebe nach der Schließung ermittelt. Dabei zeigt sich, daß die Wege im Fall der Stillegung "Abkürzungen" enthielten, die "normal" Entlassenen verschlossen sind.

Eine Voraussetzung dafür, überhaupt einen neuen Arbeitsplatz finden und besetzen zu können, ist zunächst die Information über eine freie Stelle. Die Arbeitssuche besteht im wesentlichen darin, sich diese Informationen zu verschaffen. Es gibt dabei verschiedenen Wege, über die Informationen verteilt und beschafft werden können:

— öffentlich durch Inserate ausgeschriebene Angebote,

— das Arbeitsamt als öffentliche Arbeitsvermittlung,

— die Direktbewerbung als direkte Erkundigung bei einem Betrieb,

— informelle Kontakte und Beziehungen bei denen einzelne Informationen von einzelnen Personen weitergegeben werden und

— direkte Abwerbung oder Übernahme eines Beschäftigten durch einen anderen Betrieb.

Diese Wege weisen einen unterschiedlichen Grad der "Öffnung" bzw. "Schließung" auf. Während z.B. Inserate allen Interessierten zugänglich sind, wird

bei einer Abwerbung bzw. Übernahme die Information nur dem gewünschten Bewerber zugänglich gemacht. Dies führt zu einer Exlusivität der Information und damit auch zu einem Wettbewerbsvorteil auf dem Arbeitsmarkt.

Eine Analyse der Informationswege, die nach der Werftschließung zu einer Wiederbeschäftigung führten, zeigt zum einen, daß sie für die einzelnen Belegschaftsgruppen einen unterschiedlichen Stellenwert besaßen und zum anderen, daß informelle Kontakte gefolgt von Direktbewerbungen eine überragende Rolle spielten.

Für fast alle Entlassenen gehörte die Beantwortung von *Stellenanzeigen* zum üblichen Repertoire der Arbeitssuche. Eine Ausnahme bil-

Tabelle 21: Vermittlungsart[1] der Wiederbeschäftigten in ihre jetzige Stelle (in %)

	Annonce	Arbeitsamt	Direktbewerbung	informelle Kontakte[2]	Übernahme[3]
Arbeiter					
Deutsche	13	10	30	45	2 (n381)
Ausländer	6	3	38	53	0 (n34)
Angestellte					
Männer	18	8	26	39	9 (n186)
Frauen	(33)	(17)	(8)	(42)	(0) (n12)

1. Die Frage lautet: "Wie haben Sie von der Stelle erfahren, die Sie *jetzt* haben?"
2. Kollegen, Bekannte, Verwandte, Vorgesetzte, Vereine, Gewerkschaften, frühere berufliche Kontakte.
3. Von der Seebeckwerft übernommen; von anderen Firmen direkt angesprochen worden.
Quelle: Schriftliche Befragung 8/1985

den die Ausländer, denen aufgrund von Sprachschwierigkeiten dieser Weg meist verschlossen blieb, und einige andere, die den Weg über Inserate für sich selbst ausschlossen, weil sie von der nüchternen Überlegung ausgingen, in der Konkurrenz mit anderen Bewerbern keine Chance zu haben.

"Annoncen wären ja sinnlos gewesen, weil die ja alle lesen und andere dann immer vorher da sind". (Anreißer, 44)

Außerdem gab es Unterschiede zwischen Arbeitern und Angestellten. Angestellte hatten häufiger als Arbeiter durch Bewerbungen auf Inserate Erfolg. Das liegt wahrscheinlich daran, daß es zum Berufsbild der meisten Angestellten gehört, mit Informationen umzugehen und sie zu verarbeiten. Deshalb verläuft bei ihnen die Arbeitssuche systematischer als bei Arbeitern, weil sie versuchen, sich gezielt Informationen über alle zugänglichen Informationsträger zu beschaffen. Das mit "Landkarte, Branchenverzeichnis und Zirkel" "generalstabsmäßige" Vorgehen vieler Angestellter nach der Schließung spricht dafür.

"Ich bin generalstabsmäßig vorgegangen. Habe mir einen regelrechten Plan gemacht und alle relevanten Firmen rausgesucht. Dann habe ich immer einen Schwung Bewerbungen rausgeschickt". (kaufm. Angestellter, 41)

Besonders bei Annoncen berücksichtigten sie nicht nur - wie die Arbeiter - Inserate in der Lokalpresse, sondern beschafften sich ihre Informationen auch aus überregionalen Zeitungen und (Fach)Zeitschriften. Insgesamt führten bei ihnen öffentlich ausgeschriebene Stellenangebote häufiger zu einem neuen Arbeitsplatz als bei Arbeitern.

Eine *direkte Übernahme* nach der Schließung spielt fast nur bei Angestellten eine Rolle. Das liegt daran, daß unter ihnen viele Ingenieure, Techniker und leitende Angestellte sowie einige Meister mit spezifischen Qualifikationen und Erfahrungen waren, die außerdem aufgrund ihrer Stellung in beruflichem Kontakt zu anderen Firmen standen. Sie wurden deshalb sofort "abgeworben", oft von den Firmen, die über sie aufgrund der Kontakte bereits informiert waren.

"Die Firma A. stand schon längere Zeit in Verhandlung mit der AG "Weser". Ihr Ziel war, die Schiffsgetriebeherstellung langfristig zu übernehmen. Mit diesem Ziel trat sie an die Mitarbeiter unserer Abteilung G. heran und hat drei meiner Mitarbeiter und mich übernommen". (Ingenieur, 39)

Während Techniker und Ingenieure meistens von Wirtschaftsunternehmen übernommen wurden, wurden die Meister oft als Ausbilder bei öffentlichen oder privaten Weiterbildungsträgern eingestellt.

Bei den Arbeitern kam für eine Übernahme fast nur die Seebeckwerft in Frage, die vertraglich verpflichtet war, ältere schwerbehinderte Mitarbeiter der AG "Weser" zu übernehmen. Allerdings haben viele dieses Angebot abgelehnt, weil ihnen die Beschäftigungsbedingungen bzw. der weite Weg zur Arbeit nicht zumutbar erschien, so daß nur relativ wenige tatsächlich auf diese Weise zu einer Wiederbeschäftigung kamen.

Tabelle 22: Anteil der Vermittlungen über das Arbeitsamt bei Arbeitern und Angestellten nach Berufsverlauf (in %)

Vermittlung über das Arbeitsamt	insgesamt	"Nahtlose"[1]	Kurzzeitarbeitslose[2]	Langzeitarbeitslose[3]
Arbeiter	10	2	9	17
Angestellte	8	3	-	23

1. Im jetzigen Betrieb sofort nach Stillegung (ohne Wechsler)
2. Im jetzigen Betrieb nach weniger als drei Monaten Arbeitslosigkeit (ohne Wechsler)
3. Im jetzigen Betrieb nach mehr als drei Monaten Arbeitslosigkeit (ohne Wechsler)
Quelle: Schriftliche Befragung 8/1985

Das *Arbeitsamt* als Vermittlungsinstanz spielte zunächst nur eine geringe Rolle. Sein Stellenwert stieg aber mit zunehmender Arbeitslosigkeitsdauer nach der Schließung. Während "Nahtlose" fast überhaupt nicht über das Arbeitsamt vermittelt wurden, stieg der Anteil der Vermittlungen bei "Langzeitarbeitslosen" auf ca. 18 % an.

Ein Grund für die anfangs geringe Bedeutung des Arbeitsamtes ist, daß die wenigsten Arbeitsuchenden sich allein auf diesen Weg verlassen haben. Sie gingen von der Überlegung aus, daß angesichts der gestiegenen Zahl von Arbeitssuchenden nach der Schließung die Chancen einer Vermittlung durch das Arbeitsamt nur sehr gering waren. Die fast übereinstimmende Ansicht der Mehrheit war, daß "wenn die nichts haben, sie auch nichts machen können".

"Ich glaube, die sind da ziemlich überlastet. Im Grunde genommen hat man mir da nur mitgeteilt, daß der Markt eben tot ist, daß nichts zu machen ist". (Elektriker, 40)

Eine besondere Bevorzugung der Entlassenen bei der Vermittlung gab es kaum. Die Erfahrung gerade der Älteren ist vielmehr, vertröstet und "abgewimmelt" zu werden, indem man ihnen deutlich zu verstehen gab, daß sie "in ihrem Alter keine Chance" mehr haben.

Mit mehr oder weniger Verständnis wurde festgestellt, daß man als Arbeitsloser durch das Arbeitsamt nur "verwaltet" wurde und sich ansonsten um Informationen über freie Stellen selbst bemühen mußte. Besonders höher qualifizierte Angestellte und jüngere Arbeiter haben das Arbeitsamt überhaupt nicht in Anspruch genommen, weil sie auf eigenen Wegen bereits etwas neues gefunden hatten, oder weil sie von vornherein nichts vom Arbeitsamt erwarteten und sich dort lediglich arbeitslos meldeten.

Bei den Ausländern spielte das Arbeitsamt eine noch geringere Rolle als im Durchschnitt. Eine Ursache dafür war, daß für die Berufsgruppe der Schweißer, zu denen die meisten Ausländer gehörten, die Vermittlungschancen besonders schlecht waren.

"Ich war beim Arbeitsamt... Dort haben sie mir gesagt, "wir haben hier 1.200 Schweißer und jetzt kommen noch die von der AG "Weser". Von unserer Seite haben sie keine Möglichkeit". (Schweißer, 47, Ausländer)

Tabelle 23: Wege der Stellenfindung bei deutschen Arbeitern nach Altersgruppen[1] (in %)

Weg	unter 45	über 45
Annonce	14	9
Arbeitsamt	7	4
Direktbewerbung	46	20
informelle Kontakte	32	60
Übernahme	1	7
	(n = 99)	(n = 46)

1. Nur "Nahtlose" und "Kurzzeitarbeitslose" ohne Wechsel.
Quelle: Schriftliche Befragung 8/85

Direktbewerbungen und informelle Kanäle haben bei fast allen Belegschaftsgruppen den gleichen Stellenwert. Direktbewerbungen hatten ihre "Blütezeit" direkt in der Schließungsphase und kurz danach. Bei Langzeitarbeitslosen dagegen spielen sie kaum noch eine Rolle. Besonders bei jüngeren Arbeitern waren diese Wege nach der Schließung die bevorzugte Art der Bewerbung. Bei älteren Arbeitern (ab 45 Jahren) nahm der Anteil der Direktbewerbungen deutlich ab.

Informelle Beziehungen spielten insbesondere bei Älteren während des gesamten Zeitraums der Arbeitssuche eine bedeutende Rolle. Die herausragende Bedeutung sowohl der Direktbewerbungen als auch der informellen Beziehungen im Zusammenhang mit der Stillegung stellt eine Besonderheit dar. Wie ein Vergleich mit anderen Untersuchungen zeigt, besaßen beide Wege bei der Betriebsstillegung offensichtlich ein höheres Gewicht.

Tabelle 24: **Wege der Stellenfindung bei Erwerbstätigen im Vergleich (in %)**

Weg	"Nahtlose", "Kurzeitarbeitslose" und "Betriebswechsler"[1]	abhängige Beschäftigte 1980[2]
Annonce	15	13
Arbeitsamt	6	11
Direktbewerbung	34	22
informelle Kontakte	40	43
Übernahme	5	11
insgesamt	100	100

1. Nur deutsche Arbeiter und männliche Angestellte
2. Nur männliche deutsche Arbeitnehmer
Quelle: Schriftliche Befragung 8/85; Habich 1987, Datenbasis: Wohlfahrtssurvey 1980

Aus einer 1980 durchgeführten Befragung abhängig Beschäftigter geht hervor, daß der Anteil der Direktbewerbungen bei Erwerbstätigen, die zuvor ihren Arbeitsplatz gewechselt hatten, bei etwa 22 % liegt (Habich 1987). Bei den mit dieser Befragtengruppe vergleichbaren "Nahtlosen", "Kurzzeitarbeitslosen" und "Betriebswechslern" aus der Werftstillegung liegt dagegen der Anteil bei etwa 34 %.

Informelle Kontakte haben in beiden Gruppen ein ähnlich hohes Gewicht. Während aber Habich feststellt, daß "informelle Kanäle ... vor allem bei jungen Erwerbstätigen eine große Rolle" spielen (Habich 1987, S. 167), sind die Gewichte bei den ehemaligen Werftbeschäftigten eher umgekehrt verteilt. Hier sind es gerade die Älteren, die von informellen Wegen profitieren.

Im Vergleich zu anderen Arbeitslosen (IAB II) fällt auf, daß bei den "Langzeitarbeitslosen" der Werft informelle Kontakte mit 51 % eindeutig im Vordergrund stehen, während sie bei "normalen" Arbeitslosen mit einem Anteil von nur 27 % eine weniger herausragende Rolle spielen.

Die Wiederbeschäftigten von der AG "Weser" zeichnet also aus, daß sie überdurchschnittlich häufig über informelle Kontakte und Direktbewerbungen zu einer neuen Stelle gekommen sind.

Tabelle 25: Wege der Stellenfindung aus der Arbeitslosigkeit (in %)

	diskontinuierlich Wiederbeschäftigte AGW[1] (n 133)	Arbeitslose[2] IAB 1983 (n 354)
Annonce	14	27
Arbeitsamt	18	20
Direktbewerbung	14	-
informelle Kontakte	51	27
Übernahme	0	-
sonstiges	3	26

1. nur deutsche Arbeiter und männliche Angestellte
2. nur Männer
Quelle: Schriftlich Befragung 8/85; Arbeitslosenverlaufsuntersuchung 81/82

Diese Besonderheit erklärt sich aus den Bedingungen der Stillegung. Durch die Massenentlassung traten innerhalb einer kurzer Zeit eine Vielzahl von Arbeitssuchenden zusätzlich auf den Arbeitsmarkt, wodurch sich die Konkurrenzsituation besonders auf einzelnen Teilarbeitsmärkten erheblich verschärfte.

In dieser Situation stellten Direktbewerbungen als offensive Suchstrategie und informelle Kontakte als "geschlossene Wege" exklusiver Informationsbeschaffung einen Vorteil dar, zumal bei vielen einstellenden Unternehmen eine bevorzugte Behandlung von Bewerbern der AG "Weser" feststellbar war (vgl. II.2.5). Dies in Verbindung mit einer selbstbewußten Arbeitssuche hat besonders bei den Direktbewerbungen zum Erfolg geführt.

Im Fall der AG "Weser" war die Direktbewerbung ein weitgehend "offener" Weg, da die meisten Entlassenen zunächst auf diese Weise bei den Betrieben in der Region vorstellig wurden und sich damit gegenseitig Konkurrenz machten. Daß dennoch viele in dieser Konkurrenz bestehen konnten und durch direkte Erkundigungen zu einem neuen Arbeitsplatz gelangten, ist zum Teil auf die Einstellungspraxis der Betriebe zurückzuführen.

Die Erfahrungen vieler Entlassener sprechen dafür, daß einzelne Betriebe versuchten, "die Besten" aus dem frei gewordenen Arbeitskräftepotential der Werft für sich zu gewinnen.

"Bei der kleinen Firma, in der ich zuerst gearbeitet habe, hatte ich schon das Gefühl (eine Sonderrolle zu spielen): Die wollten die guten Leute von der AG "Weser" haben, sozusagen die Ersten, die Sahneschicht oben wegnehmen". (Techniker, 28)

Dafür spricht auch, daß der typische erfolgreiche "Direktbewerber" meistens jünger als 45 Jahre ist, eine qualifizierte Berufsausbildung und mehrere Jahre Berufserfahrung besitzt sowie zu jenen gehört, die nicht oder nur kurz arbeitslos waren, also auf dem Arbeitsmarkt relativ gute Chancen hatte. Die gezielte Auswahl war für die Betriebe vorteilhaft, weil die Bewerber bereits nach Kenntnisnahme des Stillegungsbeschlusses bzw. spätestens nach der Kündigung direkt bei ihnen vorstellig wurden und sich somit andere Wege der Rekrutierung erübrigten.

Daß vor allem die jüngeren qualifizierten Entlassenen den Weg der Direktbewerbung gegangen sind, ist nicht zuletzt darauf zurückzuführen, daß sie sich ihrer "Qualitäten" bewußt waren. Sie hatten bereits alle früheren Entlassungsaktionen überstanden und sahen sich als "Spezialisten", die man wegen ihrer herausragenden Fähigkeiten und Erfahrungen auf der Werft behalten hatte. Hinzu kam eine auch öffentlich "anerkannte Schuldlosigkeit" am Arbeitsplatzverlust, so daß die direkte Erkundigung in den Betrieben für sie fast eine Selbstverständlichkeit darstelle, um ihr "Recht" und ihren "Anspruch" auf Wiederbeschäftigung einzufordern.

"Ich glaube, daß meine Qualifikation richtig war und sie gerade jemanden in diesem Bereich brauchten. Denn ich hatte 27 Jahre auf der Werft gearbeitet. Das gilt als zuverlässig." (Schiffbauer, 40)

Dieses besondere Selbstbewußtsein zeigt sich auch darin, daß insbesondere Arbeiter nicht nur allein, sondern auch in Gruppen bei den Firmen vorstellig wurden.

"Ich bin mit Kollegen hier im Industriegebiet herumgefahren und habe alle Firmen abgeklappert". (Schweißer, 44)

Durch dieses gemeinsame Handeln wurde bei manchem die Hemmschwelle, wie sie bei direkten Vorsprachen nicht selten existiert, herabgesetzt. Die Solidarität der Kollegen ermöglichte es zum Teil jenen, die nicht den Mut aufbrachten, mit ihrem Arbeitsvermögen "hausieren" zu gehen, den direkten Weg zu nehmen. Auch wenn die Mehrzahl der Entlassenen ganz selbstverständlich die Firmen "abklapperte", hatten einige auch Angst vor Direktbewerbungen.

"Nur einmal bin ich selbst hingegangen. Da hab ich den Mut gehabt. Bin einfach hingegangen. Aber als der Chief nein gesagt hat, bin ich nicht mehr gegangen". (Matrose, 45).

Älteren Entlassenen war jedoch von vornherein bei der Arbeitssuche klar, daß sie Beziehungen, das sogenannte "Vitamin B" brauchten, um noch eine Chance zu haben. Der typische "informelle Bewerber" ist in der Regel älter als 45 Jahre und hat Zugang zu einem breiten Netz von Beziehungen. Mit zunehmender Dauer der Arbeitslosigkeit versuchten allerdings auch Jüngere, über diesen Weg noch eine Arbeit zu finden.

Generell spielen bei der Arbeitssuche Beziehungen eine wichtige Rolle. Im Fall der Werftschließung allerdings kommt zu den üblichen Beziehungen (Familie, Freunde, Nachbarn und Bekannte) das noch existierende Netz von Kontakten aus dem früheren betrieblichen Zusammenhang als besonderes "soziales Kapital" hinzu.

Die Besonderheit resultiert daraus, daß bei Massenentlassungen nicht einzelne aus weiterbestehenden betrieblich-sozialen "Netzwerken" ausgeschlossen werden, sondern daß allen Entlassenen gemeinsam die Grundlage für die Existenz des "Netzes" entzogen wird. Im Gegensatz zu Einzelentlassungen, bei denen der Kontakt zu ehemaligen Kollegen, die weiter in den, das soziale Netzwerk hervorbringenden Arbeitszusammenhängen tätig sind, meistens rasch abbricht (vgl. z.B. Bahnmüller 1981), kann das soziale "Netzwerk" nach einer Betriebsschließung durchaus intakt bleiben. Dies ist dann der Fall, wenn die kollektive Entlassungserfahrung und das gemeinsame Interesse an der Wiederbeschäftigung zur neuen Grundlage für die Weiterexistenz des Netzes wird. Waren es vorher die Arbeitszusammenhänge, die den sozialen Zusammenhang stifteten, so kann es jetzt das gemeinsame Interesse und "Schicksal" sein. Im Fall der AG "Weser" kommt noch eine gemeinsame Streik- und Besetzungserfahrung hinzu, durch die weitere Beziehung geknüpft und bestehende verfestigt

Werftgelände in den fünfziger Jahren.

Stapellauf des Großtankers "Bonn" im Jahre 1976.

werden konnten. Dieses soziale "Netz" verschafft den Schließungsopfern gegenüber einzeln Entlassenen einen besonderen Vorteil auf dem Arbeitsmarkt, weil über das Netz exklusive Informationen verbreitet und aufgenommen werden können.

Im Fall der AG "Weser" funktionierte das "Netz" in zweierlei Hinsicht. Zum einen wurde es von den Arbeitsuchenden aktiv genutzt, indem man sich darüber Informationen über offene Stellen zu beschaffen versuchte, die Beziehungen also "aktivierte". Zum anderen fanden Arbeitsuchende über diesen Weg ihre neue Stelle, weil Bekannte, Kollegen, Vorgesetzte, ehemalige Geschäftspartner usw. von sich aus initiativ wurden und direkt ein Angebot offerierten. Informelle Kanäle sind - ähnlich wie das Arbeitsamt - nicht nur Such-, sondern vielmehr "Findekanäle" bei der man eine Information erhält, ohne sie gezielt gesucht zu haben.

Besonders Angestellte und Meister aber auch Arbeiter profitierten von diesem "Netz" bereits in der Stillegungsphase. Vor allem die Publizität der Schließung führte dazu, daß sie von ehemaligen Geschäftspartnern aus anderen Firmen und von ehemaligen Vorgesetzten oder Kollegen, die bereits früher die Werft verlassen hatten und jetzt in einem anderen Betrieb arbeiteten, angesprochen und auf freie Stellen aufmerksam gemacht wurden.

"Ich mußte nie Arbeit suchen. Ich hatte gleich vier Angebote und davon konnte ich mir eins aussuchen... Diese Angebote sind auf die Fürsprache ehemaliger AG "Weser" Kollegen zurückzuführen. ...(Diesen Arbeitsplatz) habe ich aufgrund einer Empfehlung eines ehemaligen AG "Weser" Betriebsleiters ... erhalten. Er arbeitet selber nicht dort, aber er kennt den Chef." (Meister, 50)

Hier ging die Initiative von den genannten Kontaktpersonen aus, ohne daß der Arbeitsuchende selbst aktiv werden mußte. Ähnlich wirkten die Aktivitäten einiger leitender Angestellter und des Betriebsrates bzw. des Vorstandes des späteren Vereins "Use Akschen". Diese Personen bzw. Institutionen versuchten gezielte Beschäftigungsangebote einzuholen und sie an die Entlassenen weiterzureichen. Über die reine Informationsbeschaffung und -verteilung hinaus versuchten sie zum Teil auch direkt Fürsprache für die ehemaligen AG "Weser"- Beschäftigten in den neuen Firmen zu leisten.

"Ich war insgesamt 2 1/2 Monate arbeitslos. Dann habe ich durch eine Kollegin gehört, daß bei A. jemand für EDV gesucht wird. ... Das lief damals über unseren Personalchef. Der hat sich schwer um die Leute gekümmert. Der hat zu der Kollegin gesagt: 'Mensch, die P. hat noch nichts, ruf mal an'. Unser Personalchef hat viele Firmen angerufen, ob die noch was für uns haben... Er kannte ja Gott und die Welt. Der hat viele untergebracht". (EDV-Sachbearbeiterin, 24)

Weniger organisiert aber ebenso effektiv funktionierten die informellen Kontakte unter den Kollegen. Meist versuchten jene, die bereits irgendwo einen Arbeitsplatz gefunden hatten, auch andere im neuen Betrieb unterzubringen. Wenn sie erfuhren, daß Stellen frei geworden waren oder es interne Ausschreibungen gab, informierten sie von sich aus noch arbeitslose oder eine bessere Beschäftigung suchende Kollegen. Auf diese Weise "hat einer für den anderen geworben und in die Betriebe gebracht".

Diese "Eigendynamik" des ehemals betriebsbezogenen sozialen Netzwerks der Werft funktionierte nicht nur in der direkten Schließungsphase, sondern auch noch Jahre danach. Einigen gelang es so, nach längerer Arbeitslosigkeit doch noch eine Stelle zu finden oder sich durch einen Betriebswechsel zu verbessern. Besonders die Älteren, machten die Erfahrung, daß noch lange Zeit nach der Entlassung ein ehemaliger Vorgesetzter oder Kollege sich an sie erinnerte, sich meldete und ein Beschäftigungsangebot unterbreitete.

Daß dies über einen so langen Zeitraum funktionierte, hängt auch damit zusammen, daß die bestehenden Beziehungen "gepflegt" wurden. Die meisten verließen sich nicht allein darauf, daß irgendwann schon jemand an sie denken würde, sondern trugen auch aktiv zum Erhalt der Beziehungen bei. Es wurde versucht, Bekannte, Kollegen usw. zu aktivieren, sie möglichst oft darauf aufmerksam zu machen, daß man noch Arbeit suchte.

2.5 Das Einstellungsverhalten der regionalen Unternehmen

Die hohe Wiederbeschäftigungsquote ehemaliger AG "Weser"- Arbeitnehmer, die auf der einen Seite nicht zuletzt auf eine offensive selbstbewußte Arbeitssuche zurückzuführen ist, ist auf der anderen Seite auch das Ergebnis eines veränderten Rekrutierungsverhaltens der regionalen Betriebe.

Eine Modifikation der Einstellungskriterien wurde überwiegend von Groß- und Mittelbetrieben vorgenommen, unabhängig von ihrer Branchenzugehörigkeit.

Fast die Hälfte der Wiederbeschäftigten fand erneut in einem Großbetrieb Arbeit.[1] Von den Werftarbeitern sind ein weiters Drittel in Kleinbetrieben und nur knapp ein Viertel von ihnen in Unternehmen mittlerer Größe untergekommen. Demgegenüber sind von den Ange-

Tabelle 26: Wiederbeschäftigung nach Betriebsgröße

	Großbetrieb (>1000 Beschäftigte) in %	Mittelbetrieb (100 - 1000 Beschäftigte) in %	Kleinbetrieb (100 Beschäftigte) in %	n=
Arbeiter[1]	44	24	32	(341)
Angestellte[2]	47	32	22	(157)

1. nur deutsche Arbeiter
2. nur männliche Angestellte
Quelle: Schriftliche Befragung 8/1985

stellten mehr in Mittel- als in Kleinbetrieben beschäftigt.

Von den Arbeitern fanden mehr als ein Fünftel im Bereich der Dienstleistungen und des Handels, also außerhalb des verarbeitenden Gewerbes einen neuen Arbeitsplatz. Von den im verarbeitendem Gewerbe Wiederbeschäftigten ist ein erheblicher Teil im Automobilbau untergekommen, davon ca. 100 im größten Automobilwerk der Region. Dagegen fanden nur wenige wieder im Schiffbau Arbeit.

---

1 Die Angaben basieren auf der schriftlichen Befragung vom August 1985.

Für die Angestellten hatte demgegenüber der Schiffbau eine besondere Bedeutung. Fast 30% der Angestellten - überwiegend Ingenieure - fand dort wieder einen Arbeitsplatz. An zweiter Stelle steht der Dienstleistungssektor und der Handel; fast ein Fünftel der Angestellten fand dort wieder einen Arbeitsplatz.

Die Verteilung der Wiederbeschäftigten auf einzelne Branchen zeigt, daß sie sowohl in Branchen mit einer expandierenden als auch in jenen mit einer abnehmenden Beschäftigungsentwicklung einen Arbeitsplatz gefunden haben.

So weiteten der Automobilbau (+23%) und der Dienstleistungssektor (+1,4%) im Untersuchungszeitraum ihre Beschäftigung aus, während die Arbeitsplätze im Schiffbau um fast 40% verringert wurden. Auch die anderen Branchen (ausgenommen Luftfahrzeugbau) bauten - wenngleich mit geringeren Raten - Beschäftigung ab. Folglich hatten hier die entlassenen Werftarbeiter im wesentlichen nur im Umfang der Fluktuation eine Chance.

Tabelle 27: Wiederbeschäftigung nach Branchen (in %)

Zielbranche	Arbeiter[1]	Angestellte[2]
Dienstleistung, Handel etc.	22	18
Automobilbau	20	12
Schiffbau	14	28
Stahl-Metallverarbeitung	14	10
Maschinenbau	10	10
Eisen-u.Stahlerzeugung	5	2
Elektrotechnik/ Luftfahrzeugbau	4	12
übrige	9	8

1. nur deutsche Arbeiter
2. nur männliche Angestellte
Quelle: Schrifliche Befragung 8/1985

Mit der unterschiedlichen Beschäftigungsentwicklung allein läßt sich die Verteilung der Wiederbeschäftigten auf die Branchen nicht erklären, sondern sie ist vielmehr auf eine spezifische Einstellungspolitik der Betriebe nach der Schließung zurückzuführen.[1]

Die Einstellung ehemaliger AG "Weser"- Arbeitnehmer erfolgte zunächst nach den allgemein üblichen Einstellungskriterien Qualifika-

---

1 Zur Methode der Befragung vergleiche Anhang A.5

tion, Berufserfahrung, Alter, Anzahl der Arbeitslosenphasen, Nationalität und Geschlecht.

"... wir haben die gleichen (Kriterien) angelegt. Wir haben eben versucht, die Besten zu kriegen..." (Großbetrieb)

Bei gleicher Eignung wurden allerdings die ehemaligen AG "Weser"- Beschäftigten gegenüber anderen Bewerbern bevorzugt. Ihr "Bonus" war der gute Ruf der Traditionswerft AG "Weser", denn dort wurde bekanntermaßen gute Arbeit geleistet und die Beschäftigten galten als qualifiziert und zuverlässig. Hinzu kam, daß die ehemaligen Werftbeschäftigten ohne eigenes Verschulden ihren Arbeitsplatz verloren hatten und darum an ihrer Eignung kein Zweifel bestand.

"Die AG "Weser"- Leute waren bekannt dafür, gute Arbeit zu leisten, waren zuverlässig, hatten einen guten Ruf. Vor allem die, die bis zum Schluß geblieben sind, genossen das Vertrauen der Geschäftsleitung, ansonsten hätte man sie nicht so lange behalten. Das waren die Besten, was sich dann ja auch bestätigt hat". (Kleinbetrieb)

Die ehemaligen AG "Weser"- Beschäftigten waren auch deshalb für schiffbaufremde Branchen attraktiv, weil der weitgehend handwerklich orientierte Schiffbau ein besonders breit gefächertes Qualifikations- und Erfahrungspotential erwarten ließ:

"... wir wußten, daß wir Facharbeiter bekamen, die Teamarbeit, Schichtarbeit, Arbeit in Nässe, Kälte und Staub sowie den Arbeitsablauf in einem Großbetrieb kannten" (Großbetrieb)

Diese Erwartungen an die AG "Weser"- Arbeitnehmer wurden bestärkt durch Informationen aus den Medien, in denen ausführlich über den Schrumpfungsprozeß und die Schließung berichtet worden war. Es wurden Informationen über die Belegschaft hinsichtlich ihrer Eignung verbreitet, wie es in dieser Form bei "normal" Entlassenen nicht üblich ist. Insbesondere für kleinere Betriebe waren dies offensichtlich wichtige Informationsquellen, die letztlich dazu führten, den entlassenen Werftarbeitern und Angestellten den Vorzug zu geben.

Mittlere und größere Unternehmen verließen sich dagegen nicht nur auf den Ruf, sondern versuchten das Risiko einer Fehlrekrutierung niedrig zu halten, indem sie mit der Personalabteilung oder anderen Vertretern der AG "Weser" Kontakt aufnahmen und bestimmte Qualifikationen nachfragten - sich somit Empfehlungen geben ließen - oder sich gezielt über einige Arbeitnehmer informierten.

"...Bei den Angestellten erfolgte die Bewerbung aber oft aufgrund eines vorab geführten Gesprächs ... zwischen den Personalabteilungen ... Die gewerblichen Arbeitnehmer haben sich meistens aufgrund der Vermittlung dieser Angestellten bei uns beworben." (mittlerer Betrieb)

"Insbesondere im Angestelltenbereich wurden die Leute gehandelt, d.h. die Fachabteilungen (eines Betriebes) und der AG "Weser" haben sich zusammengesetzt und über Bedarf und Qualifikationsangebot gesprochen. Die kannten sich meistens auch persönlich, was von Vorteil war. Von daher haben sich die jeweiligen Personalabteilungen in diese Verhandlungen nur selten eingeschaltet." (Großbetrieb)

Zum Teil sind auch Vertreter der Werft ihrerseits an einige Betriebe herangetreten und haben um eine bevorzugte Einstellung nachgesucht.

"Die bevorzugte Einstellung für den Zeitraum Januar bis März 1984 ist zum einen auf das Eintreten von Betriebsrat und Personalabteilung der AG "Weser" zurückzuführen und zum anderen darauf, daß wir wußten, daß wir Facharbeiter bekamen..." (Großbetrieb)

In einigen Fällen wurden aber auch Beschäftigte direkt angesprochen, weil aus früheren Kontakten bereits näheres über ihre Qualifikation bekannt war.

"Wir haben sie direkt angesprochen, weil wir sie von der Zusammenarbeit der Werften her kannten." (mittlerer Betrieb)

Eine wichtige Rolle bei der Rekrutierung spielte außerdem die Bewerbung: Bei über der Hälfte der befragten Unternehmen ist die Einstellung ehemaliger AG "Weser"- Arbeitnehmer auf Direktbewerbungen zurückzuführen, wobei diese Bewerbungen anscheinend besonders berücksichtigt wurden. Auf formellen und informellen Wegen eingeholte Informationen schränkten für die Betriebe das Risiko einer Fehlrekrutierung zusätzlich ein.

"Hätten sich andere beworben, wären sie miteinbezogen worden. Aufgrund der vorhandenen Verbindungen war es natürlich ein kleineres Risiko, Arbeitnehmer von der AG "Weser"einzustellen... Über Drähte, die ja in diesem Fall bestanden, konnte man das (ob sie den Qualifikationsanforderungen entsprechen) vorab in Erfahrung bringen." (mittlerer Betrieb)

Erfolgten die Bewerbungen auf Anregung bzw. Fürsprache ehemaliger Mitarbeiter, wurde meist auf Erkundigungen bei der AG "Weser" verzichtet.

"Sie haben sich auf Anregung eines Meisters beworben, der schon eher von der AG "Weser"zu uns gekommen war und sie sozusagen nachgeholt hat." (Kleinbetrieb)

Zu einer bevorzugten Einstellung führte allerdings auch eine - nicht zuletzt von der Öffentlichkeit erwartete - soziale und moralische Verantwortung für die entlassene Belegschaft.

Das größte Unternehmen in der Region beispielsweise, sah sich in Bezug auf die Einstellung ehemaliger AG "Weser"- Arbeitnehmer dem Erwartungsdruck der Öffentlichkeit ausgesetzt, nachdem noch vor der Schließung der damalige Bürgermeister öffentlich bekannt gegeben hatte, daß das Bremer Werk demnächst rd. 1000 zusätzliche Arbeitskräfte einstellen und dabei vor allem Entlassene aus dem Schiffbau berücksichtigen wolle (Nordsee Zeitung vom 19.9.83). Wenig später warnte der Pressesprecher des Werkes vor einem derartigen Optimismus und hielt die genannte Zahl für unrealistisch. Er bekräftigte allerdings die Bereitschaft, "im Rahmen der Möglichkeiten ehemalige Werftarbeiter bei Eignung und nach gegebenfalls erforderlicher Umschulung einzustellen" (Bremer Nachrichten vom 7.9.83). Insofern kam man dann doch der indirekten Verpflichtung gegenüber der Öffentlichkeit nach, Werftarbeitnehmer einzustellen. Auch sollen einige Einstellungen auf Fürsprache von Politikern bzw. Betriebsrat aus sozialen Gesichtspunkten erfolgt sein.

Vor allem ein öffentlicher Betrieb fühlte sich angesichts der Arbeitsmarktsituation in der Region verantwortlich gegenüber den unverschuldet Entlassenen und stellte u.a. auch ältere ehemalige AG "Weser"- Beschäftigte ein. Der Personalleiter drückte es so aus:

"Diese Bevorzugung war aufgrund ihrer unverschuldeten Arbeitslosigkeit...es ist unsere soziale Grundeinstellung, diesen Menschen zu helfen."

Eine arbeitsmarktpolitische Verpflichtung machten auch andere Unternehmen geltend:

"Als eines der größten Unternehmen in Bremen haben wir uns verpflichtet gefühlt zu helfen. Bei gleicher Qualifikation haben wir dem Bewerber von der AG "Weser" den

Vorzug gegeben... Wir haben aus unserer eigenen arbeitsmarktpolitischen Verpflichtung heraus gehandelt." (Großbetrieb)

"Bei den durch die Massenentlassung arbeitslos Gewordenen wollten wir die Situation etwas verbessern, Mitleid wäre da etwas zuviel gesagt, Menschlichkeit ist da wohl das richtige Wort." (mittlerer Betrieb)

Doch auch Einstellungen, die mit sozialer Verantwortung begründet werden, wurden nach den üblichen Einstellungskriterien vorgenommen, daß heißt, nur bei gleicher Eignung wurden ehemalige AG "Weser"- Arbeitnehmer bevorzugt.[1] Daß damit zugleich andere Arbeitssuchende möglicherweise verdrängt wurden und sie vor allem dort, wo informelle Rekrutierungswege beschritten wurden, keine Bewerbungschancen erhielten, darf allerdings als Kehrseite dieses Einstellungsverhaltens der Betriebe in der Bremer Region nicht unterschlagen werden.

---

[1] In dem einen oder anderen Falle mag zusätzlich zu den genannten Motiven einer Bevorzugung auch die "finanzielle Unterstützung" im Rahmen von EG-Strukturbeihilfen eine Rolle gespielt haben. Es handelt sich hierbei um ein Programm der Europäischen Gemeinschaft, mit dem Ziel, regionale Ungleichgewichte in der Gemeinschaft zu verringern (EFRE, Europäischer Fonds für regionale Entwicklung). Für die Bundesrepublik sind Strukturbeihilfen für Stahl-, Schiffbau-, Fischerei- und Textilregionen bewilligt worden.

2.6 Dauerarbeitslosigkeit und Ausgrenzung

Die für fast alle Werftbeschäftigten zunächst prognostizierte "Katastrophe" langandauernder Arbeitslosigkeit oder völliger Ausgrenzung vom Arbeitsmarkt ist "nur" für Teilgruppen der Belegschaft wie viele Ältere, Ausländer und Frauen tatsächlich eingetreten. Ihre Statusveränderung in Erwerbslose, Rentner, Hausfrauen oder Rückkehrer signalisiert, daß sie die eigentlichen Opfer der Stillegung sind. Ihre soziale und materielle Lebenssituation hat sich grundlegend geändert, ist jedoch bei den "Dauerarbeitslosen" und "Ausgegrenzten" nicht einheitlich.

Die Situation der "Dauerarbeitslosen" ist von einem allmählichen sozialen Abstieg und einem ständig sinkenden Lebensstandard geprägt. Eine Verbesserung ihrer Lage ist nur durch die Wiederaufnahme einer Beschäftigung möglich. Ihre einzige Perspektive ist, wieder in den Erwerbsprozeß zurückzukehren.

Die "Ausgegrenzten" konnten dagegen in eine gesellschaftlich anerkannte, alimentierte und auch subjektiv akzeptierte neue Rolle wechseln. Für sie hat ein neuer Lebensabschnitt begonnen. Ihre vorrangige Perspektive besteht zunächst darin, sich in die neue Rolle einzugewöhnen und sich ihr anzupassen.

Als faktisch ausgegrenzt müssen dabei auch jene gelten, die trotz ihres Status als Arbeitslose den Gedanken an eine Wiederbeschäftigung inzwischen aufgeben und sich für die Zukunft auf eine neue Rolle eingestellt haben. Dieses gilt vor allem für ältere Arbeitslose über 55 Jahre.

"Ich habe mich gleich auf die Rente eingestellt. Arbeit suchen war ich nicht mehr."
(Schlosser, 57)

"Dauerarbeitslose" und "Ausgegrenzte" sind also nach der Stillegung mit unterschiedlichen Problemen konfrontiert, auf die wiederum die Bedingungen der Stillegung einen entscheidenden Einfluß hatten.

"Dauerarbeitslose"

Verschiedene Untersuchungen (z. B. Wacker 1976, Jahoda 1983) belegen, daß die Problemlage von Langzeitarbeitslosen besonders dadurch gekennzeichnet ist, daß

— durch erheblich eingeschränkte finanzielle Mittel die Handlungsmöglichkeiten reduziert werden,

— die soziale Situation sich verändert, weil sich durch Statusverlust und Diskriminierung die soziale Position verändert und durch eine Reduzierung sozialer Kontakte die Gefahr einer Isolierung steigt,

— die Zeitstruktur und Zeitperspektive sich verändert, weil eine durch die Arbeit vorgegebene Zeitstruktur fehlt und durch eine unsichere Zukunft langfristige Planungen unmöglich sind.

"Aus diesen Gründen erleben Arbeitslose einen Kontrollverlust über die eigenen Lebensbedingungen, sie fühlen sich zunehmend hilflos und hoffnungslos, sie verlieren an Selbstvertrauen und Selbstwertgefühl... Depression, Fatalismus und Apathie treten mit zunehmender Dauer der Arbeitslosigkeit verstärkt auf." (Strehmel/Degenhardt 1987, S.140).

Folgen dieser Art sind auch bei den "Dauerarbeitslosen" der Werftschließung festzustellen. Finanziell sind die meisten inzwischen ausschließlich auf die Arbeitslosenhilfe und gegebenfalls zusätzlichen Leistungen wie Wohngeld und Sozialhilfe angewiesen.

"Am schlimmsten ist das Finanzielle und manchmal weiß ich nicht, wie es weitergehen soll. Ich weiß oft nicht, wie wir die nächsten Raten aufbringen können." (Kranführer, 52)

Die jetzige Situation wird als inhaltsleer und unstrukturiert begriffen, langfristige Planungen erscheinen unmöglich, Resignation und Fatalismus sind weit verbreitet.

"Das hat mich doch alles ziemlich hart getroffen. Nun muß ich die ganze Zeit zu Hause sitzen und weiß nicht, was ich machen soll. Ich lese mal ein Buch, schaue Fernsehen, gehe spazieren. Was soll ich sonst machen. Ich habe keine Lust mehr. aber ich muß es wohl immer weiter versuchen." (Schweißer, 44)

"Aber wissen sie, ich hab mich so dermaßen damit abgefunden, daß es mir so elend geht, was soll ich da groß klagen. Mir geht's doch eigentlich gut ... Ich sitz hier in meiner Höhle und die draußen können mich mal ... das Leben ist ein Lottospiel und Lottospiele kann man verlieren. Und ich hab's eben verloren. Einer muß ja verlieren." (Elektriker, 51)

Die veränderte soziale Situation stellt eine erhebliche Belastung dar, nicht nur für die Betroffenen selbst, sondern auch für deren Familien.

"Der Junge sagt oft zu mir, 'seh doch endlich mal zu, daß Du wieder Arbeit kriegst., Du hängst hier schon so lange rum'. Ich sag ihm dann immer, 'ich würde ja lieber heute als morgen gehen'. Meine Arbeitslosigkeit ist schon eine Belastung, nicht nur für mich, auch für die Familie." (Kranführer, 52)

Die Problemlagen der "Dauerarbeitslosen" stellen sich allerdings unterschiedlich dar. Sie können variieren, weil z.B. verschiedene Möglichkeiten bestehen, die Folgen des Verdienstausfalls im Rahmen eines von mehreren Personen getragenen Haushaltseinkommens zu mildern oder weil durch eigenen Hausbesitz oder eine Gartenparzelle und damit verbundene Aufgaben wenigstens der Tagesablauf strukturiert und eine sinnvolle Tätigkeit ausgeübt werden kann (vgl. Häußermann/Petrowski 1989).

Unterschiede zu "normalen" Dauerarbeitslosen gibt es allerdings in Hinsicht auf die sozialen Kontakte. Die Gefahr der sozialen Isolierung ist anscheinend bei den Entlassenen der Betriebsstillegung nicht so groß, wie bei anderen Arbeitslosen. Das frühere soziale Netzwerk des Betriebes hat zumindest für einen großen Teil der "Dauerarbeitslosen" die Funktion eines sozialen Kontaktfeldes behalten. Besonders dort, wo der frühere Zusammenhalt in organisierter Form aufrecht erhalten wird, besteht für die Arbeitslosen die Möglichkeit, einer sozialen Isolierung zu entgehen. Eine spezifische Funktion hat dabei der Verein "Use Akschen", der nach der Schließung gegründet wurde, um u.a. über die Einhaltung der bei der Stillegung vereinbarten Verträge zu wachen. Daneben bemühte er sich besonders um den Zusammenhalt der Belegschaft nach der Stillegung.

"Im Verein bin ich Mitglied, ich gehe auch öfters hin ... Ich meine es ist gut, daß es den Verein gibt ... Das Beste ist, daß wir uns dort immer treffen können, daß wir dort zusammenkommen, so hört man, was los ist, und das ist gut so ... Dort treffe ich mich viel mit Kollegen. Das ist auch wichtig, daß man den Kontakt hält." (Schweißer, 49)

Auch außerhalb des Vereins wird von den "Dauerarbeitslosen" versucht, die alten Kontakte zu pflegen. Die vorangegangenen gemeinsamen Erfahrungen auf der Werft erleichtern ihnen dies.

Ob auch das Selbstbewußtsein dieser "Dauerarbeitslosen" weniger gelitten hat als bei anderen Arbeitslosen, ist nicht eindeutig zu klären. Deutlich wird allerdings, daß hinsichtlich der Schuldfrage für das Entstehen der neuen Situation kaum Zweifel aufkommen. Alle wissen, daß sie unverschuldet arbeitslos wurden und das Opfer der Entscheidungen anderer sind. Diese Einschätzung findet ihren Ausdruck in dem oft vehement vorgebrachten Zorn und der Verbitterung über den Konzern und die Politiker. Hier wird die erlittene Frustration deutlich nach außen gekehrt und nicht (nur) als Depression nach innen.

Daß man sich frei von "Eigenverschulden" hält und dementsprechend keine Selbstzweifel hat, ist eine Haltung, die allerdings nur für die Zeit unmittelbar nach der Schließung gilt. Die Tatsache, daß man drei Jahre nach der Schließung immer noch arbeitslos ist, kann dagegen subjektiv mit äußeren Umständen allein nicht mehr erklärt werden. Nun müssen auch Alter, Gesundheit usw. begründen, warum man im Gegensatz zu anderen es nicht geschafft hat, einen neuen Arbeitsplatz zu finden. Nach wie vor fühlt man sich als Opfer der Stillegung, aber es wachsen die Selbstzweifel, da man die andauernde Situation der Arbeitslosigkeit auch im Verhältnis zu den wiederbeschäftigten Kollegen interpretieren muß. In dieser Hinsicht ähnelt dann das Bewußtsein der "Dauerarbeitslosen" dem anderer Langzeitarbeitsloser. Besonders Selbstvorwürfe, man hätte bereits im Vorfeld der Schließung anders handeln sollen, sind häufig. Resignierend wird festgestellt: "Nachher ist man immer klüger".

Abgesehen von diesen eher sozialpsychologischen Unterschieden entspricht die Lage der "Dauerarbeitslosen" aus der Werftschließung weitgehend der anderer Langzeitarbeitsloser. Für sie war die Stillegung tatsächlich eine finanzielle, soziale und persönliche "Katastrophe", die durch keine besonderen sozial- oder arbeitsmarktpolitischen Maßnahmen gemildert wurde.

Die "Ausgegrenzten"

Für einen Teil der Belegschaft hatte die Schließung eine faktische Ausgrenzung vom Arbeitsmarkt zur Folge. Viele ausländische Arbeiter kehrten in ihre Heimatländer zurück. Möglicherweise benutzten einige von ihnen die erhaltene "Rückkehrpämie" sowie zurückerstattete

Rentenbeiträge und Erspartes, um sich in ihrer Heimat eine selbständige Existenz aufzubauen.[1]

Einige Frauen übernahmen (wieder) eine Rolle als Hausfrau, weil sie davon ausgingen, eine Fortsetzung ihrer Berufstätigkeit sei aussichtslos. Sie verzichteten nach anfänglichen Mißerfolgen auf eine weitere Arbeitssuche und versuchten sich mit der Rolle als Nur-Hausfrau zu arrangieren, sie mit positiven Inhalten zu füllen und sie nicht nur als negative Ausgrenzung zu erleben.

"Mein Mann und alle haben gesagt, jetzt geht alles kaputt. Aber so schlimm war das gar nicht ... Es fehlt einem, daß man da nicht mehr hin kann ... Auf der Werft waren wir eine große Familie ... Und als das alles nicht mehr war, sind wohl auch viele seelisch krank geworden... Mich selbst hat das vielleicht nicht so getroffen. Ich habe ja Familie, um die muß ich mich kümmern." (Arbeiterin, 49)

Für die entlassenen deutschen Männer kam nur die Verrentung als Form der Ausgliederung in Frage. Da nur sehr wenige das entsprechende Alter erreicht hatten, um nach der Entlassung sofort die flexible Altersgrenze und damit die Rente in Anspruch nehmen zu können, und auch nur wenige eine völlige Erwerbsunfähigkeit geltend machen konnten, um früher als üblich auszuscheiden, war für die älteren Arbeiter und Angestellten die Frühverrentung über das vorgezogene Altersruhegeld der typische Weg aus dem Arbeitsmarkt.

Auf diese Weise konnten sie mit vollendetem sechzigstem Lebensjahr in den Ruhestand treten. Voraussetzung dafür war allerdings mindestens ein Jahr Arbeitslosigkeit vor der Verrentung. Da die meisten Älteren bei ihrer Entlassung das 59ste Lebensjahr noch nicht erreicht hatten und sie z.B. als 55- oder 56jährige keine Aussichten auf eine Wiederbeschäftigung hatten, folgte für die Mehrzahl von ihnen eine mehr als einjährige Arbeitslosigkeitsphase, bis sie das vorgezogene Altersruhegeld beantragen konnten. Damit öffnete sich für sie eine deutliche Einkommenlücke zwischen Entlassung und Verrentung, weil sie in dieser Zeit nur auf das Arbeitslosengeld bzw. die Arbeitslosenhilfe angewiesen waren.

---

1 Aussagen der befragten Ausländer die in Bremen geblieben sind, deuten darauf hin, daß viele ihrer Kollegen mit der Absicht, sich eine selbständige Existenz aufzubauen, in die Heimat zurückgegangen sind.

Beschäftigte ältere Arbeitnehmer über 55 Jahre genießen in der Metallindustrie normalerweise einen weitreichenden Kündigungsschutz. Eine Frühverrentung erfolgt bei ihnen nur im Rahmen tarifvertraglicher Regelungen oder einzelner Sozialpläne, durch die entstehende Einkommensausfälle mittels Abfindungen oder regelmäßigen Zahlungen ausgeglichen werden (z.B. die sog. 59er-Regelung). Ohne wesentliche Einkommenseinbußen erleiden zu müssen, können so in einigen Betrieben bereits 55jährige in den Ruhestand treten (Runte 1984, S.15). Bei der Werftschließung gab es nur sehr unzureichende Regelungen dieser Art. Der ausgehandelte Sozialplan für die Stillegung sah vor, daß eine Abfindung abhängig von der Betriebszugehörigkeitsdauer von durchschnittlich 8.000 DM bzw. bis zu 15.500 DM gezahlt wurde. Die finanziellen Einbußen von einem Jahr Arbeitslosigkeit konnten damit, lange Betriebszugehörigkeit vorausgesetzt, teilweise ausgeglichen werden. Für eine mehrjährige Arbeitslosigkeit, bei der zudem noch das Arbeitslosengeld durch die Arbeitslosenhilfe abgelöst wurde, reichte das sicher nicht. Zwar gab es daneben noch eine Sonderregelung für Schwerbehinderte, denen angeboten wurde, bis zur Frühverrentung bei der Seebeckwerft in Bremerhaven zu arbeiten, doch der lange Weg zur Arbeit sowie die gebotenen Arbeitsbedingungen führten dazu, daß viele dieses Angebot ausschlugen und arbeitslos wurden.

"Im Gespräch mit den Seebeck-Leuten haben die knallharte Bedingungen genannt. Die erste war Schichtarbeit, das hätte ich noch in Kauf genommen; die zweite war, daß wir uns in Bremerhaven ein Zimmer nehmen sollten, weil wir nach der Schichtarbeit nicht mehr nach Hause kamen und die dritte war daß wir zu 80 % Kurzarbeit machen mußten .... Das konnte man einfach nicht annehmen." (Dreher, 56)

Da es für die Älteren auch keine gezielten staatlichen oder von der Arbeitsverwaltung initiierten Maßnahmen gab, wurde der Verdienstausfall bis zur Frühverrentung nicht ausgeglichen. Das hatte zur Folge, daß etliche ältere Entlassene vor ihrem Eintritt in den Ruhestand zum "Sozialfall" wurden.

"Auf der AG "Weser" hatte ich 1.800 DM netto... Als ich arbeitslos wurde habe ich dann ungefähr 1.029 DM im Monat bekommen. Plötzlich kam dann ein Brief vom Arbeitsamt., daß ich jetzt nur noch Arbeitslosenhilfe bekomme. Da hat man dann das Geld von meiner Frau auch mit angerechnet, so daß ich nur noch 676 DM im Monat an Arbeitslosenhilfe bekomme. Dazu bekommen wir noch 154 DM Wohngeld. Meine Frau ist jetzt auch arbeitslos geworden und bekommt 147 DM Arbeitslosengeld.

Das wird mir angerechnet ... Von dem bißchen Geld, was wir jetzt bekommen müssen wir leben. Wir sind genau an der Grenze dessen, wo man nichts mehr kriegt beim Sozialamt oder so." (Schlosser, 56)

Daß dies vielen Ausgegrenzten erspart blieb, ist letztlich nur Zufällen oder individuellen Anstrengungen zu verdanken und nicht betrieblichen oder staatlichen sozialen Regelungen.

Zu den Zufällen, durch die der soziale Abstieg wenigstens gemildert werden konnte, gehörten die Änderungen des Arbeitsförderungsgesetzes von 1985, nach denen ältere Arbeitslose statt nur ein Jahr zunächst anderthalb und dann zwei Jahre Arbeitslosengeld beziehen konnten. Voraussetzung dafür war, daß sie bei Inkrafttreten der Gesetzesänderung noch im Leistungsbezug standen. Vor allem jene Älteren, die erst zum 30.6.84 entlassen wurden, konnten in den Genuß der Neuregelung kommen. Fehlten ihnen mitunter einige Wochen oder Tage, um die Fristen einzuhalten, so versuchte mancher durch eine Krankschreibung den Bezug des Arbeitslosengeldes zu verlängern.

"Nur wer bis zum 31.12.1985 im Leistungsbezug war, konnte zwei Jahre Arbeitslosengeld erhalten. Mir fehlten damals zwei Tage. Da hat die Deern vom Arbeitsamt mir geraten, lassen sie sich zwei Tage krankschreiben. So wird man durch den Gesetzgeber zu Kriminellem getrieben." (Werkmeister, 57)

Zusätzlich zu dieser Möglichkeit machten andere eine Erwerbsminderung geltend, um zusätzlich zum Arbeitslosengeld eine Teilrente zu beziehen.

Schließlich versuchten einige auch durch Schwarzarbeit ihre Einkommensausfälle bis zur Rente auszugleichen.

Wem es auf diese Weise gelang, die Zeit bis zur Rente zu überbrücken, schätzte sich selbst als "einer der Glücklichen aus dem Elend der AG "Weser" ein, weil er finanziell noch glimpflich davongekommen war. Insgesamt stellt diese Gruppe jedoch eine Minderheit dar. Die meisten mußten bis zur Verrentung mit erheblichen Verdiensteinbußen leben[1].

---

1 Auf das Haushaltseinkommen bezogen, betrugen die Einbußen in einem Zeitraum von 4 1/2 Jahren nach der Schließung bei "Dauerarbeitslosen" und "Ausgegrenzten" im Durchschnitt insgesamt etwa 30.000 bis 40.000 DM. Im Extremfall konnten sie bis zu 90.000 DM betragen (vgl. Häußermann/Petrowsky 1989).

Als negative Folge der Stillegung wurden aber nicht nur die Einkommensverluste empfunden. Auch die Tatsache, zu früh und vor allem unfreiwillig aus dem Erwerbsleben scheiden und sich an eine neue Lebensphase gewöhnen zu müssen, wurde als negativ und belastend empfunden.

Da Rentner normalerweise aus einer Beschäftigung heraus in den Ruhestand wechseln, treten i.d.R. nur Eingewöhnungsprobleme auf, die auf den Verlust der Arbeit und der betrieblichen Sozialkontakte zurückzuführen sind. Die meisten können sich schon vor dem eigentlichen Ruhestand auf ihre neue Lebenssituation einstellen und die Eingewöhnungsprobleme meist relativ rasch lösen. Die Eingewöhnungs- und Anpassungsprobleme jedoch wachsen, wenn der Wechsel in den Ruhestand unfreiwillig erfolgt (Friedmann/Weimer 1982).

Bei der Werftstillegung ist der Wechsel von der Erwerbstätigkeit in den Ruhestand gerade durch die Unfreiwilligkeit gekennzeichnet. Die Ausgegrenzten sind vor der Schließung davon ausgegangen, bis zur Verrentung im selbstgewählten Alter von 60, 63 oder 65 auf der Werft beschäftigt zu bleiben. Für sie war die Entlassung und die dann einsetzende Erkenntnis, daß angesichts der schlechten Arbeitsmarktchancen "das Arbeitsleben wohl gelaufen ist", ein Schock, weil sie völlig unvorbereitet vor der Situation standen, einen neuen Lebensabschnitt beginnen zu müssen. Die wenigen Monate zwischen der Stillegungsankündigung und der Entlassung reichten nicht aus, sich "seelisch" auf die kommende Umwälzung der bisherigen Lebenszusammenhänge einzustellen.

"Ich bin einfach zu früh Rentner geworden, was das Häusliche betrifft. Das ist einfach nicht gut, jetzt schon die ganze Zeit zu Hause zu sein." (Dreher, 56)

Die eigentliche Eingewöhnungsphase begann bei den meisten dann in der Arbeitslosigkeit. Davon ausgehend, daß sich für sie keine Erwerbsmöglichkeit mehr finden würde, begannen die Ausgegrenzten in dieser Phase, sich mit dem Ruhestand entsprechenden Verhaltensmöglichkeiten vertraut zu machen.

"Die Hoffnung, Arbeit zu finden, die hat sich am Alter zerschlagen. Ich hab mir damals neue Aufgaben gesucht. Hab im Haushalt mitgemacht, mit meiner Frau im Sommer Radfahrten gemacht. Im Winter sind wir spazieren. Und ich hab ein neues Hobby ... das füllt mich sehr aus... Aber im Grunde genommen bin ich traurig. Ich war nicht damit einverstanden, in einem Alter, und zumal ich noch gesund bin, aufzuhören zu arbeiten." (Werkmeister, 57)

Dadurch, daß diese Phase bei vielen jedoch mit finanziellen Einschränkungen verbunden ist, wird eine echte Anpassung an den Ruhestand erschwert, weil die materiellen Möglichkeiten fehlen, bestimmten Aktivitäten nachzugehen, soziale Kontakte aufrecht zu erhalten oder neu zu schaffen. Nur ein bereits geschaffener Besitzstand, wie z. B. ein eigenes Haus oder eine Gartenparzelle, erleichtern dann den Übergang.

"Die erste Zeit, die ersten zwei Jahre waren schon furchtbar, wenn ich meinen Garten nicht gehabt hätte, dann ... Ich versuchte mich abzulenken. Besonders im Winter, jetzt wo ich auf der Parzelle nichts machen kann, kümmere ich mich um Sport. Wir treffen uns immer in der Nachbarschaft, in einer Kneipe und diskutieren und machen und tun in einem Sportverein ... Das brauche ich auch, damit ich nicht immer an die alten Zeiten denken muß. Im Sommer habe ich meine Parzelle. das ist auch gut. Dann habe ich immer was zu tun. Dann fällt es nicht so schwer nur zu Hause zu sein." (Stemmer, 56)

Für die meisten ausgegrenzten Arbeiter der Werft ohne eigenen Hausbesitz scheint es typisch zu sein, daß sie sich im Ruhestand vorrangig um die Ausgestaltung der eigenen Gartenparzelle als neue Aufgabe gekümmert haben.

Andere wenden sich stärker einzelnen (kunst)handwerklichen Hobbys zu oder stürzen sich in eine aktive Vereinsarbeit, was für ehemalige Angestellte typisch zu sein scheint.

"Natürlich ist das Rentnerdasein auch nicht so einfach. Aber ich habe verschiedene Aktivitäten, die ich in meiner Freizeit machen kann. Ich bin sportlich interessiert und in den Vorständen von verschiedenen Vereinen. Außerdem bin ich im Vorstand der Hauseigentümergemeinschaft. Das ganze war natürlich eine Umstellung, die nicht leicht fällt ... Die Schließung war schon schwer zu verkraften. Das hat mir damals gesundheitliche Probleme gebracht. Die Gedanken kreisten immer wieder um die AG "Weser". Man war zu verwachsen mit der Firma. Heute hat sich alles wieder normalisiert." (Angestellter, 58)

Auch wenn die meisten sich inzwischen an ihre neue Situation gewöhnt haben, war der Weg dorthin sehr schmerzlich, weil die Stillegung zu plötzlich kam und man gezwungen war, sich eine zeitlang materiell deutlich einzuschränken. Unzufrieden sind die meisten mit der Art und Weise, mit der sie in den Ruhestand gedrängt wurden.

Sie erlebten diesen Übergang deutlich krisenhafter als dies bei "normalen" Verrentungen der Fall ist. Vergleichsweise gut bewältigt wurde er von jenen, die das vorzeitige Ausscheiden aus dem Erwerbsleben ausdrücklich begrüßten, weil sie der Meinung waren, in ihrem bisherigen Leben "genug malocht" zu haben und den Ruhestand als verdienten Ausgleich dafür betrachteten. Vorübergehende finanzielle Einbußen und eine etwas geringere Rente wurden dabei als nicht so wichtig angesehen.

Wo gezielte Maßnahmen, wie z.B. Umschulungen fehlten, um die Dauerarbeitslosigkeit zu verhindern bzw. die Zeit bis zur Verrentung zu überbrücken und eine finanzielle Unterstützung durch die geringen Abfindungen nicht gegeben war, waren die Betroffenen auf sich gestellt und mußten die durch die Stillegung verursachten Probleme für sich allein lösen. Abhängig von den individuell verfügbaren Möglichkeiten, hatte die Stillegung für sie unterschiedliche Folgen. Während die "Ausgegrenzten" nach einer meist schwierigen Übergangszeit zu einer neuen Normalität finden konnten, bleiben die "Dauerarbeitslosen" dem Risiko des Arbeitsplatzverlustes und den Selektionsmechanismen des Arbeitsmarktes ausgeliefert. Für viele von ihnen waren die Stillegung und die nachfolgende Arbeitslosigkeit mit finanziellen, sozialen und persönlichen Problemen verbunden, die sie allein aus eigener Kraft nicht beheben konnten.

Daß sie quantitativ innerhalb der ehemaligen Belegschaft nur eine untergeordnete Rolle spielen, darf nicht darüber hinweg täuschen, daß durch die Stillegung massiv in ihr Leben eingegriffen wurde, ohne daß ihnen geholfen wurde oder sie die Möglichkeit hatten, sich selbst zu helfen.

2.7 Von der AG "Weser" in die Selbständigkeit
(Dieter Bögenhold)

Einige ehemalige AG "Weser"- Arbeitnehmer werden durch die Kategorien "beschäftigt" - "arbeitslos" - "ausgegrenzt" nicht erfaßt, weil sie nach der Schließung in eine selbständige Erwerbstätigkeit wechselten. Sie haben damit sich selber und nicht selten auch anderen einen neuen Arbeitsplatz geschaffen. Der Prozeß, der zu diesen Existensgründungen führt, gibt nicht nur Einblick in die einzelnen Schritte und Muster der beruflichen Mobilität des "Selbständigmachens", sondern auch Hinweise darauf, in wieweit die Hoffnungen auf einen beschäftigungsfördernden Effekt von Existenzgründungen in der Praxis bestätigt werden.

Der Weg in die Selbständigkeit steht aus Wettbewerbsgründen nicht allen Arbeitssuchenden offen. Er kann immer nur von einigen beschritten werden. Es stellt sich die Frage nach den spezifischen Voraussetzungen und Bedingungen des Selbständigmachens. Ausschlaggebend sind dabei im allgemeinen das Startkapital, spezifische Kenntnisse und Fertigkeiten sowie mitunter spezifische extra-funktionale Fähigkeiten. Im Sonderfall der Existenzgründung nach einer Betriebsschließung kommt außerdem hinzu, daß aufgrund der kollektiven Erfahrung einer ungewollten Unterbrechung des bisherigen Berufsverlaufs gemeinsam gehandelt wird, indem als Teilhaber oder in abhängiger Beschäftigung vorrangig ehemalige Kollegen berücksichtigt werden.

Insgesamt ist die Zahl der Selbständigen aus der Gesamtzahl der ehemaligen Werftbeschäftigten relativ gering. Von nicht wenigen wurde zwar mit dem Gedanken an eine Selbständigkeit gespielt, aber knapp die Hälfte hat diesen Weg von vornherein abgelehnt, weil sie als zu unattraktiv eingeschätzt wurde und man darin keine persönliche Perspektive sah.

"Selbständig, das liegt mir nicht, da bin ich nicht der Typ für. Leute antreiben, da habe ich ein bißchen Angst. Und dann, wenn man selbständig ist, da hat man ja auch größere Sorgen." (Schlosser, 45)

"Nein, ich habe zwar die Meisterprüfung aus Schlesien, die wird hier auch anerkannt, aber es ist auch etwas wert, wenn man von der Arbeit kommt und hinter dem Tor ist und denkt, jetzt bin ich ein freier Mensch." (Schlosser, 49)

"Nein, auf keinen Fall. Das sieht man an meinem Schwager, der hat schwer zu kämpfen. Lieber nachts ruhig schlafen und daß monatlich regelmäßig was auf dem Konto ist." (Schweißer, 47)

Andere haben hingegen schon stärker an eine selbständige Erwerbstätigkeit gedacht, das aber verworfen, weil es ihnen zu riskant erschien oder andere Voraussetzungen (Geld, Zeugnisse etc.) fehlten.

"Wenn man Geld hätte. Diskutiert haben wir darüber. Aber was diskutiert man nicht alles, wenn man arbeitslos ist." (Schweißer, 46)

"Oh ja, ich hätte mich gern selbständig gemacht, aber meine Frau war dagegen. Das Risiko wäre zu groß und finanziell hätte ich mindestens 30.000 DM haben müssen." (Maschinenschlosser, 46)

Risikoscheu, das Fehlen von Geld, Zeugnissen oder einer entsprechenden Geschäftsidee hielt diejenigen letztlich davon ab, die nicht prinzipiell gegen den Einstieg in die Selbständigkeit waren. Überraschend oft wurde die Idee diskutiert, dann aber keine weiteren Schritte unternommen, weil nach gründlicher Abwägung der Vor- und Nachteile und der persönlichen Voraussetzungen Bedenken im Hinblick auf eine erfolgreiche Realisierung bestanden.

"Ja, ich wollte mich selbständig machen, und war mich erkundigen. Das Startkapital war da, eine Werkstatt hätte man mir gegeben. Ich hatte schon beim Hausbau viel in Sanität und Heizung gemacht. Aber ich hätte den Sanitärmeister machen müssen. Das dauert eineinhalb Jahre. Zeitweilig habe ich bei so einem Betrieb auch mitgeholfen, im halben Jahr nach der Schließung. Aber mit 47 sich selbständig machen, das war mir dann doch zu riskant." (Schlossermeister, 47)

Einige hatten allerdings den Schritt in die Selbständigkeit als Alternative zur Erwerbslosigkeit tatsächlich vorgehabt, diesen dann aber letztlich nicht vollzogen, weil sie zwischenzeitlich andere Beschäftigungsverhältnisse fanden.

"Ja, ich hätte einen Kleinbetrieb aufgemacht. Eine Zimmerei, Gerüstbau, aber dann kam die Stelle bei X dazwischen." (Schiffszimmerer, 39)

Es bleiben schließlich diejenigen, die den Schritt in die selbständige Erwerbstätigkeit tatsächlich vollzogen haben. Die einzelnen Wege in die berufliche Selbständigkeit waren dabei ebenso unterschiedlich, wie die Motive und persönlichen, fachlichen und finanziellen Voraussetzungen für diesen Schritt. Dasselbe gilt für den Verlauf der Existenzgründungen und deren Erfolg.

Insgesamt sind 25 Selbständige aus der AG "Weser"- Stillegung hervorgegangen. Sie gründeten 22 Firmen[1]. Drei Firmen waren jeweils Gründungen von Zweier-Teams, in denen ehemalige Kollegen von der Werft zu Kompagnons wurden. Nicht jede dieser Firmen war allerdings eine Neugründung, sondern es gab auch Betriebsübernahmen bzw. den Rückzug auf eine eigene Firma, die bereits existierte und vorher im Nebenerwerb betrieben worden war.

Nur 15 erweisen sich als Neugründungen, bei denen erst im Anschluß an die Schließung der AG "Weser" die Geschäftstätigkeiten aufgenommen wurden. Die übrigen fünf Firmen bestanden schon vor der Schließung der Werft und wurden meistens unter Mithilfe von Familienangehörigen im Nebenerwerb betrieben. Es handelte sich hier um einen landwirtschaftlichen Hof, eine Dorfgaststätte, eine Reederei, einen Sportboothafen und um ein Büro für maritime Beratungs-, Konstruktions- und Maklertätigkeiten.

Die meisten Firmengründungen waren im Bereich der Dienstleistungen angesiedelt (12), gefolgt von Handel und Verkehr (5). Lediglich zwei Firmen gehörten zum produzierenden Gewerbe und eine zur Landwirtschaft.

16 Firmen haben ihren Sitz im Stadtgebiet von Bremen bzw. in der näheren Umgebung; zwei von ihnen auf dem ehemaligen AG "Weser"- Gelände. Die übrigen vier Betriebe sind in einem Umkreis von bis zu hundert Kilometern um Bremen angesiedelt.

Zum Zeitpunkt der Untersuchung beschäftigten lediglich vier Betriebe familienfremde Arbeitskräfte. Die beiden Betriebe aus dem metallverarbeitenden Gewerbe, die sich auf dem ehemaligen Werftgelände niedergelassen hatten, schufen in relativ kurzer Zeit je 20 Arbeitsplätze. Hier fanden vor allem ehemalige AG "Weser"- Beschäftigte einen neuen Arbeitsplatz, die wegen ihres Alters

Schwierigkeiten gehabt hätten, andernorts Arbeit zu bekommen. Ih-

---

1 Aufgrund mangelnder Transparenz konnten bei der Auswertung nur 20 Firmen berücksichtigt werden.

re ehemaligen Kollegen und neuen Chefs kannten sie von der Zusammenarbeit auf der AG "Weser" und waren von daher in der Lage, ihr Können, ihre Fertigkeiten und ihre Arbeitsmoral einzuschätzen. Das erklärte Ziel beider Betriebe liegt für die nähere Zukunft statt in weiterer Expansion zunächst in einer hinreichenden Konsolidierung. Eine dritte Firma - Surfshop und -schule - , die mittlerweile bereits zwei Filialen eröffnet hat, beschäftigt zwei Angestellte. Der vierte Betrieb, eine Reederei, beschäftigt zwischen 40 und 50 Arbeitnehmer. Es handelt sich hier allerdings nicht um eine originäre Neugründung. Vielmehr war die Reederei bereits Ende der 70er Jahre gegründet worden. Der AG "Weser"- Angestellte, der sich als Teilhaber vor der Schließung nur nebenberuflich auf Management und Reparaturarbeiten beschränkt hatte, konzentrierte sich nach Schließung der AG "Weser" voll auf die Tätigkeit in der Reederei.

Die übrigen Firmen hatten bis Anfang 1987 keine dauerhaften Arbeitsplätze geschaffen. Vereinzelt wurden Arbeiten auf Teilzeitbasis vergeben, wie beispielsweise Schreibarbeiten. Bei fast allen Firmen ist zu beobachten, daß auch bei mitunter vergleichsweise langen Arbeitszeiten aus Kostengründen versucht wird, ein möglichst großes Quantum an anfallenden Arbeiten selber abzudecken und zu übernehmen. Wenn die Verrichtung von Tätigkeiten delegiert wird, dann zuallererst unbezahlt an Verwandte und Freunde.

Die Beschäftigungseffekte dieser Firmengründungen sind somit recht unterschiedlich und spielen im wesentlichen nur bei zwei überdurchschnittlich erfolgreichen Firmen eine Rolle. Die meisten haben zunächst einmal nur ihren Gründern einen neuen Arbeitsplatz gewährt.

Neben der Frage, welche Firmen gegründet wurden und welche Beschäftigungseffekte damit verbunden waren, ist von Interesse, wer die Gründer sind und ob es eine einheitliche, gemeinsame Logik der neuen Firmeninhaber für ihren beruflichen Schritt in die Selbständigkeit gibt oder ob sich gegebenfalls verschiedene soziale Muster der beruflichen Mobilität in das Unternehmertum finden. Mit anderen Worten: Die Frage nach dem "wer" schließt die Frage nach den Motiven, also nach dem "warum" mit ein.

Ein Viertel der Firmengründer kommt aus dem gewerblichen Bereich (Facharbeiter oder angelernte Arbeiter), drei Viertel sind ehemalige Angestellte, darunter leitende Angestellte, Zeichner, Sekretärinnen, Maschinenbau- und Schiffbauingenieure sowie Schlosser- und Schiffbaumeister. Die Mehrheit der Gründer war mittleren Alters, die jüngsten Anfang dreißig, die ältesten Ende fünfzig.

Hinsichtlich der beruflichen Alternativen für Selbständige und ihrer Motive für den eingeschlagenen Weg wird in der Literatur zwischen Personen unterschieden, die sich aus "Not" selbständig machen, weil sie keine bzw. keine realistischen oder akzeptablen Alternativen innerhalb des Arbeitsmarktes haben, und jenen, die in abhängiger Beschäftigung relativ gute und gesicherte Einkommens-und Berufschancen haben, sich aber von Werten der Autonomie und der Faszination fehlender Weisungsgebundenheit leiten lassen. Zwischen diesen Eckpunkten einer "Ökonomie der Not" und einer "Ökonomie der Selbstverwirklichung" (vgl. Bögenhold 1985, S. 214ff) finden sich Mischformen und Überschneidungen von Motiven und Logiken beider Extreme.

Bei fünf Selbständigen bestand bereits zum Zeitpunkt der Schließung eine selbständige (Neben-) Erwerbstätigkeit, darunter ein Landwirtschaftsbetrieb und eine Dorfgaststätte. Die Betreiber waren auf der Werft als Arbeiter beschäftigt gewesen und arbeiteten noch nebenbei im häuslichen Betrieb, in dem vor allem die Familien arbeitsmäßig stark integriert waren. Beide Betriebe stellten sozial und räumlich den Lebensmittelpunkt dar und waren auch Wohnort der Betreiber. In beiden Fällen existierten die Betriebe schon über mehr als eine Generation. Die Eigentümer hatten eine an Traditionswerten orientierte Beziehung zu ihren Firmen, die bewirkte, daß eine Aufgabe der Betriebe nicht zur Disposition stand, als die Werft schloß. Zwar hätten beide andere Arbeitsplätze finden können, aber diese ließen sich beispielsweise wegen Schichtarbeit oder anderer Probleme nicht mit dem zeitlichen Rhythmus ihrer häuslichen Betriebe vereinbaren. Da es ihnen trotz aller Anstrengung nicht gelang, solche Arbeitsplätze zu finden, die sie nach den Erfordernissen der häuslichen Betriebe ausrichten konnten, blieb ihnen nichts anderes übrig, als sich nun hauptsächlich auf die bereits bestehende Firma zu konzentrieren und zu versuchen, diese zu erweitern. Um finanziell halbwegs über die Runden zu kommen, wurde das Einkommen durch mehr oder weniger geregelte Schwarzarbeit aufgebessert. In beiden Betrieben ist die Arbeit der Ehefrauen und weiterer Familienmitglieder unentbehrlich oder sogar die Hauptstütze.

In einem anderen Fall konnte ein ehemaliger Werftarbeiter den Betrieb seines Onkels - Sportbootanleger mit Bootsschuppen und Wintereinlagerung - übernehmen. Dort hatte er vorher bereits mitgeholfen und kleine Nebeneinkünfte gehabt, weil dieses wassernahe Werkeln sein Hobby war. Den Betrieb hat er freilich nicht übernommen, weil er sich Traditionswerten verpflichtet fühlte, sondern weil er nach langer Suche keine neue unbefristete Berufstätigkeit in abhängiger Beschäftigung fand.

"Uns blieb ja gar nichts anderes übrig. Da gab's ja nichts anderes, das war ja das Einzige, was überhaupt möglich war... Ich wär'sehr gerne auf der Werft geblieben, ich mein', das war auch nicht immer alles Gold, zum Beispiel die Luft und so, wenn wir da im Schiffsrumpf waren und dann Staub und Farbe und Lackiererei und so, also das war manchmal gar nicht so toll, aber im Großen und Ganzen hat das doch Spaß gemacht, also ich wär'da gerne geblieben. Ich bin nämlich gar nicht so'n Typ für die Selbständigkeit. Ich komme gerne von 'ner Arbeit und dann möchte ich mich erstmal in 'nen Sessel setzen und die Füße hochlegen und am Wochenende frei haben. Ich mein', ich war dann von 'ne Arbeit ja meistens auch ganz schön kaputt..."

Ganz anders ist hingegen die Situation bei den beiden Selbständigen, die in ihre bereits bestehenden Firmen überwechselten. Beide waren leitende Angestellte, hatten ein überdurchschnittliches Einkommen und stiegen in Firmen ein, die bereits seit ein paar Jahren existierten und deren Erfolg infofern relativ kalkulierbar war. Es handelt sich hierbei um ein Ingenieurbüro, das nebenberuflich bereits Anfang 1981 gegründet worden war, um "nebenbei Geschäfte und auch mal dickes Geld zu machen", aber auch, weil sich bereits das Gefühl eingestellt hatte, daß "demnächst bald Schluß ist mit der AG "Weser"". In dem anderen Fall, nämlich der bereits erwähnten Reederei, war der nebenberuflich tätige Reeder von der Schließung überrascht worden. Er wäre auch in jedem Fall "da geblieben", denn die AG "Weser" war sein "ein und alles" und er "war mit der Werft verheiratet gewesen". Bei Vorstellungen in anderen Betrieben gefiel ihm nicht, wie man mit ihm, der vorher über hundert und mehr Leute weisungsbefugt war, Bewerbungsgespräche führte, bzw. daß er außerdem kurzfristig hätte "mit Kind und Kegel" umziehen müssen. Ihm wurde deshalb schnell klar, daß er in dem Betrieb, in dem er vorher stiller Teilhaber und nur nebenberuflich tätig war, aktiv einsteigen wollte.

Die Mehrzahl der Selbständigenkarrieren ergab sich - im Unterschied zu den zuvor geschilderten Fällen, in denen die Einzelnen auf bereits bestehende Firmen zurückgreifen konnten oder mußten - erst im Anschluß an die Werftschließung. Bei der Frage nach den Umständen für diese originären Gründungen ist von besonderem Interesse, ob die Gründer berufliche Alternativen im Hinblick auf einen Arbeitsplatz in abhängiger Beschäftigung gehabt hatten und ob ihr Weg in die Selbständigkeit insofern eher "freiwillig" oder "erzwungen" war.

Das Bild ist bei den 18 "neuen" Selbständigen recht uneinheitlich: Vier hatten mehrfach vergeblich versucht, einen neuen Arbeitsplatz zu finden. Erst als diese Suche ohne Erfolg blieb, stellte sich der Gedanke bzw. die konkrete Möglichkeit für eine selbständige Erwerbsarbeit ein. Diese Selbständigkeiten sind als "erzwungene" anzusehen, weil die Firmengründungen sich vor dem Hintergrund fehlender Alternativen ergeben haben und sie nicht zustande gekommen wären, wenn eine entsprechende abhängige Beschäftigung gefunden worden wäre. Bei einem ehemaligen Werftarbeiter und heute selbständigen Kurierfahrer, lautet es zugespitzt: "Aus schierer Verzweiflung hab' ich das gemacht. Irgendwas mußte ich ja anfangen". Ähnlich gelagerte Beweggründe führten auch zu der Gründung eines Copyshops, eines Schreibbüros und eines "Erledigungsservice".

Anders die Situation bei den übrigen "neuen" Selbständigen. Fünf ehemalige Angestellte wußten sofort, daß sie sich selbständig machen wollten und haben sich von daher auch nicht anderweitig um Arbeitsplätze beworben. Man kann davon ausgehen, daß sie mit ihrer Qualifikation sicherlich nicht chancenlos im Hinblick auf neue Beschäftigungsverhältnisse gewesen wären.

Weitere fünf Selbständige hatten Alternativen, die sie entweder nicht wahrnehmen wollten oder nur vorübergehend annahmen, mit der Option, daß es "nur für eine Zeit sein sollte".

"Ziemlich unmittelbar stand eigentlich fest: Wir machen irgendwas auf eigenen Beinen, wir machen uns selbständig. Nochmal neu irgendwo in 'nem Betrieb anfangen, das wollten wir nicht. Aber was wir nun genau machen wollten, das wußten wir noch nicht so richtig. Wir wußten nur, daß wir irgend was zusammen machen wollten. ...Ja, und dann kam das Angebot von einem Unternehmen, das wir da anfangen könnten; die wollten uns haben als Spezialisten...Und da sind wir dann hingegangen. Aber uns war gleich klar, daß wir da nicht lange bleiben wollten, wir wollten was selber machen... dieses Betriebsklima...und finanziell war es auch weniger...und dann die Fahrerei...(Ingenieur, heute Mitinhaber eines Konstruktionsbüros)

Schließlich gab es auch den Fall, daß jemand bereits im Bewußtsein, sich selbständig machen zu wollen, zuvor gezielt eine abhängige Tätigkeit aufnahm, um sich einen Kundenstamm aufzubauen.

"...ich hatte also im direkten Anschluß zur AG "Weser"- Schließung noch einen interessanten Job, auch hier im Bremer Raum als Geschäftsführer, was mir eigentlich erst die Möglichkeit gegeben hat, mich selbständig zu machen. Es war ja von vornherein auch mit einem bestimmten Ziel ausgerichtet, an diese Leute ranzukommen, die nun alle bei mir in den Ordnern gespeichert sind. Normal wäre es also unheimlich schwierig hewesen, rauszukriegen, wer was liefert. Aus Büchern hätte man sich das anlesen können, aber es ist schon besser, wenn man direkte Kontakte zu den Herstellern, zu den Lieferanten selber geknüpft hat, umso mehr Unterstützung kriegt man dann eigentlich bei der Eröffnung... Ich kannte dann also die Betriebsergebnisse des Betriebes und konnte das mit meinen vergleichen und wußte gleich in etwa die Verkaufszahlen. Es war also 'n bißchen Spionage mit drin, aber das bleibt nicht aus, weil das letztlich ja allein geschäftliches Interesse war." (Ingenieur, der ein Jahr vor seiner Selbständigkeit bei seiner späteren Konkurrenz Erfahrungen sammeln wollte)

Die übrigen Selbständigen sind sogenannte "Jein" - Fälle: Entweder waren sie zeitlich oder räumlich für bestimmte angebotene Tätigkeiten nicht flexibel genug, wie z.B. ein ehemaliger technischer Zeichner, der das Sorgerecht für zwei kleine Kinder hat und deswegen keine Überstunden oder Schichtarbeit leisten kann. So mußte er verschiedene Arbeitsangebote ablehnen und eröffnete dann einen Gemüseladen. Oder die angebotene Entlohnung entsprach nicht den Vorstellungen, wie im Falle eines ehemaligen Dockmeisters. Er machte daraufhin eine kleine Gaststätte in seinem Stadtviertel auf. Nicht zuletzt spielte die geforderte räumliche Mobilität bei der Ablehnung von Arbeitsangeboten eine Rolle, die viele ihrer Familie nicht zumuten wollten, weshalb sie sich aus diesem Grund selbständig machten.

Unter den Selbständigen der ehemaligen AG "Weser"- Belegschaft findet man also sowohl die, die aus "Not" in die Selbständigkeit gedrängt wurden, d.h. denen für eine weitere Teilnahme am Erwerbsleben keine andere Möglichkeit als der Schritt in die Selbständigkeit blieb, als auch jene, die sich eher aus einer "Ökonomie der Selbstverwirklichung" leiten ließen und durchaus Alternativen für andere Beschäftigungen gehabt hatten. Aber es zeigen sich auch verschiedene

Mischformen, die stärker auf eine sowohl-als-auch Logik hinauslaufen.

Wie eingangs erwähnt, hatten zunächst relativ viele der ehemaligen Werftbeschäftigten die Idee zu einer selbständigen Erwerbstätigkeit. Realisiert wurde sie aber nur von wenigen. Dies wirft die Frage auf: wie und unter welchen Voraussetzungen und Bedingungen wurden die einzelnen Schritte in die Selbständigkeit eingeleitet und umgesetzt und welche individuellen Ressourcen beeinflußten die Realisierung und die Resultate der Betriebsgründungen.

Bei einigen wurde die Entwicklung dadurch begünstigt, daß sie bereits existierende und "eingeführte" Betriebe übernehmen bzw. hauptberuflich weiterführen konnten. Um diese Betriebe weiterzuführen und vor allem um eine eigene neue Firma zu gründen, mußten jedoch von allen individuelle Ressourcen wie Geld, Wissen und Sozialkontakte mobilisiert werden.

Ungefähr die Hälfte hat ihre frühere, auf der AG "Weser" erworbene oder zumindest ihrer Ausbildung entsprechende Qualifikation in das neue Geschäft eingebracht. Besonders evident ist das bei den Ingenieurbüros, die in ihrer Leistungspalette einen Großteil dessen anbieten, was Gegenstand ihrer vorherigen Tätigkeit auf der Werft war. Aber auch die Grenzfälle sind hier mit zurechnen: Etwa die Meister, die sich im metallverarbeitenden Gewerbe selbständig machten und dort mit inzwischen zwei Dutzend Beschäftigten in einem Anwendungsspektrum produzieren, das über ihre vorherige Berufstätigkeit hinausweist. Oder der AG "Weser"- Beschäftigte, der von Hause aus Jurist ist, aber auf der Werft im oberen Verwaltungsbereich eher "Mädchen für alles" war und nach der Schließung eine eigene Rechtsanwaltspraxis eröffnete.

Demgegenüber hat sich eine vergleichbar große Zahl nicht unmittelbar auf eine Tätigkeit gestützt, die als adäquat zur Berufsausbildung oder -tätigkeit auf der Werft anzusehen ist: Das sind beispielsweise jene, die eine Gaststätte, einen Gemüseladen, KFZ-Handel, Copyshop, eine Surfschule oder einen Kurierdienst eröffneten. Hier liegen niedrige Barrieren im Hinblick auf die Erfordernisse von (formalen) Qualifikationen vor oder die Kenntnisse wurden nebenberuflich erworben, sei es im Rahmen eines Hobbys oder durch entsprechende Aushilfstätigkeiten. Geschäftsgründungen auf der Basis dieser "einfachen" Voraussetzungen wurden vornehmlich von Arbeitern und Angestellten mit geringerer bzw. durchschnittlicher Berufsqualifikation getätigt. Demgegenüber wächst mit zunehmender Qualifikation die Nähe zur früheren Tätigkeit auf der Werft.

Die finanziellen Aufwendungen für die Gründungen waren von Fall zu Fall unterschiedlich. Höchstens bei einem halben Dutzend waren Investitionen nötig, die über 100.000 DM lagen, teilweise sogar erheblich darüber. Diese Beträge wurden aus Sparguthaben und über Bankkredite aufgebracht, für die beispielsweise Hypotheken auf Eigenheime aufgenommen wurden. In zwei oder drei Fällen haben außerdem positive Stellungnahmen der Wirtschaftsförderungsgesellschaft die Gewährung von Krediten erleichtert. Staatliche Zuschüsse aus sogenannten Existenzgründungsprogrammen spielten dagegen durchweg keine Rolle.

Bei den meisten anderen neuen Selbständigen lag die Höhe des Startkapitals jedoch deutlich niedriger. Es waren nicht selten weniger als 10.000 DM. Diese Gelder wurden aus Erspartem und/oder der Abfindung aufgebracht. Oft war zudem noch ein zweites Haushaltseinkommen durch den Ehepartner vorhanden. Außerdem konnte die Tätigkeit häufig in vorhandenen Räumlichkeiten begonnen werden: in einem Schuppen, der ersteinmal zur Werkstatt taugte; in dem eigenen leerstehenden Laden, in dem sich eine Gaststätte einrichten ließ, oder auf einem noch auszubauenden Dachboden im eigenen Haus, in dem Büros Platz fanden. Die meisten hatten solche sachlich-räumlichen Ressourcen, auf die sie zurückgreifen konnten. So nutzten fast alle die Arbeitslosigkeit zunächst zur Renovierung und Einrichtung der Räumlichkeiten und zum Anbahnen von ersten Kontakten. Da hier das Einkommen aus der neuen Selbständigkeit mitunter noch sehr spärlich war, lebten fast alle vom Arbeitslosengeld. In diesen Fällen wurde so die erste Experimentier- und Aufbauphase manches Selbständigen durch das Arbeitsamt indirekt mitunterstützt.

Neben der Schaffung der finanziellen Voraussetzungen mußte es allerdings auch gelingen, Kunden, Klienten oder Patienten zu gewinnen. Hier spielt die Existenz von sozialen Kontakten zumindestens für die Anfänge der Geschäftstätigkeit eine wesentliche Rolle. Das Vorhandensein von sozialen Netzwerken erwies sich sowohl bei der Einrichtung der Produktionsstätte als wichtig, etwa wenn es darum ging, wo wer welche Maschinen, Fahrzeuge, Büromöbel Farben usw. hat, die kostengünstig erworben werden konnten, als auch bei der Vermittlung von Kunden. Viele konnten auf ein derartiges soziales Netzwerk zurückgreifen konnten.

"Damals war das so...sie kennen einen und der kennt wieder einen...Die ersten Kontakte waren mit Leuten von der Werft, die haben uns den Weg zu bestimmten Firmen geöffnet..."

"Ich sagte ja...der Schneeballeffekt. Leider war der Schnee 'n bißchen mickrig, daß der Schneeball nicht so schnell ging, aber im Prinzip geht das so: Also, man kennt ja irgendwie Leute, Kollegen von anderen Firmen und da ruft man an. Also Leute jetzt, die vielleicht einem einen Tip geben können..."

Offener oder verdeckter findet sich in fast allen Fällen ein soziales Geflecht von Reziprozitätsstrukturen, dessen sich die einzelnen bedienten wie eines Telefonnetzes. Statt eines solchen Rückgriffs auf vorhandene Beziehungen findet sich gelegentlich aber auch die proaktive Strategie, bestimmte soziale Bedingungen erst zu schaffen, beispielsweise wenn sie bewußt in bestimmte Verbände gingen und dort Ämter übernehmen, um damit Kontakte herzustellen. Solche wohlkalkulierten Strategien finden sich ähnlich im Bereich der Pflege und des Ausbaus des Kundenstammes.

Um die sozialen Kontakte zu knüpfen und um sich ihrer erfolgreich zu bedienen, bedarf es außerdem sicherlich im Einzelfall spezifischer sozialer Talente. Alle diese Faktoren sind offenbar in bestimmten Konstellationen notwendig, um erfolgreich eine Firma zu gründen.

Von den 23 Selbständigen konnten ungefähr die Hälfte ihr Einkommen halten oder sogar deutlich erhöhen. Während sie als "Gewinner" bezeichnet werden können, sind ein Viertel der Selbständigen den "Verlierern" zuzurechnen, die auf finanziell reduziertem Niveau mit immensem Arbeitseinsatz in der Selbständigkeit verharren bzw. sogar kurz vor der endgültigen Betriebsaufgabe stehen. Die restlichen Fälle sind nicht ohne weiteres als Gewinner oder Verlierer zu klassifizieren, beispielsweise weil die Firma noch zu jung ist, um bereits hinreichend gesicherte Einkünfte verzeichnen zu können, was von ihrem Eigentümer auch nicht anders erwartet worden war. Auch der selbständige

Rechtsanwalt, der verschiedene berufliche Alternativen und zuletzt ein beträchtliches Jahreseinkommen hatte, auf das er bewußt aus Gründen fehlender Selbstbestimmung verzichtete, und der nun seit einem halben Jahr seine Kanzlei hat, sperrt sich gegen eine entsprechende Verortung in eine Gewinner - Verlierer - Taxonomie. Von diesen nicht einzuordnenden Fällen abgesehen dominieren aber insgesamt die Gewinner. Doch selbst sie wären noch heute auf der Werft tätig, weil sie dort gerne gearbeitet hatten und "weil der Mensch ja träge ist", wie es wiederholt vorgebracht wurde. Sie wurden unversehens mit einer neuen Berufsrolle konfrontiert, die sie erst im Nachhinein als Gewinn werten.

Bei den Verlierern ist die eigene Einordnung unterschiedlich. Einige machten trotz der finanziellen Probleme noch Nuancen von Vorteilen aus.

"Es ist nicht das 'Muß' jetzt so, du mußt morgens um sieben oder um halb sieben da sein. Ja, natürlich 'müssen' wir auch, die Kühe müssen gemolken werden, so schon, aber ich komm' nicht mit 'nem Meister in Berührung, ich kann tun, was ich will soweit, natürlich auch nicht ganz...Ja, finanziell ist das natürlich schlecht, das war vorher besser..."

Andere hingegen sahen nur noch schwarz:

"Sie können doch strampeln und tun, was sie wollen, es bringt nichts. Und wie gesagt, entweder, hab'ich zu meiner Frau gesagt, entweder man wird zum Alkoholiker oder man hängt sich auf."

Festzuhalten ist, daß, wenn die Werft nicht geschlossen worden wäre, die meisten der "neuen" Selbständigen wahrscheinlich noch heute dort beschäftigt wären. In der besonderen, für die meisten überraschenden Situation, beruflich neue Antworten nach der Schließung finden und mit eigenen Schritten reagieren zu müssen, hat sich nur ein sehr kleiner Teil der Belegschaft in die selbständige Erwerbstätigkeit begeben. Die soziale Logik dieser beruflichen Schritte folgt dabei unterschiedlichen Rationalitäten. Es finden sich sowohl Gründer, die einer "Ökonomie der Selbstverwirklichung" nachgehen, als auch solche, die einer "Ökonomie der Not" gehorchen. Es zeigen sich aber auch Mischformen, bei denen sich die Handlungsmuster nicht derart exklusiv dichotomisieren lassen, sondern eher auf Zufälligkeiten beruhen.

Betrachtet man die Instrumentarien und Ressourcen für die Realisierung der Gründungsabsichten, so zeigt sich, daß es nicht nur auf eine einzige Ressource wie z.B. Geld ankommt, sondern daß grundsätzlich eine entsprechend abgestimmte Komposition von verschiedenen Ressourcen essentiell zu sein scheint. Bei aller Bedeutung des Geldes und des fachlichen Könnens darf vor allem die Rolle sozialer Netzwerke nicht unterschätzt werden. Deren Existenz erklärt zwar nicht "alles", aber umgekehrt ist ohne deren Berücksichtigung die Etablierung einer Firma nicht adäquat zu erfassen und zu verstehen.

Die Gründerkarrieren der ehemaligen AG "Weser"- Beschäftigten dürften sich prinzipiell nicht von anderen unterscheiden. Dennoch bleibt die Tatsache, daß sie im Anschluß an eine Betriebsschließung stattfanden nicht ohne Einfluß. Abgesehen davon, daß sie ohne die Schließung in der Mehrheit der Fälle überhaupt nicht stattgefunden hätten, spielen zumindestens bei einigen Gründungen frühere soziale und berufliche Kontakte aus der Tätigkeit auf der Werft insofern eine Rolle, als nicht nur vorrangig ehemalige Kollegen eingestellt wurden, sondern auch auf frühere Geschäftsbeziehungen zurückgegriffen werden konnte.

2.8 Drei Jahre danach - Die AG "Weser" in der Rückerinnerung

Die Schließung der Werft war für die ehemaligen Beschäftigten zweifellos ein wichtiger Einschnitt in ihrem Berufsleben. Auch drei Jahre danach ist für viele das Kapitel AG "Weser" noch nicht abgeschlossen, wirkt der Schock der Stillegung noch nach, haben die Erfahrungen vor, während und nach der Schließung ihre Spuren hinterlassen. Obwohl die erregte erste Reaktion auf die Ankündigung vom Ende der Werft inzwischen einer eher nüchternen Betrachtung gewichen ist, läßt doch die Art und Weise wie man rückblickend über diese Zeit redet, erkennen, daß sie mehr als eine flüchtige Episode war. Selbst in der spontanen Weigerung jener, die "nicht mehr darüber sprechen" wollen, die "einen Schlußstrich gezogen" haben, zeigt sich noch dieser tiefe Eindruck, den die Schließung der Werft bei fast allen hinterlassen hat.

Zwischen Hoffen und Bangen hatte die Belegschaft über Jahre hinweg die krisenhafte Entwicklung des Betriebs verfolgt, den Kapazitätsabbau hingenommen, sich zum Bleiben überreden lassen und Berufsperspektiven und Lebensplanung an die Existenz der Werft gebunden. Mit der Besetzung hatte man dann gemeinsam den Versuch unternommen, die Stillegung abzuwenden. Und schließlich war die folgende Suche nach neuen Arbeitsplätzen, die gegenseitige Hilfe und Unterstützung, der erstaunliche Zusammenhalt eines Großteils der Belegschaft Ausdruck und zugleich Resultat dieser kollektiven Erfahrungen, die man miteinander geteilt hat und durch die die ehemalige Beschäftigten der AG "Weser" sich von "normal" Entlassenen unterscheiden.

Ob Arbeiter oder Angestellter, Jüngerer oder Älterer, "Gewinner" oder "Verlierer", von fast allen sind offenbar die Ereignisse ähnlich erlebt und zu politischen und sozialen Einsichten verarbeitet worden, die ohne diesen spezifischen kollektiven Hintergrund wahrscheinlich nicht so ausgeprägt wären.

Es sind im wesentlichen zwei Erfahrungen, die rückblickend immer wieder zur Sprache kommen und die nicht folgenlos für Einstellungen und Handeln geblieben sind: Vor bzw. während der Stillegung die Ohnmacht gegenüber denen, die die Entscheidungen trafen, und die Enttäuschung vor allem über die Politiker; nach der Schließung der fortdauernde Zusammenhalt der Belegschaft und die Trauer über den Verlust einer Arbeitsstätte, die mehr als eine Erwerbsquelle war.

Ohnmacht und Enttäuschung

Bereits der längere Prozeß des Niedergangs der AG "Weser", der zu ihrer Schließung führte, hat die Belegschaft ihre Machtlosigkeit erfahren lassen. Er ist im Grunde ohne ihre Beteiligung abgelaufen. Gefragt wurde sie nicht. Sie hatte keinen Einfluß auf die Entwicklung. Zwar haben ihre Vertreter, der Betriebsrat, an zahllosen Beratungen teilgenommen und sind über Pläne, Absichten und Beschlüsse in Kenntnis gesetzt worden, aber die wesentlichen Entscheidungen wurden vorab von Management, Anteilseignern und Politikern unter sich getroffen. Die Arbeiter und Angestellten der AG "Weser", deren berufliche Existenz mit der Werft auf dem Spiel stand und die überdies eine starke, mitunter über Generationen reichende Bindung zur Werft hatten, er-

Stapellauf der "Olympic Cloud" im Jahre 1953.

fuhren sich dabei vornehmlich als Objekte einer Entscheidungsprozedur, in der sie lediglich als Kapazität, Arbeitskräftegruppen, Lohnkostenanteile und Rechtsansprüche figurierten. Sie wurden informiert über Entscheidungen, die sie hinzunehmen hatten. Als die Schließung bekanntgegeben wurde, fühlte sich die Belegschaft "in die Irre geführt", "zum Narren gehalten". Und die Bekanntgabe des Stillegungsbeschlusses über die Massenmedien - von manchen deswegen bis heute nicht verwunden - bewies noch einmal, wie wenig Rücksicht auf sie genommen wurde.

Als sich die Belegschaft dann zum Handeln entschloß und mit der Besetzung der Werft zur Wehr setzte, war es zu spät. Im Nachhinein erklären fast alle, schon damals nicht an einen Erfolg der Besetzung geglaubt zu haben. Ob dies wirklich zutrifft, darf bezweifelt werden. Doch die Erfolglosigkeit dieses dramatischen Schritts verstärkte offenkundig das Gefühl der Ohnmacht gegenüber jenen, die für die Schließung verantwortlich waren.

Allerdings gesteht man sich diese Ohnmacht im Nachhinein gewissermaßen achselzuckend ein, eher verärgert über sich selbst, weil man zeitweilig dem Wunsch aufgesessen war, es hätte anders sein können. Von den Besitzern der Werft, dem Krupp-Konzern, war ohnehin nichts anderes erwartet worden. Daß von der sozialen Bindung des Eigentums nur solange geredet wird, wie es sich buchstäblich auszahlt, hatten die meisten schon vorher geahnt. Nun wurden ihnen im Verlaufe des Stillegungsprozesses noch vorhandene Illusionen über die Funktionsweise der sozialen Marktwirtschaft endgültig geraubt. Ebenso ernüchtert wie resigniert wird festgestellt: Der Konzern hat kein Interesse an Arbeitsplätzen, sondern an Gewinnen, wenn die ausbleiben, wird der Betrieb stillgelegt. Mit massiven Unmutsäußerungen hält man sich deswegen zurück. Die Konzernleitung hat gehandelt, wie es den Erwartungen der Belegschaft entsprach.

Das gilt auch für die Regierung in Bonn. Auch von dort ist - in realistischer Einschätzung der politischen Verhältnisse - keine Unterstützung erwartet worden. Das ablehnende Verhalten der CDU-Regierung bestätigte in den Augen der Belegschaft, womit sie gerechnet hatte: der Werft nicht helfen zu wollen und damit die SPD-Landesregierung in Bremen, die vor einer Landtagswahl stand, in Legitimationsschwierigkeiten zu bringen.

In die gefaßte Klage über die Machtlosigkeit gegenüber denen, von deren Entscheidung das Wohl der AG "Weser" letztlich abhing, mischt sich jedoch unüberhörbar Enttäuschung, wenn von denen die Rede ist, an die sich deutlich andere, höhere Erwartungen gerichtet hatten: die Politiker, den Bremer Senat. Die vergleichsweise moderate Zurückhaltung gegenüber Krupp-Konzern und Bonner Regierung kontrastiert erheblich mit der Art und Weise, in der über die Bremer Landesregierung und ihre Politiker gesprochen wird. Ungehemmt brechen auch drei Jahre nach der Schließung wieder Wut und Zorn hervor, fallen Wörter von Verrat, Lüge und Betrug: "Verkauft haben sie uns", "unehrlich" seien sie gewesen.

Diese Verbitterung über den vermeintlichen "Verrat" des SPD-Senats ist wahrscheinlich bei der ehemaligen Belegschaft so unvermindert heftig, weil die Mehrzahl nach wie vor der Überzeugung ist, die Werft sei zu erhalten gewesen, und die betriebswirtschaftlichen Begründungen für die Schließung nicht gelten läßt. Ihrer Meinung nach hätten andere Werften (Seebeck, Vulkan) unter diesem Gesichtspunkt eher schließen müssen. In den Augen der Belegschaft stellt die Stillegung deshalb eine politische Entscheidung dar, welche die Landesregierung zu verantworten hat.

Da man eine sozialdemokratische Regierung, die unter den Werftarbeitern über ein langjähriges Wähler- und Mitgliedspotential verfügte, für selbstverständlichen Verbündeten im Kampf um die Erhaltung der Werft gehalten hatte, war die Enttäuschung umso größer als der Senat sich nicht gegen die Schließung sträubte und selbst von der Besetzung der Werft - trotz anstehender Landtagswahl - unbeeindruckt blieb.

Im Gegensatz zur CDU/FDP in Bonn galt die (Bremer) SPD bei den meisten als eine Partei, die sich traditionell für die sozialpolitischen Interessen der Arbeitnehmer einsetzte und die außerdem nicht müde wurde, der CDU-FDP vorzuwerfen, eben diese Interessen in ihrer Wirtschaftspolitik zu ignorieren. Man nahm sie sozusagen beim Wort. Daß die Landesregierung sich am Ende nicht mehr in der Lage sah, ihrem eigenen politisch-sozialen Anspruch gerecht zu werden und die Schießung nicht verhinderte, macht sie nun in den Augen der Belegschaft zu "Komplizen", zu "Helfershelfern der Unternehmer". Das hatte man von ihr nicht erwartet - und das verzeihen ihr viele der Arbeiter und Angestellten bis heute nicht.

Wirft man der SPD-Landesregierung vor, sie habe gegen die Interessen der AG "Weser"- Belegschaft gehandelt, so kritisiert man aber auch an der Gewerkschaft, sie habe gar nichts getan, allenfalls unverbindliche Lippenbekenntnisse der Solidarität abgegeben. Von ihr fühlt man sich im Stich gelassen. Zur Enttäuschung über den Bremer Senat gesellt sich die über die Gewerkschaft.

So haben sich die Vorgänge vor und während der Schließung in der Wahrnehmung der Belegschaft zu einem Bild gefügt, das zwar eindeutige Akzente aufweist aber nicht frei von Widersprüchen ist. Den Mangel an tatkräftiger gewerkschaftlicher Solidarität zu beklagen verträgt sich kaum mit dem Verlangen, eher hätten nach dem Sankt-Florians-Prinzip andere Werften (Vulkan, Seebeck z.B.) geschlossen werden sollen. Und die Begründung der Konzernleitung für die Schließung, die Werft sei unrentabel gewesen, als typische Unternehmerkonsequenz zu akzeptieren, paßt nicht zu der Überzeugung, die AG "Weser" wäre als modernste Werft der Bundesrepublik überlebensfähig gewesen.

Dessen ungeachtet steht für die Belegschaft fest: Da der Bremer Senat weder die Schießung einer anderen Werft ernsthaft in Erwägung zog, noch der negativen Einschätzung der Konzernleitung hinsichtlich der wirtschaftlichen Erfolgsaussichten der AG "Weser" widersprach, ist er für die Majorität der Belegschaft der eigentlich Schuldige. Aus dieser eigentümlichen Perspektive haben nicht die Besitzer, also der Krupp-Konzern, sondern die Landespolitiker die Werft geschlossen.

Es ist in diesem Zusammenhang ohne Belang, daß Konzern, Politiker und Gewerkschaft die Rolle, die sie bei der Schließung gespielt haben, wahrscheinlich in einem anderen Licht sehen. Die Belegschaft interpretiert verständlicherweise das, was sie im Verlauf der Stillegung erlebt und erfahren hat, aus ihrem Blickwinkel - dem der machtlosen, enttäuschten Opfer.

Diese Erfahrungen haben sich in gewissen Änderungen der Einstellungen niedergeschlagen, die nicht ohne Auswirkungen auf das Verhalten geblieben sind. Die Ohnmacht gegenüber einem Konzern - dem "Großkapital", den "Unternehmern", wie es immer wieder heißt - der macht, was er will, hat bei vielen den Blick für die Machtverhältnisse geschärft. Illusionen über die Funktionsweise des wirtschaftspolitischen Systems hierzulande mag sich kaum noch jemand machen. Von "sozialer Marktwirtschaft" und "Sozialpartnerschaft" wird nur noch höhnisch geredet.

Aber die Einsichten in die Mechanismen des Marktes werden nicht in entsprechende politische Aktivitäten umgesetzt. Sie finden keinen Adressaten, denn die SPD, die dafür traditionell infrage gekommen wäre, hat sich in den Augen der Belegschaft ihrerseits als Komplize der Unternehmer decouvriert. Die Entäuschung über "die Politiker" hat deshalb die Abneigung gegen sie verstärkt; die Distanz zu den Gewerkschaften, die auch nicht erwartungsgemäß reagiert haben, ist ebenfalls gewachsen. Konsequenz daraus ist ein resigniertes Desinteresse, das in einem Rückzug von politischen Aktivitäten deutlich wird. Nicht wenige der ehemaligen Werftarbeiter lassen erkennen, daß sie ihr gewerkschaftliches Engagement reduziert, wenn nicht eingestellt haben, und fast alle äußern sich ebenso unfreundlich wie sarkastisch über "die Politiker", von denen man nichts mehr erwarte. Sinnfälligster Ausdruck dieser Resignation ist aber vor allem, daß mehr als die Hälfte derer, die seinerzeit mit der Besetzung die Stillegung der Werft verhindern wollten, an einer derartigen Aktion nicht mehr teilnehmen würden. Die bittere Lektion, die die Belegschaft danach gelernt hat, lautet: "Es hat doch keinen Zweck". Das Motto, unter dem einst die Besetzung der Werft stand - "Wer kämpft, kann verlieren, wer nicht kämpft, hat schon verloren" - scheint, zumindest bei einem Teil, mittlerweile vergessen zu sein.

Zusammengehörigkeit und Trauer

Was indes unverändert lebendig ist, ist das Gefühl der Zusammengehörigkeit, das auch drei Jahre nach der Schließung in den Äußerungen der Mehrheit der ehemaligen Belegschaft zum Ausdruck kommt.

Die meisten hatten mehr als ein Jahrzehnt auf der Werft gearbeitet, manche ihr ganzes Arbeitsleben.

"Ich habe das ganze ja von Anfang an erlebt. Die Demontage damals ... Wenn man den ganzen Aufbau miterlebt hat und bis zum Schluß dabeigewesen ist, kann man sagen, die AG "Weser" ist mein Schicksal gewesen." (Fräser, 57)

Daß diese lange Betriebszugehörigkeit die Belegschaft untereinander mehr als gewöhnlich verband, ist nicht überraschend, zumal der Kapazitätsabbau der letzten Jahre eine Restbelegschaft übriggelassen hatte, die sich als qualifizierte Auslese verstand. Die Krise im Schiffbau, die weniger den Arbeitsplatz eines jeden einzelnen, sondern die Belegschaft als ganze bedrohte, ließ sie offenkundig noch enger zusammenrücken.

Wer bis zum Ende geblieben war, begriff sich als Teil einer Belegschaft, die gemeinsam durchgehalten und getan hatte, was getan werden konnte, um die Werft zu erhalten. Unter dem wachsenden Druck von außen wurde der Eindruck einer Gefährdung aller Arbeitsplätze verstärkt - und damit zu einer kollektiven Bedrohung. Der Schock der Nachricht von der Schließung, die Enttäuschung über jene, die, nach Meinung der Belegschaft, das Verhängnis hätten abwenden können, taten ein übriges, dieses Zusammengehörigkeitsgefühl zu festigen.

Besonders nachdrücklich scheint sich dies der Belegschaft während der Zeit der Betriebsbesetzung mitgeteilt zu haben: "Das war toll"; "das war überwältigend". Dabei schließt man nicht nur Familienmitglieder, Nachbarn, Freunde und Bekannte außerhalb der Werft ein, die mit Sympathiebekundungen nicht zurückhielten, sondern mehr noch, daß fast die gesamte Belegschaft an diesem verzweifelten Akt der Gegenwehr teilgenommen hat. Immer wieder wird hervorgehoben, die traditionellen Unterschiede zwischen Arbeiter und Angestellten, Vorgesetzten und Untergebenen seien in dieser Zeit verschwunden. Auch im zeitlichen Abstand mehrerer Jahre scheint dies die nachhaltigste Erinnerung an die Besetzung zu sein: daß die Schranken der Statusgruppen überwunden wurden und man gemeinsam eine letzte Anstrengung unternahm, um die Schließung zu verhindern:

"Wir haben zwar alle gewußt, daß es nichts mehr bringt, aber wir haben alle zusammengehalten bis zum Schluß. Da waren Leute dabei, die sonst nie was mitgemacht haben. Gebracht hat es eigentlich nur, daß alle zusammengehalten haben. Da waren dann die von oben auch. (Schlosser, 52)

Es kumulierten in jenen Tagen noch einmal die Erfahrungen, die während der Jahre davor zum Alltag gehört hatten: Die individuelle berufliche Existenz der Arbeiter und Angestellten war vom Geschick der Werft nicht zu trennen und nur in der gemeinsamen Gegenwehr zu sichern. Dieses von emotionaler Beteiligung nicht freie, intensive Gefühl der Gemeinsamkeit wirkt bis heute nach.

Zunächst hat es sich unmittelbar praktisch ausgewirkt bei der anschließenden Suche nach einem neuen Arbeitspslatz. Hier half man sich, so weit wie möglich, untereinander, wies auf Vakanzen hin oder zog ehemalige Kollegen nach. Vor allem die einstigen Vorgesetzten, Meister und Abteilungsleiter bemühten sich nicht selten, nachdem sie eine neue Stelle hatten, ehemalige AG "Weser"- Beschäftigte in die jeweiligen Betriebe zu holen. Wenn auch die Suche nach einem neuen Arbeitsplatz in der Regel individuell verlief, erfolgte sie nicht selten in einem Netz von Kontakten, Beziehungen, Informationen, in denen sich die gemeinsame Erfahrung der unverschuldeten Entlassung in vielfältigen Formen gegenseitiger solidarischer Unterstützung umsetzte. Besonders Ältere, normalerweise chancenlos, konnten mit Hilfe dieser Kontaktnetze noch Arbeitsplätze finden.

Natürlich blieb dieses soziale Netzwerk der AG "Weser" nicht vollständig intakt, sondern splitterte sich mit der Zeit in viele einzelne kleine Netzwerke auf, meist auf der Grundlage alter Abteilungen. Außerdem wurde das Beziehungsgeflecht allmählich lockerer, weil insbesondere die Wiederbeschäftigten sich in neue Zusammenhänge einfügten und die Werft-Kontakte allmählich aufgaben, was freilich viele bedauern: "Man ist einsamer geworden"; "Ich vermisse die alten Kollegen".

Aber völlig auseinander gefallen ist der Zusammenhalt der Belegschaft bis heute nicht. In einigen Großbetrieben gibt es regelrechte "Zellen" ehemaliger AG "Weser"-Angehöriger. Im Rahmen des nach der Schließung eigens gegründeten Vereins "Use Akschen" finden regelmäßige Treffen statt und auch privat treffen viele der ehemaligen Kollegen - vom Kegelabend über die Geburtstagsfeier bis zum Stammtisch - häufig zusammen. Zwar gibt es einige, vornehmlich jüngere, die diese ungebrochen enge Kontaktpflege für schlichte Sentimentalität halten und über jene spotten, "die Sonntags zur Werft fahren, um zu gucken, ob sie noch da ist". Aber selbst in der heftigen Ablehnung - "ich will davon nichts mehr wissen"; "das Leben geht weiter"- ist noch etwas von der besonderenemotionalen Bedeutung zu erahnen, die die AG "Weser" als Ort des gemeinsamen Arbeitens für die meisten gehabt zu haben scheint.

In der Rückerinnerung an die Zeit auf der Werft kommt aber auch die andere Auswirkung der kollektiven Arbeitserfahrung zum Vorschein. Neben der erstaunlichen Kontinuität der sozialen Beziehungen einigt die Belegschaft die Trauer um den Verlust einer Arbeit - "Das war, als wenn jemand gestorben ist." -, die für sie mehr als ein Arbeitsplatz, mehr als eine Erwerbsquelle gewesen war.

"Wir haben ja an der Werft gehangen. Man kannte den Arbeitsplatz. War ja nicht nur die Werft, war ja nicht nur der Arbeitpslatz, es war die AG "Weser", das ganze Leben. Zweite Heimat wenn man so will." (Dreher, 40)

Rückblickend wird die Erinnerung an die nachweislich harte und schwere Werftarbeit von einer mitunter schwärmerischen Verklärung überdeckt, in der von der ungewöhnlichen Kollegialität, den engen Kontakten, dem ungezwungenen Umgang mit den Vorgesetzten, den wenig reglementierten Arbeitsbedingungen ebenso oft die Rede ist wie von einer industriellen Tätigkeit, die noch handwerklichen Produzentenstolz gestattete: "Da sieht man ein Schiff wachsen, da kann man sein Produkt verfolgen"; "Da konnte man sehen, was man gemacht hat". Demgegenüber verblassen die unangenehmen Seiten. Und in der Tat hat Werftarbeit gegenüber anderer Industriearbeit durchaus diese Vorzüge gehabt. Auf den ersten Blick ist es deshalb verständlich, wenn jene, die nunmehr unter vergleichsweise schlechten, massiv reglementierten Bedingungen arbeiten, z.B. am Montageband, zu recht klagen, "man hat uns ein Stück Freiheit genommen", sie seien "Roboter", "hier machst du immer das gleiche", "hier hast Du nur deine Stückzahl". Doch die Zahl derer, für die mit der Werft "ein zweites Zuhause", "ein Stück Leben" verloren gegangen ist, geht darüber hinaus. Viele, die in der Zwischenzeit durchaus akzeptable Arbeitsplätze mit höherem Verdienst und keineswegs schlechteren Arbeitsbedingungen gefunden haben, erklären spontan: "Ich würde sofort wieder zurückgehen und lieber weniger verdienen".

Es ist also nicht der schlichte Vergleich von neuem und altem (Werft-)Arbeitsplatz, der sie "mit Wehmut" an die AG "Weser" denken läßt. Ob "Gewinner", "Davongekommene" oder "Verlierer" - sie alle bewahren sich Erinnerungen an die gemeinsame Zeit des Durchhaltens und der Gegenwehr, des kollegialen Zusammenhalts und der qualifizierten Arbeit auf der Werft, die gegen jedwede Einwände immun wären. Indem sie auf diese Weise zu kompensieren suchen, was unwiederbringlich der Vergangenheit angehört, versichern sie sich nach wie vor der Identität mit einem Teil ihrer Biographie, die nicht nur bei den Älteren mit den Jahren des Arbeitslebens, die sie auf der Werft zugebracht haben, zusammenfällt.

"Wenn ich morgens zur Arbeit fahre, mit der Straßenbahn, komme ich jeden Morgen an der Werft vorbei. Dann denke ich, hier wärst du schon auf deiner Arbeit. Sowas schlägt einem schon auf den Magen. Klar, daß man davon schwer getroffen ist. Wenn man über 20 Jahre auf demselben Arbeitsplatz gearbeitet hat, dann kann man das nie vergessen, dann war das ein Stück Leben, dann war das ein langes Stück Erfahrung." (Metallbrenner, 49)

Objektiv mögen sich die Befürchtungen anläßlich der Werftschließung, es werde schwierig sein, einen neuen Arbeitsplatz zu finden, für nicht wenige als übertrieben erwiesen haben. Subjektiv jedoch hat die Mehrzahl der Belegschaft mit einem Preis bezahlt, der über den Verlust eines Arbeitsplatzes hinausgeht - nämlich den, welchen sie, nicht ohne einen Anflug von Pathos, als "Leben", "Heimat", Zuhause" bezeichnen.

3. Auswirkungen auf Zulieferer und Region

Die Wirtschaftsstruktur des Landes Bremen ist wesentlich durch den Schiffbau geprägt. Von daher lag die Annahme nahe, daß die Schließung der AG "Weser" weitreichende Folgen für die Region haben würde, nicht zuletzt wegen der Auswirkungen für die mit der Werft verbundenen Zulieferbetriebe und Fremdfirmen.

— Zum einen, weil mehr als die Hälfte des Bruttoproduktionswertes eines Schiffes als Vorleistungen aus anderen Wirtschaftssektoren geliefert werden[1]. Hieran ist insbesondere der Maschinenbau mit einem Fremdleistungsanteil von 11% und die Stahlindustrie sowie die elektrotechnische Industrie von je 10% beteiligt. Mit 6,4% spielen auch die Dienstleistungen bei den Vorleistungen eine wichtige Rolle.

— Zum anderen, weil fast 50% der Schiffbauzulieferer in Norddeutschland ansässig sind. Die anderen Zulieferer befinden sich schwerpunktmäßig in Nordrhein-Westfalen mit 27% (Stahlindustrie) und in Bayern mit 17% (Maschinenbau)(Heseler/Kröger 1983, S.154f).

Danach war in der Tat zu befürchten, daß es den (regionalen) Zulieferbetrieben nicht gelingen würde, den Nachfrageausfall, der durch die Schließung der AG "Weser"ausgelöst wurde, auszugleichen. Der sog. Domino-Effekt drohte einzutreten, wonach die Schließung eines Unternehmens bei einer Reihe anderer zu existenziellen Schwierigkeiten bis hin zur Aufgabe des Betriebes führt, was wiederum unterschiedliche Folgewirkungen zeitigt (vgl. Christiansen, 1987, S.3ff).

Um zu klären, ob die AG "Weser"- Stillegung tatsächlich derartige Folgen für die Zulieferindustrie hatte, wurden von den bekannten Zulieferbetrieben der AG "Weser" 53 Firmen, davon 31 aus der Bremer

---

[1] Für einen Großtanker beträgt der Vorleistungsanteil 60-65%, für ein Fahrgastschiff 50%.

Region und 22 aus den übrigen Bundesländern danach befragt. Es handelt sich hierbei ausschließlich um Zulieferer und Fremdfirmen aus dem verarbeitenden Gewerbe und dem Handel.[1]

Für die Mehrheit der Zulieferbetriebe hatte die Werftschließung keine nennenswerten Auswirkungen, weder auf die Umsatz- und Gewinnentwicklung, noch auf den Personalbestand.

Als Grund wurde angegeben, daß der ohnehin geringe Umsatzanteil mit der AG "Weser" am Gesamtumsatz in den letzten Jahren vor der Schließung erheblich abgenommen habe. Er lag 1982/83 bei fast allen Betrieben unter 2%.

Kompensiert wurde der relativ geringe Auftragsverlust sowohl durch Aufträge anderer Schiffbaubetriebe als auch durch die Belieferung von schiffbaufremden Betrieben.

Doch immerhin fast die Hälfte der Zulieferer aus der Bremer Region und nahezu ein Viertel der Betriebe aus anderen Bundesländern waren von der Werftstillegung spürbar betroffen. Obwohl auch hier bereits mit dem Beginn der Schiffbaukrise ein deutlicher Rückgang des Umsatzanteils mit der Werft am Gesamtumsatz stattgefunden hatte, war er zum Zeitpunkt der Schließung noch immer so hoch, daß die Stillegung nennenswerte Umsatz- und Gewinneinbußen zur Folge hatte.

Die meisten dieser Betriebe reagierten mit Personalanpassungen in Form von Entlassungen, Nichtbesetzung freigewordener Arbeitsplätze und Frühverrentung. Ergänzt wurden diese Maßnahmen durch Überstundenabbau, Kurzarbeitsphasen und der Unterlassung geplanter Neueinstellungen.

Das Ausmaß der Personalanpassungen infolge der Stillegung ist allerdings im Zusammenhang mit den Maßnahmen, die bereits vor 1983 getroffen wurden, zu sehen. Mehr als die Hälfte der betroffenen Unternehmen gab an, bereits zuvor aufgrund schwankender bzw. sinkender Umsätze mit der AG "Weser" Personal entlassen, Kurzarbeit eingeführt oder Überstunden abgebaut zu haben.

---

1 Zur Methode vgl. A.5 im Anhang.

Lediglich etwas über ein Drittel dieser Betriebe hat die Auftragsverluste durch die Gewinnung neuer Kunden bzw. durch eine stärkere Belieferung bisheriger Kunden ausgleichen können. Den anderen ist es

Tabelle 28: Betroffenheit der Zulieferer von der AG "Weser"-Stillegung

	Betriebe aus dem Bundesgebiet		Betriebe der Bremer Region		Betriebe aus anderen Bundesländern	
	total	%	total	%	total	%
Auswirkungen[1]	19	36	14	45	5	23
keine Auswirkungen	34	64	17	55	17	77
insgesamt	53	100	31	100	22	100

1. Im Fragebogen wurden Auswirkungen anhand der Kriterien Umsatz- und Gewinneinbußen sowie verschiedener Maßnahmen zur Personalanpassung erfragt.
Quelle: Zuliefererbefragung, eigene Berechnungen

bisher nur zum Teil oder sogar überhaupt nicht gelungen, die Auftragseinbußen durch anderweitige Aufträge zu kompensieren.

Die Zulieferbetriebe, die von der Schließung betroffen waren, weisen vor allem folgende Merkmale auf: die Zugehörigkeit zu einer Branche mit Beschäftigungsabbau, einen hohen Umsatzanteil mit der Schiffbauindustrie insgesamt und eine geringe Diversifikation in der Produktionspalette.

Die Mehrheit der betroffenen Zulieferbetriebe gehörte im Jahr der Stillegung zu Branchen mit starkem Beschäftigungsabbau, wie beispielsweise dem Baugewerbe und dem Groß- und Einzelhandel. Sie stammten überwiegend aus der Bremer Region.

Eine Bremer Firma aus dem Baugewerbe, die sowohl Material für Isolierungen lieferte, als auch Montagearbeiten auf der Werft ausführte, ist hierfür ein Beispiel. Der Umsatzanteil mit der AG "Weser" am Gesamtumsatz lag zwischen 20% und 30%, der mit der gesamten Schiffbauindustrie zwischen 60% und 70%. Aufgrund der Werftschließung wurden sieben Arbeitnehmer entlassen. Obwohl eine Belieferung schiffbaufremder Firmen angestrebt wurde, war es diesem Unternehmen auch vier Jahre nach der Stillegung noch nicht gelungen, die Auftragseinbußen infolge der AG "Weser"- Schließung auszugleichen.

Anhaltende Folgen hatte die Werftschließung auch für einen Bremer Einzelhandels-

Tabelle 29: Geschäftsbeziehungen betroffener Zulieferer zur AG "Weser" sowie zur gesamten Schiffbauindustrie[1]

Betriebe in der Bremer Region

Branche	Beschäf-tigte[2]	Anteil der AGW am Umsatz 1975-83		davon abhängige Arbeitsplätze total[3]		Anteil d. Schiffbauind. a. Umsatz in %	davon abhänige Arbeitsplätze total	
		1975-83	1983	total[3]	in %	in %	total	in %
Baugewerbe	70	50	50	50	71	70	70	100
"	185	30	16	28-38	18	65	65-70	36
"	60	20-30		6-8	12	60-70	15-20	28
Großhandel	6	10-20	3	-	-	65	6	100
"	70	15	5	4	6	75	50	71
Stahl-Maschinenb.	150	5-10	3	20	13	80	150	100
Einzelhandel	17	12	3	1-2	12	13	1-2	12
Baugewerbe	162	7	7	10-15	8	18	60-70	40
Großhandel	70	5	2,5	2	3	30	30	43
Baugewerbe	200	2-4	0,5	2-10	3	0	-	-
NE-Metalle	120	2,5	0,5	10	8	90	120	100
Chem.Industrie	105	1-2	1-2	0	10-12	5	5	
Baugewerbe	90	-	-	25	28	0	-	-
Groß-Außenhandel	12	-	-	-	-	30	12	100

Betriebe aus anderen Bundesländern

Metallgießerei	35	10	10	0	-	35	15	43
Schiffbau	140	5		10	7	100	80	57
Metallindustrie	600	3-0,5	0,5	13	2	6	50	8
Metallherst.	90	40	5	-	-	100	100	100
Metallbearbeitung.	120	20	15	-	-	60	-	-

1. In der Rangfolge des Umsatzanteils mit der AG "Weser"
2. Beschäftigte 1988, von daher können 1983 die Arbeitsplätze, abhängig von der AG "Weser"oder der Schiffbauindustrie, kleiner bzw. größer gewesen sein.
3. bei Angaben von Arbeitsplatzspannen wurde der Mittelwert zugrunde gelegt

Quelle: Zuliefererbefragung, eigene Berechnungen

betrieb. Er belieferte die AG "Weser" mit Büromaterial. Der Umsatzanteil betrug 12% am Gesamtumsatz, verringerte sich 1983 dann allerdings auf 3%. Auf die sinkende Nachfrage in den Jahren vor der Schließung reagierte der Betrieb mit der Entlassung eines Mitarbeiters; seine Stillegung selber hatte die Kündigung von zwei weiteren zur Folge sowie die Aufgabe einer Betriebsabteilung. Da dem Unternehmen ein Ausgleich der Auftragseinbußen noch nicht gelungen ist, mußte es "den teilweisen Verlust der Großabnehmerkonditionen bei den Vorlieferanten hinnehmen, wodurch die Wettbewerbsfähigkeit mit anderen Schreibwarengeschäften nicht mehr gegeben ist und dadurch der Verlust weiterer Kunden droht."

Als eine weitere Ursache ist der hohe Umsatzanteil mit der Schiffbauindustrie insgesamt zu sehen: Bei fast der Hälfte der betroffenen Zulieferunternehmen betrug der Umsatzanteil mit den Werften in der Bundesrepublik über 50% ihres Gesamtumsatzes; bei fünf von ihnen hingen die gesamten Arbeitsplätze davon ab (vgl. Tab. 29). Diesen Firmen ist es offensichtlich nicht gelungen, die abnehmende Nachfrage bzw. den späteren Nachfrageausfall der AG "Weser" durch Aufträge von anderen Werften zu kompensieren oder Geschäftsbeziehungen zu schiffbaufremden Betrieben aus- bzw. aufzubauen.

Typisch hierfür ist eine Bremer Firma, die in den Bereichen Reinigung und Korrosionsschutz tätig ist. In den Jahren 1975-1983 betrug der durchschnittliche Umsatzanteil mit der Werft 50% am Gesamtumsatz des Betriebes und es hingen ca. 50 Arbeitsplätze davon ab. Der Umsatzanteil mit der Schiffbauindustrie insgesamt lag bei 70% und sicherte die gesamten 70 Arbeitsplätze. Nach Angaben des Unternehmen war es nach der AG "Weser"- Schließung nicht möglich, den Nachfrageausfall zu kompensieren. Es sah sich somit gezwungen, mit der Stillegung der AG "Weser"- Abteilung den Personalbestand um 8 Beschäftigte zu reduzieren, Umsetzungen innerhalb der Belegschaft vorzunehmen und die Anzahl der Überstunden abzubauen.

Ebenso kann eine geringe Diversifikation in der Produktionspalette eine Kompensation des Nachfrageausfalls erschweren. Eine Spezialisierung in der Produktion erhöht die Abhängigkeit zum Auftraggeber, da eine Ausweitung des Kundenkreises dadurch zunächst nur beschränkt möglich ist.

Dieses trifft beispielsweise für einen Bremer Kleinbetrieb zu, der sich auf die Verarbeitung und den Vertrieb von Ketten und Drahtseilen spezialisiert hat. Sein Umsatzanteil mit der AG "Weser" am Gesamtumsatz betrug zwischen 10% und 20%, mit der gesamten Schiffbauindustrie 65%. Die gesamten Arbeitsplätze in diesem Unternehmen hingen vom Schiffbau ab. "Ein großer Kunde ist nicht mehr am Markt und speziell für unseren Artikel Drahtseile nicht zu ersetzen."

Die geringe Diversifikation dürfte auch bei einer Metallgießerei, die sich auf die Produktion von Schiffsfenster spezialisiert hat, zu Anpassungsschwierigkeiten geführt haben. Ihr Umsatzanteil mit der AG "Weser" betrug 10% vom Gesamtumsatz. Seit 1975 war der Umsatz bereits Schwankungen unterworfen. Als 1983 die Werft geschlossen wurde, mußte das Unternehmen erhebliche Umsatz- und Gewinneinbußen hinnehmen. Auch hier dürfte die hohe Spezialisierung mit dazu beigetragen haben, daß auch vier Jahre nach der Schließung der AG "Weser"die Auftragseinbußen nicht durch anderweitige Aufträge ausgeglichen werden konnten.

Ein hoher Umsatzanteil mit der AG "Weser"am Gesamtumsatz zusammen mit einer geringen Produktdiversifikation, der Zugehörigkeit zu einer Branche mit starkem Beschäftigungsabbau oder ein hoher Zulieferanteil an den Schiffbau insgesamt sind also wesentliche Gründe dafür, daß die Werftstillegung spürbare Auswirkungen auf diese Zulieferbetriebe gehabt hat, die zum Teil auch vier Jahre nach der Schließung noch nicht kompensiert werden konnten.

Insofern hat die Schließung der AG "Weser" zwar für einige Zulieferer weitreichende Folgen gehabt, aber, bezogen auf die gesamte Zulieferindustrie, blieben die Auswirkungen doch relativ gering. Die seit Mitte der 70er Jahre anhaltende Krise im bundesdeutschen Schiffbau haben offenbar viele Zulieferer zur Anpassung genutzt und Geschäftsbeziehungen zu - vielfach schiffbaufremden - Betrieben aus- bzw. aufgebaut. Sie traf die Stillegung nicht unvorbereitet, sondern stellte das Ende einer Geschäftsbeziehung dar, aus der sie sich aufgrund schwankender bzw. rückläufiger Aufträge bereits weitgehend zurückgezogen hatten. Nur wenigen kleinen- und mittleren Unternehmen in der Region war dieses offensichtlich nicht möglich.

Für den Stadtteil Gröpelingen in Bremen, dem ehemaligen Standort der AG "Weser", dessen Entwicklung seit Beginn dieses Jahrhunderts wesentlich durch die Großwerft geprägt war, wurde im Falle der Stillegung das Schlimmste befürchtet. Der Ortsamtleiter ging seinerzeit davon aus, "daß in Gröpelingen die Lichter ausgehen". Auch diese Befürchtungen haben sich nicht bestätigt.

Die einstmals enge Beziehung zwischen Werft und Stadtteil hatte sich bereits in den 60er und 70er Jahren gelockert: zum einen bedingt durch den drastischen Belegschaftsabbau auf der AG "Weser", zum anderen hatte Gröpelingen als Wohnort von Werftbeschäftigten immer mehr an Bedeutung verloren. Durch die relativ guten Verdienstmöglichkeiten auf der Werft war es vielen möglich geworden, Haus- und Wohnungseigentum außerhalb Gröpelingens zu erwerben. Zum Zeitpunkt der Schließung hatten nur noch weniger als ein Viertel der Beschäftigten - darunter vor allem Ausländer - ihren Wohnsitz in Gröpelingen. Da zudem viele Ausländer in ihre Heimatländer zurückkehrten und die meisten Werftarbeitnehmer wiederbeschäftigt wurden, wirkte sich die Schließung nicht negativ auf den Stadtteil aus.

Für die Entwicklung des Stadtteils Gröplingen ergaben sich aus der Werftstillegung sogar einige positive Aspekte. Der durch die Werft bedingte Berufs- und Zulieferverkehr ist durch die Schließung weggefallen. Die dadurch möglich gewordene Einrichtung von Fußgängerzonen hebt die Wohnqualität und führt zu einer Aufwertung des Stadtteils Gröpelingens (Projektgruppe 1988).

Bei der Nutzung des ca. 50 ha großen Werftgeländes (35 ha Landfläche, 15 ha Wasserfläche) bot sich nach der Schließung eine Parzellierung an, da es unwahrscheinlich schien, einen Käufer für das gesamte Areal zum Preis von 30 Millionen Mark zu finden. Mit teilwesem Erfolg: Günstige Pachtbedingungen, in Aussicht gestellte Starthilfen und nicht zuletzt das seeschifftiefe Wasser lockten schon bald Interessenten. Bis Ende 1987 hatten sich rund 40 Betriebe auf dem Areal der ehemaligen AG "Weser" angesiedelt, die insgesamt ca. 700 Arbeitnehmer (einschließlich Beschäftigte in Fortbildungs- und Umschulungsmaßnahmen) beschäftigten.

Das Firmenspektrum reicht von einer selbstverwalteten Fahrradmanufaktur bis zum Industrieanlagenbetrieb, der mit ca. 200 Beschäftigten die größte aller neuangesiedelten Firmen darstellt (Wirtschaftsförderungsgesellschaft, 1987). Zwei der auf dem Gelände ansässigen Firmen wurden von ehemaligen Arbeitnehmern der AG "Weser" gegründet: eine Stahlbaufirma, die Turbinengehäuse, Maschinenfundamente, Druckbehälter und Tanks produziert und ein Maschinenbauunternehmen, in dem Spezialturbinenschaufeln gefertigt und Turbinen gewartet werden. Beide haben jeweils mehr als 20 Mitarbeiter, von denen die meisten von der AG "Weser" kommen (vgl.II.2.7).

Eine Arbeitsplatzkonzentration, wie sie früher auf der Werft bestanden hatte, ist auf dem Gelände allerdings nicht erreicht worden, da ein Teil des Geländes nach wie vor ungenutzt ist oder als Lager dient.

Insgesamt hat jedoch weder der Stadtteil nachhaltig gelitten, noch ist das ehemalige Werftgelände zur Industriebrache verkommen.

III. Die Arbeitsmarktfolgen von Betriebsstillegungen im internationalen Vergleich

Betriebsschließungen haben in den vergangenen Jahren in vielen Ländern wachsende Aufmerksamkeit gefunden. Eine Vielzahl von Fallstudien - in Schweden und den USA sogar repräsentative Surveys - ermöglichen weitreichende Einblicke in das durch Massenentlassungen ausgelöste Arbeitsmarktgeschehen.

Die hier präsentierten Erkenntnisse über die Arbeitsmarktfolgen von Großbetriebsstillegungen können in dreifacher Hinsicht durch einen Vergleich der Untersuchungsergebnisse in anderen Ländern vertieft und ergänzt werden:

1. Die Betriebsstillegungen der AG "Weser" und des AEG Werks in Berlin erfolgten auf lokalen Arbeitsmärkten, die durch hohe und im Untersuchungszeitraum steigende Arbeitslosigkeit bei rückläufiger Beschäftigung gekennzeichnet waren. Dieses Grundmuster gilt auch für die IAB-Untersuchung. In einigen Ländern erfolgten hingegen Betriebsschließungen in günstigeren Arbeitsmarktsituationen, bei niedrigerer Arbeitslosigkeit oder steigender Beschäftigung. In anderen Ländern verliefen Arbeitslosigkeit und Beschäftigungsentwicklung noch ungünstiger als in der Bundesrepublik.

Die Konsequenzen für die Betroffenen und die lokalen Arbeitsmärkte dürften deshalb national sehr unterschiedlich sein. Je höher die Arbeitslosigkeit, und je ungünstiger die Beschäftigungsentwicklung, umso wahrscheinlicher ist es, daß die Stillegung eines Betriebes zu höherer und für die Betroffenen längerer Arbeitslosigkeit, stärkerer Instabilität der späteren Beschäftigungsverhältnisse und größeren Einkommensverlusten führt. Andererseits ist aber auch zu berücksichtigen, daß die Folgen sehr stark durch branchenspezifische Bedingungen, durch Qualifikation, Geschlecht und Nationalität der Arbeitnehmer beeinflußt werden.

2. Nicht nur Niveau und Dynamik der Arbeitsmärkte, sondern auch die unterschiedlichen strukturellen und institutionellen Rahmenbedingungen beeinflussen die Wiederbeschäftigungschancen und -bedingungen der von Stillegungen betroffenen Arbeitnehmer. Wesentliche institutionelle Rahmenbedingungen sind der Grad der rechtlichen oder ta-

rifvertraglichen Regulierung des Stillegungsprozesses und die Einstellungspolitik der Unternehmen. In einem Land, in dem die Stillegung eines Betriebs an hohe rechtliche Auflagen gebunden ist, sind Arbeitskräfte zwar nicht vor dem stillegungsbedingten Verlust ihres Arbeitsplatzes gefeit, negative Arbeitsmarktfolgen dürften allerdings geringer sein als in einem Land, in dem keine derartigen rechtlichen Regelungen existieren. Ambivalent ist vermutlich die Bedeutung der betrieblichen Einstellungspolitik. Senioritätsregeln können die Wiederbeschäftigungschancen nach einer Betriebsschließung erschweren, die Existenz berufsfachlicher Arbeitsmärkte begünstigt den zwischenbetrieblichen Arbeitsplatzwechsel und erhöht daher die Chancen der Wiederbeschäftigung.

3. Ein internationaler Vergleich ermöglicht schließlich bessere Erkenntnisse darüber, ob durch einen gezielten Einsatz arbeitsmarktpolitischer Instrumente der Ablauf und die Folgewirkungen von Betriebsschließungen gestaltet und verändert werden können.

Für den folgenden Vergleich wurden ca. 30 Untersuchungen aus 3 Ländern herangezogen, für die vergleichbare Forschungsergebnisse vorliegen und die sich zugleich durch erhebliche Unterschiede in der Dynamik und Struktur des Arbeitsmarktes auszeichnen:

— *Schweden* ist ein Land mit Vollbeschäftigung und hoher Geschwindigkeit des wirtschaftlichen Strukturwandels. Einschneidende politische und gesetzliche Regulierungen des Schließungs-prozesses und hohe Flexibilität des externen Arbeitsmarktes kennzeichnen die Rahmenbedingungen gleichermaßen. Von besonderem Interesse ist zudem, daß hier im vergangenen Jahrzehnt sämtliche Großwerften geschlossen und die Schließungsfolgen in umfangreichen Untersuchungen dokumentiert worden sind.

— Die *USA* zeichnen sich durch außerordentlich hohes Beschäftigungswachstum, einen flexiblen Arbeitsmarkt, kaum vorhandene rechtliche Regulierungen von Betriebsschließungen und eine zwar im OECD Maßstab unterdurchschnittliche, gleichwohl gegenüber Schweden erheblich höhere Arbeitslosenquote aus.

— *Großbritannien* weist von den hier einbezogenen Ländern die mit Abstand höchste Arbeitslosenquote und die ungünstigste Beschäftigungsentwicklung auf. Wenig formelle, aber sehr starke informelle Einflußmöglichkeiten des Staates und der Gewerkschaften auf den Schließungsprozeß markieren zumindestens für die Zeit, in der die hier dargestellten Betriebsschließungen vorgenommen wurden, die institutionellen Rahmenbedingungen.

Außerdem kann ein internationaler Vergleich die abweichenden Prozesse und Folgewirkungen zum Vorschein bringen und somit Ergebnisse der Bremer bzw. Berliner Stillegungsfälle stützen oder relativieren. Repräsentativität können jedoch weder die Fallstudien beanspruchen, da in der Regel *Industrie*betriebe und zudem noch männerdominierte Wirtschaftszweige mit günstigen Qualifikationsstrukturen Untersuchungsgegenstand sind, noch die Surveys aus Schweden und den USA (Edin 1988, Flaim 1985). Zwar umfaßt ein Survey über "displaced workers" in den USA zwischen 1979 und 1983 immerhin 5,1 Millionen Arbeitskräfte, von denen 2,4 Millionen infolge Betriebsschließung entlassen wurden. Doch werden nur jene Arbeitnehmer berücksichtigt, die mindestens drei Jahre zuvor im gleichen Betrieb beschäftigt waren. Der schwedische Survey umfaßt immerhin 193 Betriebsschließungen von denen 22.000 Arbeitskräfte betroffen waren. Doch sind dabei nur Betriebe mit mehr als 50 Beschäftigte erfaßt, die Mehrzahl der Stillegungen ist somit ausgeschlossen.

1. Betriebsschließungen in Schweden

Schweden hat nach der Schweiz und Japan die niedrigste Arbeitslosenquote aller OECD - Staaten (1,7 % im September 1988). Obwohl das Land sehr stark in den Weltmarkt eingebunden ist und in den achziger Jahren von Branchenkrisen insbesondere in der Werft- und Stahlindustrie betroffen war, kam es nur vorübergehend zu einem im internationalen Vergleich geringfügigen Anstieg der Arbeitslosigkeit.

Der Erhalt der Vollbeschäftigung hat eine hohe Priorität in der schwedischen Gesellschaft. Kein anderes OECD-Land wendet so viel finanzielle Mittel in Relation zum Bruttosozialprodukt für eine aktive Arbeitsmarktpolitik auf (OECD 1988), die eine herausragende Bedeutung im schwedischen Politikmodell hat (Meidner 1984). Sie dient dabei mehr der Förderung des Strukturwandels als der Bestandserhaltung. "Eine gut ausgestattete Arbeitsmarktpolitik ist zusammen mit einer aktiven Industriepolitik eine weit bessere Alternative als riesige Subventionen an Firmen und Wirtschaftszweige, die unrentabel geworden sind" (Meidner 1987).

Eine Reihe von Gesetzen wurden seit Mitte der siebziger Jahre beschlossen, die die Beschäftigten stärker vor Entlassung schützen und den Gewerkschaften größere Mitbestimmungsmöglichkeiten geben (Standing 1988 S.73ff). Dazu gehören insbesondere das Beschäftigungsförderungsgesetz (1974),das Gesetz über die Rechte der Gewerkschaften am Arbeitsplatz (1974), das Gesetz über die Mitbestimmung am Arbeitsplatz (1976), das Gesetz über die Gleichstellung von Männern und Frauen am Arbeitsplatz (1979) und das Beschäftigungssicherungsgesetz (1974,1982).

Die Unternehmen sind in Schweden zu einer frühzeitigen Information bei Betriebsstillegungen verpflichtet. Der Schließungsprozeß von Betrieben mit mehr als 100 Beschäftigten muß mindestens sechs Monate dauern. Zudem sind die lokalen Arbeitsmarktbehörden angehalten, die Arbeitsmarktprozesse bei Betriebsschließungen zu überwachen und darüber öffentlich Bericht zu erstatten. In besonders gravierenden Fällen werden darüber hinaus regionale Strukturkommissionen gebildet, die die Schließung von Großbetrieben koordinieren und erleichtern sollen. Diesen lokalen Kommittees gehören in der Regel Vertreter der Arbeitsmarktbehörde, der Kommune, Arbeitgeber und Gewerkschaften an. Sie protokollieren vielfach detailliert den gemeinsamen Schließungsprozeß und seine Folgen.

Diese Gesetze haben die grundlegenden Entscheidungsrechte der Arbeitgeber über strukturelle Veränderungen und die Schließung der Betriebe nicht in Frage gestellt. Arbeitsmarktbehörden, Staat und Gewerkschaften haben jedoch mehr Möglichkeiten, den Schließungsprozeß mitzugestalten.

Die Arbeitsmarktfolgen von Betriebsschließungen

Angesichts der Priorität der Arbeitsmarktpolitik und der skizzierten gesetzlichen Regelungen ist es nicht erstaunlich, daß außer den USA kein anderes Land über so viele Studien über die Arbeitsmarktwirkungen von Betriebsschließungen verfügt. Zwei Surveys zufolge, die fast

200 Betriebsschließungen über einen Zeitraum von zwei Jahrzehnten umfassen (Edin 1988, Skogö 1988), haben im Durchschnitt 51 % der infolge von Schließungen entlassenen Arbeitskräfte innerhalb von fünf Monaten nach der Schließung einen neuen Arbeitsplatz gefunden. 20 % waren noch arbeitslos. Der Wiederbeschäftigungsgrad hat freilich im Laufe der Jahre erheblich abgenommen. Er lag Ende der 60er Jahre noch bei 67 % und ist bis zum Beginn der 80er Jahre auf fast 50 % gesunken (vgl. Tabelle 30). Auch in Schweden ist also im Verlauf der weltweiten Wirtschafts- und Arbeitsmarktkrise die Wiedereingliederung der Entlassenen schwieriger geworden. Eine ökonometrische Analyse (Edin 1988) ermittelt entsprechend die Nachfrage nach Arbeitskräften, gemessen am Niveau der offenen Stellen als den entscheidenden Faktor, der die Wiederbeschäftigungsbedingungen beeinflußt. Die "expected reemployment rate" war z.B. im Jahr eines konjunkturellen Hochs (1970) mit einem hohen Niveau offener Stellen um 19 Prozentpunkte höher als in der Rezession (Edin 1988 S. 30). Hingegen hatte die Größe der geschlossenen Betriebe oder der betroffenen Arbeitsmärkte keinen signifikanten Einfluß.

Tabelle 30: Arbeitsmarktfolgen von Betriebsstillegungen in Schweden

	1966-70	1971-75	1976-80	1982-84	1982-84[1]
wiederbesch.	66,9	58,0	50,4	49,9	57,7
arbeitslos	12,4	21,0	20,2	20,1	10,8
in ABM[3]	9,3	8,0	12,6	14,6	8,1
andere[2]	12,0	11,2	16,8	15,5	23,5

1966-80 : Arbeitsmarktstatus 3,5 Monate nach der Schließung
1982-84 : Arbeitsmarktstatus 2 Jahre nach Bekantgabe der Schließung
1. Massenentlassungen
2. Überwiegend Frühverrentungen, aber auch normale Verrentung und Krankheit
3 In arbeitsmarkt-politischen Maßnahmen
Quelle : 1966-80: Edin(1988), 1982-84: Gonäs (1988)

In einer weiteren Untersuchung von 17 Betrieben mit insgesamt 3.400 Beschäftigten wurden über einen Zeitraum von zwei Jahren die Folgen von Betriebsstillegungen mit denen von Massenentlassungen (ohne Betriebsschließungen) verglichen (Gonäs 1988). Danach war der Wiederbeschäftigungsgrad nach Stillegungen des gesamten Betriebes niedriger als bei Massenentlassungen (vgl. Tabelle 30). Dieser günstigere Arbeitsmarktverlauf bei Massenentlassungen erklärt sich aus der ausgeprägten schwedischen Kündigungsschutzgesetzgebung. Sie sichert die Arbeitnehmer, die auch in Schweden schlechtere Chancen auf dem externen Arbeitsmarkt haben, weitgehend ab. So können z.B. Ältere auch bei Massenentlassungen nur über besondere Vorruhstandsregelungen entlassen werden. Folglich werden zunächst jüngere Arbeitnehmer entlassen (bzw. kündigen selber), die auf dem Arbeitsmarkt noch gute Chancen haben. Bei Betriebsstillegungen hingegen verlieren diese Schutzgesetze ihre Wirkung, so daß dieArbeitslosigkeit in diesen Fällen entsprechend höher ausfällt und der Anteil derer, die aus dem Arbeitsmarkt ausscheiden, niedriger ist[1].

Generell waren Frauen stärker von Arbeitslosigkeit betroffen und hatten eine deutlich geringere Wiederbeschäftigungsrate als Männer (Gonäs 1988). Hervorstechend ist freilich ein Ergebnis, das nur durch die Besonderheiten des schwedischen Arbeitsmarktes zu erklären ist: Männer haben sich in stärkerem Maß nach der Entlassung und der anschließenden Arbeitslosigkeit ganz aus dem Erwerbsleben zurückgezogen als Frauen. Diese haben zwar größere Schwierigkeiten, nach einer Betriebsschließung wieder ein dauerhaftes Arbeitsverhältnis zu finden, da sie jedoch eher zu Konzessionen an die Qualität der Arbeitsplätze bereit sind, als auf Arbeit gänzlich zu verzichten, ist ihre Verbleibsquote auf dem Arbeitsmarkt höher. Zu berücksichtigen ist hier zweifellos der außerordentlich hohe Stand der Frauenerwerbstätigkeit in Schweden (83 %).

Trotz weitgehender Vollbeschäftigung haben die Betriebsschließungen jedoch auch in Schweden zur Instabilität der Beschäftigungsverhältnisse der hiervon betroffenen Arbeitnehmer beigetragen. "Gewinner" sind die Opfer von Betriebsschließungen in der Regel nicht. Diejenigen, die sich nach einer Betriebsschließung in ihrem Beschäftigungsstatus oder im Einkommen verbessert oder auch nur einen nach ihrer Einschätzung besseren Arbeitsplatz gefunden haben, stellen, fast allen Untersuchungen zufolge, eine Minderheit dar.

---

1 Auch in der Bundesrepublik wird man bei einem Vergleich von Massenentlassungen und Betriebsstillegungen zu einem ähnlichen Ergebnis kommen. Zumindest zeigt das Beispiel der AG "Weser", daß bei den der Schließung vorangegangenen Entlassungsaktionen vorwiegend Arbeitskräfte mit vergleichsweise guten Chancen auf dem externen Arbeitsmarkt den Betrieb verließen und die Älteren nur über sozialplangeregelte Vorruhestandsregelungen entlassen wurden. Mithin ein Hinweis darauf, daß beide Phänomene jeweils differenziert behandelt werden müssen.

Die Einstellung des Schiffbaus in Schweden

Den wohl interessantesten Vergleich zur Schließung der AG "Weser" ermöglichen die Stillegungen der Großwerften in Göteborg, Malmö und Uddevalla zu Beginn der 80er Jahre. Durch Verstaatlich-ungen und Subventionen hatte die schwedische Reichsregierung zunächst viele Jahre die hochmodernen Werften zu erhalten versucht. Seit Anfang der 80er Jahre wurde jedoch zunehmend offenkundiger, daß ein Erhalt des Schiffbaus auch langfristig nur um den Preis ständig steigender Subventionen möglich sein würde. Insbesondere nachdem die Sozialdemokraten 1982 wieder die Regierung übernommen hatten, erhielt stattdessen die Förderung der Ansiedlung und Expansion kleinerer Betriebe und die Modernisierung der Wirtschaft Priorität. Mit großzügig ausgestatteten wirtschafts- und arbeitsmarktpolitischen Programmen wurde der Schließungsprozeß der Werften zeitlich gestreckt und zugleich der Erneuerungsprozeß der lokalen Wirtschaftsstrukturen unterstützt.

Während der Wiederbeschäftigungsgrad in den vorangegangenen Jahren bei Betriebsschließungen in Schweden allgemein gesunken und kaum mehr als 50 % dauerhaft Wiederbeschäftigte in den ersten zwei Jahren nach der Stillegung registriert wurden (Edin 1988, Gonäs 1988), haben aufgrund dieser Programme in Landskrona und Uddevalla immerhin zwei Drittel der Entlassenen einen neuen Arbeitsplatz gefunden.

Besonders erfolgreich verlief die Schließung der Uddevalla-Werft. Um die Bedeutung dieses Schließungsprozesses beurteilen zu können, muß man berücksichtigen, daß, obwohl die Werft mit zuletzt 2.165 Beschäftigten der größte industrielle Arbeitgeber in einer Kleinstadt mit 46.800 Einwohnern war, keiner der betroffenen Werftarbeiter arbeitslos wurde und in der Region zwei Jahre nach der Stillegungsentscheidung nahezu Vollbeschäftigung herrschte (Arbeitslosenquote in Uddevalla 1987: 2,1 %). Außerdem kam es zu keiner passiven Sanierung durch Abwanderung qualifizierter Arbeitskräfte in andere Regionen.

Der endgültigen Entscheidung über die Schließung der Werft in Uddevalla im Januar 1985 waren viele Gespräche und Kontakte vorangegangen. Die Regierung hatte ein umfangreiches Bündel wirtschafts-

und arbeitsmarktpolitischer Maßnahmen ("Uddevalla-Paket") vorbereitet. Genauso bedeutsam erwies sich, daß zeitgleich mit der Bekanntgabe der Schließung Volvo den Bau eines neuen Automobilwerks in Uddevalla bekannt gab. Der Schließungsprozeß erstreckte sich über einen Zeitraum vom mehr als 2 Jahren. Im Juni 1986, eineinhalb Jahre nach dem Stillegungsbeschluß, wurde das letzte Schiff abgeliefert.

So konnte die Reduzierung der Werftbelegschaft kontinuierlich vorgenommen werden und ein großer Teil der Beschäftigten vor der Entlassung an Maßnahmen der Fortbildung und Umschulung teilnehmen. Fast ein Viertel der Werftbelegschaft wechselte im Laufe der Jahre 1985 und 1986 zunächst in eine Ausbildung. Im August 1987, zweieinhalb Jahre nach Bekanntgabe der Schließung, hatten zwei Drittel der Belegschaft, ohne arbeitslos zu werden, einen neuen Arbeitsplatz gefunden. Knapp 10 % befanden sich noch in der Ausbildung.

Rund 20 % der Belegschaft der Werft in Uddevalla - wie auch der Werften in Landskrona und Malmö - wurden frühzeitig verrentet. Eine solche Frühverrentungsregelung ist in Schweden ab einem Alter von 58 Jahren und drei Monaten möglich. Aufgrund eines besonderen Übereinkommens werden die betreffenden Arbeitnehmer bis zum 60. Lebensjahr offiziell als arbeitslos registriert und gehen dann in Rente. Vom Unternehmen erhalten sie eine Ausgleichszahlung, die in der Regel so aussieht, daß auch in der Zeit der formellen Arbeitslosigkeit und Frühverrentung das Einkommen zwischen 90 % und 100 % des letzten Nettoeinkommens liegt.

Die Frühverrentungsregelungen hatten zweifellos für die sozialverträgliche Abwicklung des Schließungsprozesses eine erhebliche Bedeutung. Bei einer Beurteilung dieser Ausgrenzungsprozesse muß allerdings berücksichtigt werden, daß das Durchschnittsalter der Belegschaft vergleichsweise hoch war. 23 % der Arbeiter und 25 % der Angestellten waren zum Zeitpunkt des Schließungsbeschlusses älter als 55 Jahre.

Mehr als die Hälfte der Werftbelegschaften wechselte noch vor dem Schließungszeitpunkt nahtlos in ein neues Beschäftigungsverhältnis. In Uddevalla fanden selbst bei den Arbeitern 49 % ohne arbeitslos zu werden einen neuen Arbeitsplatz. Der höhere Anteil der Angestellten (62 %), die nahtlos wechselten, erklärt sich ganz erheblich aus dem

Rekrutierungspotential neu gegründeter Betriebe in der Region. Jeder siebte Angestellte wechselte in einen neu entstandenen Betrieb, der vor der Entscheidung über die Werftschließung noch nicht existierte.

Wurden die Angestellten durch die wirtschaftspolitische Maßnahme der Ansiedlungsförderung und Existenzgründung begünstigt, so wirkte sich auf die Arbeiter die arbeitsmarktpolitischen Maßnahmen stärker aus. Jeder vierte Arbeiter wechselte zunächst von der Werft in eine Umschulungsmaßnahme.

Weitgehende Vermeidung von Arbeitslosigkeit für die Betroffenen, hoher Wiederbeschäftigungsgrad und Erneuerung der lokalen Wirt-

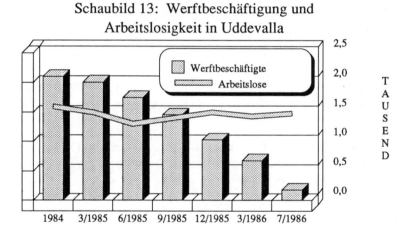

Schaubild 13: Werftbeschäftigung und Arbeitslosigkeit in Uddevalla

schaftsstrukturen kennzeichnen also die Schließung dieser drei Großwerften Schwedens. Auch auf dem lokalen Arbeitsmarkt traten nur kurzfristig Probleme auf. Zeitweilig war zwar in Uddevalla die Arbeitslosenquote auf über 3 % angestiegen. Zwei Jahre nach der Schließung lag sie jedoch wieder unter 2 %; in der einst von der Werftindustrie geprägten Stadt und ihrem Umland herrschte 1988 Vollbeschäftigung.

Der ausgeprägte Kündigungsschutz und die Arbeitsmarktgesetzgebung haben in Schweden Betriebsstillegungen nicht verhindern können. Dies war allerdings auch nicht die der Arbeitsmarktpolitik zugrundeliegende Intention. Der Strukturwandel konnte aber sozialverträglich gestaltet werden. Insbesondere bei den Werftschließungen ist der Wiederbeschäftigungsgrad hoch und die Arbeitslosigkeit sowohl für die Betroffenen wie auch für die Regionen gering geblieben.

2. Betriebsschließungen in den USA

In den Vereinigten Staaten nahm im vergangenen Jahrzehnt die Beschäftigung weit stärker zu als in Westeuropa. Die Arbeitslosenquote liegt inzwischen unter dem OECD - Durchschnitt. Die externe Mobilität der Arbeitskräfte und der Betriebe ist höher als in vielen westeuropäischen Ländern (Sengenberger 1984, 1987).

Massenentlassungen und Betriebsschließungen sind durch die Arbeitsgesetzgebung kaum reguliert. Allerdings wurde in verschiedenen Arbeitsmarktprogrammen den entlassenen Arbeitskräften besondere Aufmerksamkeit zuteil:

— Mit dem Job Training Partnership Act (JTPA) werden Qualifizierungsmaßnahmen insbesondere auch bei Massenentlassungen gefördert.

— Mit dem Trade Adjustment Assistance Act erhalten Arbeitnehmer, die aufgrund von Importkonkurrenz ihren Arbeitsplatz verloren haben, Unterstützung.

Für beide Programme standen z.B. 1988 im Rahmen eines "Worker Adjustment Programms" 1,8 Mrd.DM zur Verfügung. 7 % der Betroffenen nahmen 1984/85 an Maßnahmen des JTPA teil (GAO 1987). Während in den ersten Jahren der Reagan Administration arbeitsmarktpolitische Maßnahmen erheblich beschnitten wurden, fand in den letzten Jahren eine Ausweitung zielgruppenspezifischer Qualifizierungs- und Beratungsmaßnahmen statt. Dennoch sind im Vergleich zu Schweden und der Bundesrepublik die Ausgaben für Arbeitsmarktpolitik gering (OECD 1988).

Ein Drittel der US-amerikanischen Betriebe informieren ihre Belegschaften überhaupt nicht vor geplanten Massenentlassungen. Im Durchschnitt beträgt die Ankündigungsfrist lediglich sieben Tage. Nur in 20 % der durchgeführten Massenentlassungen oder Betriebsstillegungen war die Belegschaft mehr als 30 Tage vorher informiert (GAO 1987). Vielfach wurden daher in den USA Initiativen für eine Regulierung von Betriebsstillegungen (Plant-Closing-Legislation) entwickelt, deren Schwerpunkt vor allem eine frühzeitige Informationspflicht der Unternehmen ist. Ab 1989 sind nunmehr Betriebe mit mehr als 100 Beschäftigte gesetzlich verpflichtet, geplante Massenentlassungen oder Stillegungen 60 Tage vorher anzukündigen (WZB-Chronik 34/1988). Davon wird eine größere Wirksamkeit der Arbeitsmarktpolitik und mehr Möglichkeiten zur Eigeninitiative der betroffenen Arbeitskräfte erwartet.

Betriebsstillegungen und -verlagerungen haben in den USA ganz erheblich zum sektoralen und regionalen Strukturwandel beigetragen. Um bessere Informationen über das Ausmaß und die Auswirkungen von Betriebsschließungen insbesondere in den beiden Rezessionen zu Beginn der 80er Jahre zu erhalten, hat das US-Department of Labour im Januar 1984 einen besonderen Haushaltssurvey durchgeführt, der den Verbleib von entlassenen Arbeitskräften über einen 4-Jahres-Zeitraum erkundet (Flaim 1985).

Danach haben 13,9 Millionen Arbeitskräfte zwischen 1979 und dem Januar 1984 ihren Arbeitsplatz infolge Arbeitsplatzabbau oder Betriebsschließung verloren. 5,1 Millionen von ihnen gelten als "displaced workers", d.h. als Arbeitskräfte, die zuvor zumindestens drei Jahre beschäftigt waren. Die Hälfte dieser "displaced workers" (2,49 Millionen) verloren ihren Arbeitsplatz infolge von Betriebsstillegungen oder -verlagerungen. Im Januar 1984 hatten 62% von ihnen einen neuen Arbeitsplatz gefunden, 20% waren noch arbeitslos und 18% aus dem Arbeitsmarkt ausgeschieden.

Unterschiede zu den "normal" Entlassenen sind auffällig. Der Wiederbeschäftigungsgrad liegt höher (62% gegenüber 58%) und insbesondere die Arbeitslosigkeit liegt deutlich niedriger (20% gegenüber 30%). Außerdem ist in allen Altersgruppen die Arbeitslosigkeit der durch Betriebsschließungen Entlassenen deutlich niedriger und ihr Wiederbeschäftigungsgrad höher.

Das geringere Ausmaß an Arbeitslosigkeit infolge von Betriebsschließung läßt sich aber nicht nur durch einen generell höheren Wiederbeschäftigungsgrad erklären, sondern stärker noch durch einen höheren Anteil von Arbeitskräften, die aus dem Erwerbsleben ausgeschieden sind. Zwar ist es nicht überraschend, daß sich 40 % der über 55jährigen nach der Stillegung aus dem Arbeitsmarkt ausscheiden, auffällig ist jedoch, daß es unter den "normal" Entlassenen lediglich 28% waren. Sie blieben zu einem größeren Teil arbeitslos. Eine Erklärung hierfür kann darin liegen, daß gerade bei Betriebsschließungen gezieltere arbeitsmarktpolitische Maßnahmen (z.B. im Rahmen des JTPA) für die älteren Arbeitskräfte ergriffen wurden.

Die Daten des Surveys lassen keine Schlußfolgerung zu, ob frühzeitige Informationen über geplante Massenentlassungen den Wiederbeschäftigungsgrad erhöhen können. Arbeitnehmer, die von der Betriebsschließung vorher informiert worden waren, waren in gleichem Maße wiederbeschäftigt wie jene, die keine frühzeitige Information hatten. Die meisten (88 %), die von der Schließung vorab informiert waren, verblieben dennoch bis zum Schließungstermin im Betrieb.

Im Durchschnitt waren "displaced workers" sechs Monate ohne Arbeit. Da hinsichtlich der Dauer der Arbeitslosigkeit, der Stabilität der späteren Beschäftigungsverhältnisse oder der Qualität der Arbeitsbedingungen keine weiteren Differenzierungen möglich sind, lassen sich insbesondere zwei Schlußfolgerungen aus dem Survey ziehen :

— In den USA tragen Betriebsschließungen in gleichem Umfang zum Arbeitsplatzabbau bei wie andere wirtschaftlich bedingte Entlassungen.

— Hinsichtlich des Wiederbeschäftigungsgrads und der Betroffenheit von Arbeitslosigkeit schneiden die von Betriebsschließung Betroffenen eher günstiger ab, zugleich sind aber auch hier die Ausgrenzungsprozesse aus dem Arbeitsmarkt häufiger.

Zusätzliche Fallstudien über Betriebsschließungen in den USA aus den 60er und 70er Jahren kommen übereinstimmend zu dem Ergebnis, daß lang anhaltende Arbeitslosigkeit, instabile Beschäftigungsverhältnisse und hohe Einkommensverluste die häufigsten Folgen sind. Bei einzelnen größeren Betriebsschließungen waren z.T. noch nach zwei Jahren mehr als ein Viertel der Arbeitskräfte ohne Arbeit. Ein weiteres Drittel fand zwar nach der Schließung wieder Arbeit, verlor aber den neuen Arbeitsplatz innerhalb der ersten zwei Jahre (Aiken 1968, Bluestone 1982).

Mehr noch als die Dauer der Arbeitslosigkeit werden die langfristigen negativen Folgewirkungen auch für diejenigen betont, die wieder eine neue Beschäftigung fanden. Insbesondere die Einkommensverluste sind beträchtlich und können oft im Verlauf des gesamten weiteren Erwerbsleben nicht kompensiert werden (Bluestone 1982, S.52ff.). In einzelnen Fällen betrug der Einkommensverlust nahezu 50 % des früheren Einkommens. Hinzu kommt, daß der Wechsel von relativ stabilen Arbeitsplätzen auffällig oft in instabile Arbeitsverhältnisse nach einer Schließung erfolgt (Gordus u.a.1981).

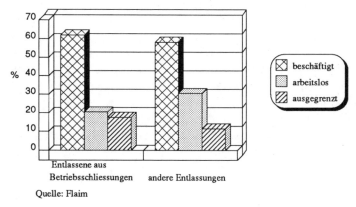

Schaubild 14: Verbleib entlassener Arbeitnehmer in den USA (1979 - 1983)

Quelle: Flaim

Schließlich belegen eine Reihe von Fallstudien, daß in den USA Aler und Rasse entscheidende Kriterien sind, die die Arbeitsmarktchancen nach einer Betriebsschließung beeinflussen. Angestellte haben zudem bessere Wiederbeschäftigungschancen und zeigen ein aktiveres Suchverhalten als Arbeiter (Perrucci, Targ 1988). Frauen sind häufiger arbeitslos, der Wiederbeschäftigungsgrad ist niedriger und die Bedingungen der Wiederbeschäftigung sind ungünstiger (Nowack/Snyder 1983).[1]

Trotz der hohen externen Mobiltät auf dem US-amerikanischen Arbeitsmarkt waren somit die negativen Folgen für diejenigen, die Opfer von Massenentlassungen oder Betriebsschließungen wurden, gravierend.

3. Betriebsschließungen in Großbritannien

Der Rückgang der Beschäftigung in der britischen Industrie setzte weit früher ein als in anderen westeuropäischen Ländern. Herausragende Symptome des Deindustrialisierungsprozesses waren der Niedergang der Stahlindustrie, des Bergbaus und des Schiffbaus. Schon Ende der 60er Jahre kam es hier zu größeren Betriebsschließungen und Massenentlassungen. Die starke Bedeutung, die Betriebsschließungen gerade im industriellen Sektor für die regionale Entwickung haben, lassen sich aus einigen Studien belegen. Auffällig ist, daß Betriebsschließungen größere Arbeitsmarkteffekte hatten als die Neueröffnung von Betrieben und sie überdies mehr zum Arbeitsplatzabbau beitrugen als die rückläufige Beschäftigung bestehender Betriebe (Hasluck 1987, S.79). Für die 70er Jahre trifft dies für alle Regionen Großbritanniens zu. In Manchester ergaben sich z.B. 86 % des gesamten Arbeitsplatzabbaus zwischen 1966 und 1975 aus der Differenz von Stillegungen gegenüber Neugründungen. Die Hälfte aller Industriebetriebe, die 1966 bestanden, existierten 1975 nicht mehr.

Noch zu Beginn der 70er Jahre fand die Mehrheit der entlassenen Arbeitskräfte relativ schnell wieder einen neuen Arbeitsplatz, der Arbeitsmarkt reagierte auch auf Massenentlassungen flexibel und zeigte eine sehr hohe Absorptionsfähigkeit. Oft waren 70 % der Entlassenen innerhalb von sechs Monaten wieder in einem anderen Betrieb beschäftigt (Jones u.a. 1987, S.31). Bei der Massenentlassung Ende der 60er Jahre auf der Upperclyde Shipyard in Glasgow z.B. waren sogar

---

[1] In einer Überblicksstudie über 27 Untersuchungen von Betriebsschließungen in den USA in den 60er und 70er Jahren (Gordus u.a. 1981, S.68) wird allerdings darauf hingewiesen, daß sich die Forschung auf männerdominierte Schwerindustrien und Großbetriebe konzentriert hat und daß dadurch die Probleme weiblicher Arbeitskräfte und rassischer Minoritäten vernachlässigt wurden.

80 % innerhalb eines Jahres wieder beschäftigt. Nur in der Altersgruppe der über 60jährigen lag der Wiederbeschäftigungsgrad unter 70 % (Jones u.a. 1987, S.64).

Im Verlaufe der 70er Jahre haben sich jedoch die Bedingungen auf dem britischen Arbeitsmarkt grundlegend gewandelt. Nicht Wiederbeschäftigung sondern Dauerarbeitslosigkeit war nun die hervorstechende Folge von Betriebsstillegungen in den 70er Jahren (Harris 1987, S.36ff.).

Z. Beispiel: Die Schließung von Talbot in Linwood (Paine 1987):

Im Mai 1981 wurde im schottischen Linwood in der Nähe Glasgows ein Automobilbetrieb (Talbot) geschlossen und 4.800 Arbeitskräfte entlassen. Noch 1976 hatte die Belegschaft mehr als 8000 Arbeitskräfte gezählt. Nach der Übernahme des Betriebs von Chrysler durch Peugot wurde sie in zwei Entlassungswellen bereits deutlich reduziert. Seit August 1980 wurde im Automobilwerk nur noch an drei Tagen in der Woche gearbeitet.

Für die Mehrzahl der Arbeitskräfte hatte die Schließung gravierende Auswirkungen. Ein Jahr nach der Schließung waren 62 % der Entlassenen noch oder wieder arbeitslos und lediglich 29 % waren wiederbeschäftigt (Paine 1987).

57 % der Entlassenen blieben mindestens ein Jahr ohne Unterbrechung arbeitslos. Nur ein geringer Teil war in Fortbildungs- und Umschulungsmaßnahmen oder frühverrentet worden. Selbst von den qualifizierten Angestellten und Facharbeitern hatten fast die Hälfte während des ersten Jahres keine Arbeit gefunden. Von den Jugendlichen unter 24 Jahren blieben 56 % der gelernten und sogar 61 % der angelernten Arbeitskräfte dauerhaft arbeitslos.

Die Schließung des Großbetriebs wirkte sich unmittelbar auf andere Firmen aus. 4.100 weitere Arbeitskräfte in anderen Betrieben wurden aufgrund der Schließung des Automobilwerks entlassen. Die örtliche Arbeitslosenquote stieg im Monat nach der Schließung von 14 % auf 17 % und lag auch im folgenden Jahr auf diesem Niveau.

Wie stark sich die Verhältnisse auf dem britischen Arbeitsmarkt im Laufe der 70er Jahre gewandelt haben, deutet ein Vergleich der ersten Welle der Massenentlassungen bei Talbot im Jahre 1976 mit der endgültigen Betriebsschließung im Jahr 1981 an. Von den 1976 Entlassenen waren 22% ein Jahr lang arbeitslos, die regionale Arbeitslosenquote betrug 4,6%. 1981 hingegen war die Quote der Dauerarbeitslosen auf 57 % gestiegen. Die Arbeitslosenquote hatte sich fast verdreifacht (McGregor u.a. 1986, S.7).

Allerdings sind zwischen der Massenentlassung und der Betriebsschließung auffällige Unterschiede festzuhalten: 1976 waren noch viele Arbeitskräfte, sicherlich auch aufgrund von Abfindungen (redundancy payments) und in der Erwartung relativ schnell wieder einen neuen Arbeitsplatz zu finden, freiwillig ausgeschieden.

Im Gegensatz dazu ist die freiwillige Mobilität in den 70er Jahren deutlich gesunken. Gerade in der Industrie ist eine "inverse relationship between unemployment and the rate of voluntary turn over" (Jones, MacKay 1987, S.22) erkennbar. Die Bedeutung betrieblich bedingter, zwangsweiser Entlassungen (redundancies) hat erheblich zugenommen. Gleichzeitig sind die Chancen für Arbeitslose, aus der Arbeitslosigkeit auszuscheiden, drastisch gesunken. Bei der Schließung des Shotton-Stahlwerks im Jahre 1980 waren z.B. nach sechs Monaten noch 70 % der Entlassenen arbeitslos. Noch auffälliger ist der extrem hohe Anteil von über viele Jahre hinweg Dauerarbeitslosen: vier bis fünf Jahre nach der Schließung des Betriebs war noch fast die Hälfte der Belegschaft ohne Arbeit. Dabei betraf die jahrelange Dauerarbeitslosigkeit keineswegs nur die Älteren. Zwei Drittel der Jugendlichen unter 25 Jahren blieben ebenfalls viele Jahre ohne Arbeit.

Die Erfahrungen des Shotton-Stahlwerks wurden auch bei Schließungen von anderen Stahlbetrieben in Großbritannien gemacht. So war fünf Jahre nach der Schließung von Consett und Llanelli mehr als die Hälfte der früheren Belegschaft arbeitslos, mehr als 60 % von ihnen über den gesamten Fünfjahreszeitraum (Jones u.a. 1987, S.47).

Eine Erklärung für die hohe und langandauernde Arbeitslosigkeit liegt wahrscheinlich darin, daß die Stahlwerke, ähnlich wie auch die Kohlenzechen in Großbritannien, in Kleinstädten und Dörfern produzieren und oftmals die einzigen größeren Betriebe am Ort sind. Allein, ausreichend ist die Erklärung nicht, denn auch Betriebsschließungen und Massenentlassungen auf größeren lokalen Arbeitsmärkten führen zu ähnlichen Ergebnissen. So zeigen die Folgen von Massenentlassungen auf der Swan and Hunter-Werft in Newcastle im Jahre 1978, daß die große Mehrheit der Entlassenen auch ein Jahr nach der Schließung noch arbeitslos war bzw. aus dem Arbeitsmarkt ausschied (McKay u.a. 1980). Im Verlauf des ersten Jahres nach der Entlassung hatten überhaupt nur 22% einmal Arbeit gefunden und lediglich 15% waren nach 15 Monaten noch beschäftigt.

Im auffälligen Kontrast zu den Folgen von Massenentlassungen und Betriebsschließungen skandinavischer oder westdeutscher Werften war die Wiederbeschäftigungsrate der qualifizierten Schiffbauer in Newcastle extrem niedrig und die Dauer der Arbeitslosigkeit außerordentlich hoch. Dies ist auch nicht mit Unterschieden in der Höhe der Arbeitslosigkeit auf den lokalen Arbeitsmärkten oder deren Größe zu erklären. Denn in der Großstadt Newcastle war Ende der 70er Jahre die Arbeitslosigkeit nicht höher als z.B. in den norddeutschen Städten während der Werftenkrise zu Beginn der 80er Jahre.

Langanhaltende Dauerarbeitslosigkeit ist die hervorstechendste negative Folgewirkung der Betriebsstillegungen in Großbritannien. Für einen erheblichen Teil bedeutete der Verlust des stabilen Arbeitsplatzes den Verlust jeglicher Beschäftigungsmöglichkeit über einen sehr langen Zeitraum, wenn nicht gar für immer. Die Dynamik auf dem externen Arbeitsmarkt ist offensichtlich bei Betriebsschließungen sehr gering.

4. Schlußfolgerungen

Die Arbeitsmarktfolgen

Die nationalen Rahmenbedingungen, unter denen diese Betriebsschließungen stattfanden, unterscheiden sich beträchtlich. Wesentliche Differenzen bestehen sowohl hinsichtlich der ökonomischen Entwicklung und der Situation auf den Arbeitsmärkten wie auch der institutionellen Regelungen, die die jeweiligen nationalen und lokale Arbeitsmärkte prägen. Im Rahmen dieses Vergleichs ist es nicht möglich, die Vielzahl von Einflußfaktoren zu isolieren und präzise Ursachen für unterschiedliche Arbeitsmarktfolgen und -verläufe nach den Stillegungen zu benennen. Schon die erheblich voneinander abweichenden Untersuchungsmethoden in den herangezogenen Fallstudien und Surveys erschweren dies. Zum Teil liegen nur Bestandsdaten für einen kurzen Zeitraum nach der Schließung vor, in anderen Fällen werden Verlaufsuntersuchungen über einen längeren Zeitraum vorgenommen. Einzelbetriebliche Fallstudien und Surveys über eine Vielzahl von Betrieben und Arbeitnehmern, die von Schließungen betroffen waren, stehen sich gegenüber und sind nur schwer zu vergleichen (vgl. Tabelle 32). Dennoch lassen sich einige auffällige nationale Unterschiede aufzeigen.

Wiederbeschäftigungsgrad und Arbeitslosenquote

Die Belegschaft der AG "Weser" hat sich auf dem Arbeitsmarkt nicht nur im Vergleich zu anderen Stillegungsfällen oder "normal" Entlassenen in der Bundesrepublik gut behauptet. Hinsichtlich des Wiederbeschäftigungsgrades und der Betroffenheit von Arbeitslosigkeit schneiden die Bremer Werftbeschäftigten kaum schlechter ab als die schwedischen Arbeitnehmer, die Opfer von Betriebsstillegungen wurden. Angesichts der erheblich günstigeren Situation auf dem schwedischen Arbeitsmarkt und der größeren arbeitsmarktpolitischen Aktivitäten überrascht dieses Ergebnis. Der Grad der Wiederbeschäftigung nach einer Betriebsstillegung scheint danach in gewisser Weise unabhängig von der Höhe der Arbeitslosigkeit und der Beschäftigungsentwicklung zu sein. Sowohl in Schweden wie in der Bundesrepublik haben 60% - 70% innerhalb von 12-18 Monaten nach der Schließung einen neuen Arbeitsplatz gefunden.

Weniger eindeutig ist der Befund für die Folgen der Betriebsschließungen in den USA. Die Ergebnisse des Surveys, bei denen der Arbeitsmarktstatus von Entlassenen (nach einer Betriebsstillegung) erfragt wurde, bringt ein ähnliches Ergebnis wie in Schweden und der Bundesrepublik. Zwei Drittel fanden einen neuen Arbeitsplatz. Rund 20 % blieben langfristig arbeitslos. Über die Dauer der Arbeitslosigkeit nach der Schließung liegen allerdings keine Daten vor. Fallstudien zeigen zudem wesentlich ungünstigere Wiederbeschäftigungsgrade und höhere Arbeitslosenquoten. Dies gilt insbesondere für Betriebe mit einem hohen Frauenanteil.

Gravierend weichen hingegen die Arbeitsmarktfolgen von Massenentlassungen und Betriebsschließungen in Großbritannien von denen anderer Länder ab. Hier ist es am ehesten gerechtfertigt, von einem blockierten Arbeitsmarkt zu sprechen. Die Schließung von Stahlwerken z. B. bedeutete für fast die Hälfte der betroffenen Belegschaften mehrjährige Dauerarbeitslosigkeit, und zwar keineswegs nur für die Älteren. Auch die Schließung einer Werft in Newcastle unter durchaus vergleichbaren Arbeitsmarktbedingungen wie im Fall der AG "Weser" hatte erheblich negativere Auswirkungen auf den weiteren Erwerbsverlauf der Betroffenen.

Instabilität und Ausgrenzung

In allen Ländern erweist sich das Alter als der dominierende Faktor, der die Chancen, einen neuen Arbeitsplatz zu finden, bestimmt. Der stillegungsbedingte Verlust des Arbeitsplatzes bedeutet für einen großen Teil der älteren Arbeitnehmer häufig das endgültige Ausscheiden aus dem Arbeitsmarkt. Gerade diese Gruppe verfügte in der Regel vor der Schließung über einen relativ stabilen Arbeitsplatz und war meist gegen Entlassungen besonders abgesichert. In Schweden sind Senioritätsrechte gesetzlich geregelt, in den USA vielfach tarifvertraglich, in der Bundesrepublik und Großbritannien haben sie als informelle Regelungen praktisch die gleiche Bedeutung. Wer lange in einem Betrieb beschäftigt ist, kann darauf vertrauen, einen stabilen Arbeitsplatz zu haben. Die Schließung eines Großbetriebs bedeutet daher für viele den Verlust dieses stabilen Arbeitsplatzes. So ist es nicht überraschend, daß in allen Ländern, auch in Schweden, eine wachsende Instabilität von Erwerbsverläufen als Folge von Betriebsstillegungen festzustellen ist. Diejenigen, die vor der Stillegung von Senioritätsregeln begünstigt waren, sind nun nach der Schließung von eben diesen Senioritätsregeln benachteiligt und haben größere Schwierigkeiten, wieder einen (stabilen) Arbeitsplatz zu erhalten. Obendrein wirken sich Senioritätsregeln um so nachteiliger aus, je höher die Arbeitslosigkeit ist. Die Chancen z.B. eines fünfzigjährigen Werftarbeiters wieder einen stabilen Dauerarbeitsplatz zu finden, sind deshalb in Schweden größer als im Fall der AG "Weser" und in beiden Ländern wiederum weitaus günstiger als in Großbritannien.

In den USA waren für die entlassenen Arbeitskräfte die Chancen, einen neuen Arbeitsplatz zu finden, besser als in Großbritannien, doch die durch eine Betriebsschließung ausgelöste Zwangsmobilität ging in weit größerem Umfang mit gravierenden und noch Jahre nach der Schließung spürbaren Einkommensverlusten und instabilen Arbeitsverhältnissen einher.

Nimmt man nur das Ausmaß von Wiederbeschäftigung und langfristiger Arbeitslosigkeit zum Maßstab, so unterscheiden sich die Arbeitsmärkte in Schweden, der Bundesrepublik und den USA allenfalls graduell hinsichtlich ihrer Flexibilität und Funktionsfähigkeit, auf Betriebsstillegungen zu reagieren. Lediglich in Großbritannien blieben die Werkstore der expandierenden Betriebe den vom industriellen Niedergang und Massenentlassungen betroffenen Belegschaften verschlossen. Bei gleichem Wiederbeschäftigungsgrad konnten freilich Einkommenseinbußen, Instabilität und insbesondere langanhaltende Dauerarbeitslosigkeit in Schweden in stärkerem Maß verhindert werden als im Fall der AG "Weser" oder in den USA.

Die negativen Folgen von Betriebsschließungen erreichten in allen Ländern ein beträchtliches Ausmaß. Selbst in Schweden überschritt der Wiederbeschäftigungsgrad trotz günstiger Arbeitsmarktentwicklung und gezielter Arbeitsmarktpolitik nicht 75 %. Für ein Viertel bis ein Drittel der Belegschaften bedeutete die Schließung des Betriebes damit zugleich das vorzeitige und endgültige Ausscheiden aus dem Erwerbsleben.

Institutionelle Regelungen und die Möglichkeiten der Arbeitsmarktpolitik

Gesetzliche Regelungen, die Betriebsstillegungen verhindern oder auch nur beschränken könnten, gibt es in keinem der Länder. Das Recht der Eigentümer bzw. der Unternehmensleitung, den Betrieb zu schließen, ist grundsätzlich nicht in Frage gestellt. Auch die Mitbestimmungsmöglichkeiten der Gewerkschaften, insbesondere in Schweden und der Bundesrepublik, haben zu keiner grundsätzlichen Veränderung ökonomischer Entscheidungsprozesse geführt. Es ist sogar zweifelhaft, ob Mitbestimmung und sozialstaatliche Regelungen überhaupt das Tempo des Strukturwandels verzögern. Nicht nur die Erfahrungen der schwedischen Werftindustrie sondern auch ähnliche Erfahrung im Bergbau und der Stahlindustrie in der Bundesrepublik sprechen dagegen. Eine Untersuchung der Brookings Institution kommt zu dem Ergebnis, daß trotz der ausgeprägten Mitbestimmungsgesetzgebung und der starken Stellung der Gewerkschaften in Schweden der Ausstieg aus krisengeschüttelten Basisindustrien noch schneller erfolgte als in den USA oder Japan (Bothwell, Rivlin 1987).

Versuche, Betriebsstillegungen grundsätzlich zu vermeiden, haben dagegen in der Regel ausufernde Subventionsleistungen des Staates bei fortschreitendem Arbeitsplatzabbau zur Folge gehabt. Freilich sind damit Widerstandsaktionen von Belegschaften und Gewerkschaften gegen von der Kapitalseite geplante Betriebsschließungen weder hoffnungslos noch überflüssig. Wenngleich nur in seltenen Fällen die Stillegung verhindert werden konnte, wurden dadurch doch die Bedingungen für die Betroffenen verbessert, sei es durch höhere Abfindungszahlungen, durch Frühverrentungsregeln, in günstigen Fällen sogar durch den Erhalt von Betriebsteilen oder durch Verpflichtungen von Unternehmen und Staat zur Schaffung von Ersatzarbeitsplätzen (Rothstein 1986; Perrucci, Targ 1988).

Der Arbeitsmarktpolitik kommt bei Betriebsstillegungen eine herausragende Bedeutung zu: Im Vordergrund stehen Umschulungs- und Qualifikationsprogramme, frühzeitige Ankündigung von geplanten Massenentlassungen, gezielte Vermittlungsaktivitäten, Arbeitsbeschaffungsmaßnahmen sowie finanzielle Entschädigung für Entlassene oder Anreize für Unternehmen, diese wieder einzustellen. Mit derartigen arbeitsmarktpolitischen Maßnahmen können zwar weder Betriebsschließungen und Arbeitslosigkeit verhindert, noch die vernichteten Arbeitsplätze ersetzt werden, aber sie können über eine soziale Abfederung des Schließungsprozesses hinaus den Wechsel in neue Betriebe und neue Berufe erleichtern und beschleunigen.

Überdies erleichtert die Verpflichtung zur frühzeitigen Ankündigung von Betriebsschließungen ein gezieltes arbeitsmarktpolitisches Handeln. Die Stillegungen der schwedischen Werften waren deswegen weniger folgenschwer, weil sie sehr frühzeitig bekannt gegeben worden waren und über einen Zeitraum von mehr als zwei Jahre gestreckt wurden. Eine solche Verpflichtung zur frühzeitigen Information ist allerdings kein erfolgversprechendes Instrument, wenn es isoliert eingesetzt wird. Die amerikanischen, wie auch westeuropäische Erfahrungen zeigen, daß Arbeitskräfte bei der Ankündigung einer Massenentlassung oder Stillegung keineswegs von sich aus zur intensiven Suche nach neuen Arbeitsplätzen neigen. Dafür gibt es auch verständliche Gründe, sei es die Unsicherheit, ob der Schließungsbeschluß tatsächlich aufrechterhalten wird, sei es der befürchtete Ver-

Schaubild 15: Betriebsstillegungen international
15.1.: Wiederbeschäftigungsgrad

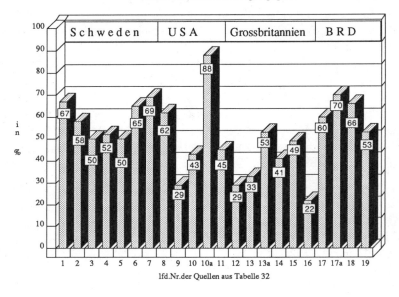

15.2: Arbeitslosenquoten

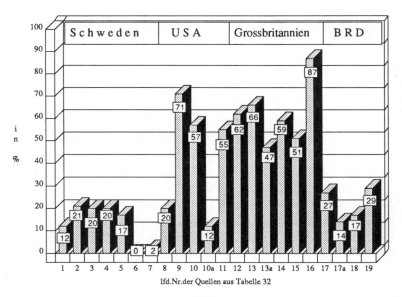

Tabelle 32: Überblick der Studien zu Betriebsstillegungen

Nr	Quelle/Betrieb	Zahl der Betriebe	Zahl der Beschäft.	Stilleg. Jahr.	Monate n.Still.	wieder beschäfigt	arbeits- los	sonst.
1	2	3	4	5	6	7	8	9
Schweden								
1 Edin		38		66-70	4	67	12	21
2 Edin		28	22220	71-75	4	58	21	21
3 Edin		127		76-80	4	50	20	30
4 Gonäs		8	1624	82-84	24	52	20	28
5 Berglind		1	117	85	12	50	17	33
6 Uddevalla		1	2165	86	12	65	-	35
7 Qvarfort		1	2322	83	2	69	2	29
USA								
8 Flaim		2	2,5 Mio	79-83		62	20	18
9 Perucci		1	850	82	8	29	71	0
10 Oaklander		1	179	81	6	43	57	0
10a				81	12	88	12	0
11 Nowack		1	337	81	12	45	55	0
Grossbritannien								
12 Paine		1	4888	81	12	29	62	9
13 Shotton		1			80	5	3	6
13a		1			48	53	47	0
14 Consett		1			48	41	59	0
15 Llanelli		1			48	49	51	0
16 S. Hunter		1		78	12	22	78	0
Bundesrepublik				83				
17 AGW		1	2300	83	12	60	27	13
17a				83	24	70	14	16
18 AEG		1		82	24	66	17	17
19 IAB				81	18	53	29	18

Anmerkung zu den Betrieben:
Zeile 1-4: Surveys von Stillegungen, Daten der Arbeitsmarktbehörde
Zeile 5: Werkzeugmaschinenfabrik in Ekilstuna, Nähe Stockholm
Zeile 6-7: Werften in Uddevalla und Landskrona
Zeile 8: Survey entlassener Arbeitskräfte nach Kündigungsgründen
Zeile 9: Elektrobetrieb in Monticello, Indiana
Zeile 10: Automobilbetrieb in New York
Zeile 11: Fabrik für Thermostatventile in Indiana, Pensylvania
Zeile 12: Automobilfabrik in Linwood, Nähe Glasgow
Zeile 13-15: Stahlwerke in Mittelengland (Quelle: Jones,McKay 1987)
Zeile 16: Werft in Newcastle
Zeile 17: Werft in Bremen
Zeile 18: Elektrobetrieb in Berlin
Zeile 19: Verlaufsuntersuchung des IAB, Sonderauswertung

lust von Abfindungszahlungen, sei es schließlich, daß die Chancen auf alternative Arbeitsplätze gering geschätzt werden.

Frühzeitige Information und zeitliche Streckung von Stillungsprozessen sind jedoch Voraussetzungen, um arbeitsmarktpolitische Maßnahmen gezielt einsetzen zu können. Bei den Werftschließungen in Schweden wurden finanziell und personell gut ausgestattete Agenturen der örtlichen Arbeitsämter auf den zu schließenden Werften eingerichtet. Sie hatten daher eine gute Kenntnis des Qualifikationsprofils der Belegschaft. Durch intensive Erkundung des Personal- und Qualifikationsbedarfs der örtlichen Betriebe wurde zudem die Vermittlung der Werftarbeiter qualitativ verbessert und beschleunigt. Die Umschulungsprogramme für die ebenfalls erhebliche Mittel bereitgestellt wurden, konnten somit gezielt durchgeführt werden. Ergänzend trugen auch Eingliederungsbeihilfen - mit denen für eine bestimmte Zeit vom Arbeitsamt oder auch vom stillgelegten Unternehmen ein Teil der Lohnkosten der Betriebe, die Entlassene einstellten, übernommen worden sind - zur beschleunigten Mobilität bei. Hingegen hatten direkte Arbeitsbeschaffungsmaßnahmen nur eine ungeordnete Bedeutung.

Die zeitliche Streckung des Stillegungsprozesses ist auch deswegen von Bedeutung, weil auf diese Weise Vermittlungs- und Qualifikationsmaßnahmen noch vor dem endgültigen Ende im Betrieb und mit den Beschäftigten durchgeführt werden können. Damit kann die nicht selten drohende Vereinzelungen von Entlassenen in der Arbeitslosigkeit verhindert werden. Je länger Arbeitskräfte aus dem Arbeitsprozeß ausgeschieden sind, umso schwieriger wird es für sie, einen neuen Arbeitsplatz zu finden. Einerseits ist nämlich die Einstellung langfristig Arbeitsloser für die Arbeitgeber offensichtlich wenig attraktiv, andrerseits sinkt bei den Arbeitslosen selbst, je länger sie ihren Arbeitsplatz verloren haben, die Hoffnung, einen neuen Arbeitsplatz zu finden. Die Bereitschaft, aktiv einen Arbeitsplatz zu suchen nimmt dann ab.

Die Kombination aus frühzeitiger Information, zeitlicher Streckung des Stillegungsprozesses und gezielten Qualifikations- und Vermittlungsmaßnahmen kann langanhaltende Arbeitslosigkeit und Ausgrenzung, die sonst bei Betriebstillegungen drohen, weitgehend verhindern. Zwar ist, trotz der gezielten arbeitsmarktpolitischen Maßnahmen, der Wiederbeschäftigungsgrad bei den schwedischen Werftschließungen nicht höher als im Fall der AG "Weser"gewesen, dennoch sind zwei Unterschiede hervorzuheben: In Schweden ist es im Schiffbau erstmals gelungen, nicht nur Großbetriebe stillzulegen, ohne daß ein nennenswerter Teil der Belegschaft arbeitslos wurde, sondern auf den lokalen Arbeitsmärkten konnte auch die Vollbeschäftigung gesichert werden. Die Arbeitsmarktpolitik hat - eingebettet in eine zielgerichtete Wirtschafts- und Industriepolitik - ganz erheblich dazu beigetragen, daß Verdrängungsprozesse, durch die negative Schließungsfolgen auf andere Arbeitskräftegruppen abgewälzt werden, vermieden werden konnten.

IV. Fazit: Zwischen Katastrophenerwartung und Verharmlosung

Die in der Öffentlichkeit während der Schließung vielfach geäußerte Befürchtung, langanhaltende Arbeitslosigkeit werde das gemeinsame Schicksal des größten Teils der Werftbelegschaft sein, traf nicht ein. Die Erfahrungen auf dem externen Arbeitsmarkt, die Bedingungen der Wiederbeschäftigung und die Erwerbsverläufe nach der Schließung waren sehr unterschiedlich.

Bereits in der Schließungsphase der AG "Weser" wurde deutlich, daß die Erwartungen eines gemeinsamen Arbeitsmarktschicksals der Entlassenen eine Fiktion war, denn immerhin ein Viertel der Belegschaft wechselte nahtlos, ohne arbeitslos zu werden, in ein neues Beschäftigungsverhältnis. Nach drei Jahren waren ca. 70 % der Entlassenen wiederbeschäftigt, 14 % waren auf Dauer arbeitslos und die übrigen aus dem Arbeitsmarkt ausgegrenzt oder ausgeschieden. Die Wiederbeschäftigten fanden fast alle wieder im Bremer Raum Arbeit. Abwanderungsprozesse spielten nur bei Ausländern eine Rolle.

Insgesamt waren die Entlassenen zunächst den "üblichen" Selektionsprozessen auf dem Arbeitsmarkt, wie sie aus der empirischen Arbeitsmarktforschung hinlänglich bekannt sind, ausgesetzt. Jüngere, bereits berufserfahrene Facharbeiter und qualifizierte Angestellte fanden sofort bzw. nach einer kurzen Sucharbeitslosigkeit einen neuen Arbeitsplatz. Ältere Entlassene hingegen blieben länger arbeitslos. Aus diesem Kreis sowie aus jenem der Ausländer und weiblichen Angestellten stammen drei Jahre nach der Werftschließung fast ausnahmslos die Dauerarbeitslosen.

Das Alter erwies sich als das zentrale Kriterium zur Verteilung der Wiederbeschäftigungschancen. Darüber hinaus minderte aber auch die Zugehörigkeit zur Gruppe der Ausländer bzw. der weiblichen Angestellten die Chancen auf einen neuen Arbeitsplatz. Schließlich erklären auch Unterschiede in der beruflichen Flexibilität und Mobilität sowie die Verhältnisse auf den jeweiligen berufsfachlichen Teilarbeitsmärkten das unterschiedliche Abschneiden einzelner Berufsgruppen. So führt auch ein überfüllter Teilarbeitsmarkt nicht notwendigerweise bei der entsprechenden Berufsgruppe (z.B. der Schiffbauer) zu anhaltender Arbeitslosigkeit, da dieses Manko häufig durch eine höhere zwischenberufliche Mobilität ausgeglichen werden konnte. Eine Schlußfolgerung aus den Folgen der AG "Weser"- Schließung ist daher, daß auch ein regionaler Arbeitsmarkt, der von Massenarbeitslosigkeit und rückläufiger Beschäftigung geprägt ist, in kurzer Zeit mehrere tausend Entlassene absorbieren, d.h. nach den üblichen Allokationsprozessen verteilen kann. Die Entlassenen einer Großbetriebsstillegung stehen somit nicht, wie die These vom "blockierten Arbeitsmarkt" nahelegt, vor verschlossenen Werktoren, die sich möglicherweise erst nach längerer Wartezeit öffnen.

Der Vergleich mit anderen Ländern zeigt allerdings, daß die These eines blockierten Arbeitsmarktes nicht von vornherein abwegig ist. Arbeitslosenquoten zwischen 60% und 80% sowie langanhaltende Dauerarbeitslosigkeit unter den Entlassenen aus Betriebsstillegungen in Großbritannien und manchen Regionen der USA zeigen, daß unter anderen institutionellen und strukturellen Bedingungen der Arbeitsmarkt anders funktioniert und andere Ergebnisse hervorbringt. Dabei erklären sich nationale Unterschiede in den Folgen von Betriebsstillegungen nicht vorrangig aus unterschiedlichen nationalen Arbeitslosenquoten und einer ungünstigen Beschäftigungsentwicklung. Denn zumindest in den USA fielen diese Kennziffern in den letzten Jahren günstiger aus als in der Bundesrepublik. Eine Erklärung bietet vielmehr der unterschiedliche Grad der "Öffnung" bzw. "Schließung" der nationalen Arbeitsmärkte, d.h. inwieweit und für welche Zeit Arbeitslose von der *Konkurrenz* um Arbeitsplätze ausgeschlossen sind. Beispiele für einen relativ hohen "Schließungsgrad" finden sich sowohl in Großbritannien wie auch den USA. Dort spielen Wartelisten, die von ehemaligen Beschäftigten des jeweiligen Betriebes nach erworbenen Senioritätsrechten angeführt werden, ebenso eine Rolle wie "closed shops", die nur Mitgliedern bestimmter Gewerkschaften den Zugang zu bestimmten Betrieben öffnen. Mit Andauern der Massenarbeitslosigkeit wird inbesondere in Großbritannien die Dynamik des Arbeitsmarkts schwächer.

In der Bundesrepublik sind solche Restriktionen unbedeutend, mit der Folge, daß "neue" Arbeitslose unmittelbar in die Konkurrenz um Arbeitsplätze eintreten können. Hinzu kommen Unterschiede in der zwischenberuflichen Mobilität und beruflichen Flexibilität. Das duale berufliche Bildungssystem erleichtert und fördert zwischenbetriebliche Wechsel sowie das Arbeiten in verwandten Berufsfeldern und reduziert zugleich die Einarbeitungskosten der einstellenden Betriebe. Eine betriebliche Spezialisierung mündet vor dem Hintergrund breit angelegter beruflicher Ausbildung im Falle einer Entlassung nicht notwendig in einer Sackgasse, sondern wirkt sich sogar als "Berufserfahrung" positiv auf die Einstellungschancen aus. Zudem öffnet sie nicht nur den Zugang zu einem bestimmten, eng eingegrenzten berufsfachlichen Teilarbeitsmarkt, sondern auch zu angrenzenden Berufsfeldern und darüber hinaus auch zu Tätigkeiten, für die keine spezielle Berufsausbildung, wohl aber ein Facharbeiterabschluß vorausgesetzt wird.

Angesichts dieser relativ großen "Offenheit" der Arbeitsmärkte in der Bundesrepublik ist die rasche Wiederbeschäftigung des größten Teils der Entlassenen aus Betriebsstillegungen verständlich. Auch auf "überfüllten" Arbeitsmärkten herrscht noch große Dynamik, die im vergangenen Krisenjahrzehnt nicht abgenommen hat: Einem breiten Strom von Zugängen in die Arbeitslosigkeit steht ein - wenngleich kleinerer - Strom von Abgängen in die Erwerbstätigkeit gegenüber. In diesem Bewegungsprozeß werden die Entlassenen aus Betriebsstillegungen "eingegliedert" und nach personenbezogenen Merkmalen "sortiert".

Hohe zwischenbetriebliche und zwischenberufliche Mobilität und ein insgesamt "offener", dynamischer Arbeitsmarkt bewirken somit, daß diese Entlassenen trotz einer angespannten Arbeitsmarktsituation die Möglichkeit besitzen, mit anderen um offene Stellen zu konkurrieren. Der hohe Wiederbeschäftigungsgrad, oft nach einer nur kurzen Phase der Sucharbeitslosigkeit, ist im Fall der AG "Weser", aber auch bei anderen Betriebsstillegungen, vor diesem Hintergrund nicht überraschend. Er ist primär das Resultat "normaler" Selektionsprozesse auf einem "offenen" Arbeitsmarkt.

Erklärungsbedürftig ist jedoch, wieso der Wiederbeschäftigungsgrad in den untersuchten Schließungsfällen deutlich höher ausfiel als bei anderen Arbeitslosengruppen. Der Hauptgrund liegt darin, daß sich Entlassene aus Großbetriebsstillegungen hinsichtlich wichtiger arbeitsmarktrelevanter Merkmale von anderen Arbeitslosen unterscheiden. So spielen vermittlungshemmende Faktoren, wie instabile

Erwerbsverläufe mit Mehrfacharbeitslosigkeit und nur kurzer Verweildauer in verschiedenen Beschäftigungen, bei ihnen ebensowenig eine Rolle wie länger andauernde Arbeitslosigkeitsphasen. Da Großbetriebsstillegungen meist langjährige Schrumpfungsprozesse vorausgehen, handelt es sich bei der bis zuletzt verbliebenen Belegschaften um ausgesuchte Stammbelegschaften, denen positive Merkmale wie z.B. "Zuverlässigkeit", "Arbeitsdisziplin", "berufliche Stabilität" oder "soziale Integrationsfähigkeit" zugeschrieben werden. Entlassene aus Großbetriebsstillegungen stellen mithin eine besondere Gruppe auf dem Arbeitsmarkt dar, die wegen dieser Merkmale bereits bei einer "normalen" Funktionsweise des Arbeitsmarktes überdurchschnittliche Wiederbeschäftigungschancen besitzt. Dadurch wird offensichtlich die negative Selektionswirkung des höheren Durchschnittsalters dieser Entlassenen teilweise kompensiert: während bei "normal" Entlassenen längere Arbeitslosigkeit bereits ab Anfang 40 an Bedeutung gewinnt, tritt dieser Effekt bei den untersuchten Betriebsstillegungen erst bei einem Alter von ca. 50 Jahren ein.

Sowohl die besonderen Methoden und Bedingungen der Arbeitssuche wie auch ein verändertes Rekrutierungsverhalten der Betriebe verstärken diese Besonderheiten noch und führen zu einer partiell veränderten Funktionsweise des Arbeitsmarkts.

So herrschte nach der Schließung in der Belegschaft die Überzeugung vor, daß man ihnen als besonders leistungsfähigen Arbeitskräften zu Unrecht den Arbeitsplatz genommen hatte. Mit dieser ausgeprägt selbstbewußten Einstellung wandten sich besonders die jüngeren Entlassenen direkt an die Betriebe in der Region und offerierten dort ihr Arbeitsvermögen, in der Erwartung als qualifizierte und erfahrene Facharbeiter bzw. Angestellte bei der Besetzung einer freien oder frei werdenden Stelle berücksichtigt zu werden.

Die Älteren, die ihre Einstellungschancen skeptischer beurteilten, konnten sich dagegen häufig auf informelle Kontakte stützen, die ihnen als "Stillegungsopfern" im besonderen Maße zur Verfügung standen. Aufgrund der gemeinsam durchlebten Schließungserfahrung blieb das ehemals rein betriebsbezogene Netzwerk sozialer Beziehungen unter Kollegen und Vorgesetzten weitgehend erhalten. Über dieses Netzwerk wurden nach der Schließung Informationen über Beschäftigungsmöglichkeiten verbreitet und aufgenommen.

Das Selbstbewußtsein bei der Arbeitssuche und das besondere "soziale Kapital" in Form des Netzwerkes sicherten den Entlassen einen Wettbewerbsvorteil gegenüber anderen Bewerbern. In dieser Hinsicht wurde die "Normalfunktion" des Arbeitsmarktes zugunsten der Opfer der Betriebsschließung modifiziert, weil ihnen über das "normale" Maß hinaus gehende Möglichkeiten zur Arbeitssuche zur Verfügung standen.

Den durch die Schließung arbeitslos gewordenen Arbeitnehmern haftete auch nicht das Stigma an, das sonst häufig Arbeitslosen zugeschrieben wird, nämlich letztlich doch selbst an ihrer Arbeitslosigkeit Schuld zu sein. Auch wenn es sich dabei in der Regel um ein Vorurteil handelt, erschwert es doch die Wiedereinstellung Arbeitsloser. Anders im Fall der AG "Weser", denn hier hatte die breite öffentliche Diskussion allen deutlich gemacht, daß die Belegschaft an der Situation kein Verschulden traf. Von den einstellenden Betrieben wurde im Gegenteil oft die frühere Beschäftigung auf der Werft als zusätzliches positives Moment gewertet. Indem die ehemaligen Werftbeschäftigten wegen dieses zusätzlichen "AG 'Weser'-Bonus" bevorzugt eingestellt wurden, änderten sich für eine kurze Zeit nach der Schließung die "üblichen" Selektionskriterien. Auch hier kam es somit zu einer Modifikation der "Normalfunktion" des Arbeitsmarktes zugunsten der Entlassenen.

Die bevorzugte Wiedereinstellung hatte freilich eine Umverteilung der Arbeitsmarktfolgen auf andere Arbeitssuchende zur Folge, denn immerhin waren durch die Schließung 2100 Arbeitsplätze ersatzlos verlorengegangen und die Zahl der Arbeitslosen in der Region um über 2000 im Jahr nach der Schließung gestiegen. Andere Arbeitslose, die in der Konkurrenz zu Entlassenen der AG "Weser" nicht bestehen konnten und arbeitslos blieben, wurden somit zu indirekten Opfern der Betriebsschließung. Dies vollzog sich in Form einer weitgehend "unsichtbaren" Umverteilung, die weder von den Betroffenen noch von der Öffentlichkeit wahrgenommen wurde. Die Folgen für die Region waren damit gravierender, als dies der Blick auf die Arbeitslosenquoten der Entlassenen allein suggeriert.

Das letzte auf der AG "Weser" gebaute Schiff, "Ubena" 1983.

Hingegen blieb der befürchtete "Domino-Effekt" - weitere größere Entlassungen oder Betriebsschließungen bei den Zuliefererbetrieben - aus. Die meisten Zulieferer konnten durch die Schließung entstandene Einbußen ohne gravierende Entlassungsaktionen kompensieren, bzw. hatten sich bereits vor der Stillegung auf einen Umsatzrückgang aus dem Schiffbau eingestellt und sich frühzeitig andere Absatzmöglichkeiten eröffnet.

Die "Katastrophe" auf dem lokalen Arbeitsmarkt blieb somit zwar aus; diese Sichtweise darf allerdings nicht darüber hinwegtäuschen, daß für die Mehrzahl der Entlassenen die Schließung einen tiefen Einschnitt in ihre persönliche Lebensplanung bedeutete, große Opfer erforderte und nicht selten auch für ihre aktuelle Situation einer "Katastrophe" gleichkam. Auch wenn sich für einige die Einkommensverhältnisse nicht veränderten oder sogar positiv entwickelten, mußten doch die meisten erhebliche Einbußen bei der Qualität ihrer Arbeit in Kauf nehmen.

Der Wechsel auf einen neuen Arbeitsplatz in einem anderen Betrieb bedeutete für die Betroffenen zumeist, in der bisherigen beruflichen Entwicklung zurückgeworfen zu werden und erworbene Besitzstände aufgeben zu müssen. Die Destabilisierung des Berufsverlaufs war für viele, die mehr als ein Jahrzehnt zur Stammbelegschaft gehört hatten, eine gravierende Folge der Schließung.

Es darf in diesem Zusammenhang allerdings nicht vergessen werden, daß neben strukturellen Zwängen auch individuelle Verhaltensweisen den Verlauf und das Resultat der Berufsverläufe bestimmen können. Besonders die höherqualifizierten Angestellten und jüngere Facharbeiter blieben auf dem Arbeitsmarkt durchaus handlungsfähig. Sie versuchten, die vorhandenen Optionen zu nutzen. Den Risiken Arbeitslosigkeit, Dequalifizierung, Einkommensminderung usw. waren sie nicht einfach hilflos ausgesetzt, sondern nutzten sie gleichsam strategisch, um ihre Position auf dem Arbeitsmarkt zu verbessern. Hinter einer scheinbaren, tatsächlichen oder vorübergehenden "Destabilisierung" kann sich so durchaus eine gezielte Strategie der Interessenwahrnehmung verbergen. Die besonderen Bedingungen einer Betriebsstillegung - berufliches Selbstbewußtsein, soziale Kontakte, bevorzugte Einstellung - begünstigen offenbar den Erfolg solcher Strategien. Auch Ältere sind - über Einstiegsarbeitsplätze und Betriebswechsel - auf diese Weise noch zu relativ günstigen Arbeitsplätzen gekommen.

Opfer der Stillegung sind vor allem jene geworden, die über Jahre hinweg dauerhaft arbeitslos blieben. Für sie war der Untergang der AG "Weser" tatsächlich in der Regel eine finanzielle, soziale und persönliche "Katastrophe", die durch keinerlei sozial- und arbeitsmarktpolitische Maßnahmen gemildert wurde. Auch wenn die Belegschaft sich im Vergleich zu anderen Entlassenen oder Arbeitslosen insgesamt gut auf dem externen Arbeitsmarkt behaupten konnte, sind doch die Opfer dieser Gruppe beträchtlich. Für fast ein Drittel bedeutete die Werftschließung das vorzeitige und endgültige Ausscheiden aus dem Erwerbsleben oder langfristige Arbeitslosigkeit.

Für die Belegschaft hatte darüber hinaus die Stillegung auch einen politisch-moralischen Aspekt, der für ihre subjektive Interpretation gesellschaftlicher und politischer Zusammenhänge, für ihre politischen Einstellungen und Verhaltensweisen von Bedeutung ist. Ohne Ausnahme fühlen sie sich durch die Schließung der Werft und besonders durch die Art und Weise, wie sie durchgeführt wurde, "verraten und verkauft", um ihr bisheriges berufliches Engagement für den Betrieb betrogen. Sie sehen sich von Politikern und auch von der eigenen Interessenvertretung, der Gewerkschaft und letztlich auch von der Öffentlichkeit im Stich gelassen. Die Folge dieser Interpretation und Wertung der Vorgänge um die Schließung sind weitgehende Resignation und Ratlosigkeit und nicht selten der Verzicht auf ein erneutes politisches oder gewerkschaftliches Engagement im Beruf bzw. im neuen Betrieb. Die Enttäuschung über das erlittene Unrecht sitzt tief und äußert sich bei vielen neben hilfloser Wut und Verbitterung auch in einer eher emotional bestimmten, aus dem Blickwinkel der Belegschaft allerdings verständlichen Interpretation des Schließungsablaufs.

Man sieht sich als Opfer einer Verschwörung von Politik, Unternehmen und sogar Gewerkschaft. Weil die Schließung buchstäblich über die Köpfe der Betroffenen hinweg entschieden wurde und sie auch nicht über die eigentlichen Motive aufgeklärt wurden bzw. diese nicht gelten lassen, kommt es zu einer Art Legendenbildung, um subjektiv ein schlüssiges Erklärungsmodell für die erlebten Erfahrungen zu haben.

Die Arbeitsmarktfolgen der AG "Weser" Schließung lassen sich nur bedingt verallgemeinern. So ist z.B. zweifelhaft, ob die überdurchschnittlichen Wiederbeschäftigungschancen der Entlassenen von Großbetriebsstillegungen auch bei Betrieben gegeben sind, in denen überwiegend Frauen oder Ausländer tätig sind. Empirische Untersuchungen in der Bundesrepublik liegen hierüber leider nicht vor.

Auf kleineren, relativ isolierten Arbeitsmärkten, deren Arbeitsplatzangebot von nur wenigen Betrieben bestimmt wird, dürften ebenfalls die Wiederbeschäftigungschancen nach Betriebsschließungen ungünstiger sein. Zwar ist auch dort nicht mit einer "Blockierung" des lokalen Arbeitsmarktes zu rechnen, jedoch dürfte dessen Absorptionsfähigkeit erheblich geringer sein, mit der Folge, daß der Wiederbeschäftigungsgrad niedriger und die durchschnittliche Dauer der Arbeitslosigkeit höher ausfällt als in den hier untersuchten Fallbeispielen. Zudem könnte in einem solchen Fall eine größere räumliche Mobilität und die Abwanderung insbesondere qualifizierter Arbeitskräfte die Folge sein.

Nicht vergleichbar sind überdies die Ergebnisse aus Großbetriebsstillegungen mit der Mehrheit der Schließungen von Kleinbetrieben. In diesen Fällen finden sich weder ausgeprägte Stammbelegschaften mit ihren spezifischen beruflichen und sozialen Chancen, noch werden derartige Stillegungen in der Öffentlichkeit besonders wahrgenommen. Eine Modifikation der Normalfunktion des Arbeitsmarktes ist bei Kleinbetriebsstillegungen nicht zu erwarten. Genauere Kenntnisse über die Folgen von Kleinbetriebsstillegungen fehlen allerdings bisher.

Angesicht der Probleme, die eine Großbetriebsstillegung schafft - Arbeitslosigkeit, unfreiwillige Ausgrenzung, Einkommensverluste, Dequalifizierung, Verdrängung, ersatzlose Arbeitsplatzvernichtung - stellt sich die Frage, ob es möglich ist, angemessen darauf zu reagieren und die negativen Folgen zu vermeiden. Möglich wäre dies durch Strategien, die entweder eine Abwendung der Betriebsschließung oder zumindestens den Erhalt von Betriebsteilen ermöglichen oder aber die mit wirtschafts- und arbeitsmarktpolitischen Maßnahmen die Schließungsfolgen für den lokalen Arbeitsmarkt und die Betroffenen anders gestalten.

Die Aufarbeitung der Unternehmensgeschichte und der Ursachen der Schließung der Werft zeigen, daß ein Erhalt des Betriebes nur um den Preis dauerhafter Subventionierung oder bei frühzeitiger Umstrukturierung möglich gewesen wäre. Eine weitere staatliche Subventionierung hätte bestenfalls kurzfristig Arbeitsplätze erhalten, auf Dauer jedoch negative Arbeitsmarktfolgen weder für die Betroffenen noch die Region vermeiden können. Denn die Krise des westeuropäischen Schiffbaus ist kein vorübergehendes konjunkturelles, sondern ein strukturelles Problem. Auch in den Jahren nach der Schließung der AG "Weser" wurden weitere Werften in der Bundesrepublik stillgelegt und ist der Handelsschiffbau nur um den Preis hoher staatlicher Subventionen möglich.

Gewerkschaften, Betriebsräte und Politiker haben wiederholt die Forderung nach Diversifizierung der Werften erhoben. In der Tat haben Unternehmen mit einer breiten Produktionspalette die Schiffbaukrise besser durchstanden als Unternehmen, die sich auf den Großtankerbau bzw. ausschließlich den Handelsschiffbau beschränkt hatten. Freilich ist nicht zu übersehen, daß es nur wenig erfolgreiche Beispiele eines betriebsinternen Strukturwandels, d.h. der weitgehenden Umstrukturierung eines Großbetriebs auf einen neuen zukunftsträchtigeren Markt, gegeben hat. Ein solcher betriebsinterner Strukturwandel bedarf eines langen Zeithorizonts und erheblichen Kapitalaufwands. Gerade für die Unternehmen, die am stärksten auf den Schiffbau spezialisiert sind, ist er damit besonders schwierig wenn nicht sogar unmöglich.

Im Vertrauen auf die Marktkräfte sind freilich weder die Arbeitsmarktprobleme noch die gravierenden Folgen für die Arbeitskräfte, die sich durch die Stillegung eines Großbetriebes ergeben, sozialverträglich zu lösen. Die AG "Weser" steht als Beispiel eines letztlich marktgesteuerten Schließungsprozesses mit hohen sozialen Folgekosten. Nach vielen Jahren bestandserhaltender Subventionierung erfolgte kurzfristig die Preisgabe des Betriebs, die Belegschaft wurde auf sich allein gestellt und dem externen Arbeitsmarkt überlassen. Gerade die plötzliche, über die Köpfe der Belegschaft und der Öffentlichkeit hinweg getroffene, wirtschafts- und arbeitsmarktpolitisch nicht vorbereitete Stillegungsentscheidung, sowie die extrem kurze Zeit bis zur tatsächlichen Schließung der Werkstore waren häufig Ursache der entstandenen Probleme.

Die Erfahrungen mit der Schließung von Großwerften in Schweden zeigen, daß es auch andere Wege gibt. Im gesellschaftlichen Konsens über den einzuschlagenden Weg des Strukturwandels und in enger Kooperation von Staat und Arbeitsmarktbehörde, Unternehmen und Gewerkschaften konnte Arbeitslosigkeit weitgehend vermieden werden. Erfolgsparameter des schwedischen Ausstiegs aus dem Schiffbau waren die frühzeitige Planung und zeitliche Streckung der Betriebsschließungen sowie abgestimmte und gut ausgestattete wirtschafts- und arbeitsmarktpolitische Programme, die der Neugründung von Betrieben und der Qualifizierung und Vermittlung der von Arbeitslosigkeit bedrohten Werftarbeiter Vorrang einräumte. In der Zeit zwischen der Stillegungsentscheidung und der eigentlichen Schließung wurden gezielte Fortbildungs-, Umschulungs- und Orientierungsmöglichkeiten angeboten. Dadurch konnte Arbeitslosigkeit, eine Destabilisierung des Berufsverlaufs sowie eine vorübergehende oder gar längerfristige berufliche Desorientierung der Entlassenen vermieden werden.

Zielsetzung der vorliegenden Untersuchung war es, am Beispiel der AG "Weser" die Funktionsweise des Arbeitsmarkts bei der Schließung eines Großbetriebs darzustellen. Branchenkrisen und Betriebsschließungen werden auch in Zukunft eine unvermeidbare Begleiterscheinungen marktgesteuerten Strukturwandels sein, der für viele Arbeitnehmer beträchtliche negative Folgen mit sich bringt. Vermeidbar jedoch sind viele dieser negativen Folgen für die betroffenen Belegschaften und die Arbeitsmärkte. Betriebsschließungen müssen nicht notwendig mit hohen sozialen Folgekosten wie Arbeitslosigkeit, Ausgrenzung, Dequalifizierung und Einkommensverlusten verbunden sein. Dies lehren die schwedischen Erfahrungen.

ANHANG

A. Methode und Datenbasis der Untersuchung

Grundlage dieses Berichts sind mehrere empirische Untersuchungen:

— eine Erhebung beim Arbeitsamt Bremen (Arbeitsamtsuntersuchung)

— eine schriftliche Befragung aller ehemaligen AG "Weser"-Beschäftigten (schriftliche Befragung 8/85)

— eine mündliche Befragung von 145 ausgewählten ehemaligen Werftbeschäftigten (Interviews)

— eine schriftliche Befragung von 53 Zulieferfirmen (Zuliefererbefragung)

— 21 Expertengespräche/Interviews mit Personalabteilungen einstellender Betriebe in Bremen (Einstellerbefragung)

Zusätzlich wurden die Ergebnisse des Projekts "Die Bedeutung der Wohnverhältnisse für die Bewältigung von Arbeitslosigkeit" (Göschel, Häußermann, Lüsebrink, Petrowsky 1987, Häußermann, Petrowsky 1989), die auf einer Befragung von 123 Arbeitslosen beruhen, berücksichtigt und eine von Dieter Bögenhold durchgeführte und ausgewertete Befragung von 25 Selbständigen mit aufgenommen.

Das Ziel der Arbeitsamtsuntersuchung und der schriftlichen Befragung war, für die Gesamtzahl der Entlassenen möglichst repräsentative Daten zu erheben. Eine Übertragung der Ergebnisse auf die Gesamtbelegschaft ist aber ohne die Diskussion der Erhebungsverfahren und der Ausfallgründe nicht möglich, da sich aus der Beschränkung der Arbeitsamtsuntersuchung auf den Arbeitsamtsbezirk Bremen und aus dem gruppenspezifischen Antwortverhalten bei der schriftlichen Befragung Verzerrungen ergeben könnten.

Es ist jedoch möglich, Strukturabweichungen dieser Erhebungen von der Grundgesamtheit bei einigen arbeitsmarktrelevanten Merkmalen (Nationalität, Geschlecht, Beschäftigtenstatus, Berufsgruppe, Alter und Betriebszugehörigkeitsdauer) durch einen Vergleich mit der Belegschaftsliste der AG "Weser" (Stand Oktober 1983) festzustellen und dadurch u. U. mögliche Verzerrungen zu erkennen[1].

Das Ziel der Interviews war, die statistisch gewonnenen Aussagen zu illustrieren, erweitern, relativieren und ggf. zu erklären.

Die Befragten wurden hier nicht nach repräsentativen Gesichtspunkten ausgewählt, sondern nach ihrer Betroffenheit von einzelnen Stillegungsfolgen wie Arbeitslosigkeit, Destabilität usw. Daneben wurden zusätzlich Alter, Beruf, Nationalität, Geschlecht und Status berücksichtigt. Durch die Interviews wurde versucht, in erster Linie die Qualität der Erfahrungen nach der Schließung zu ermitteln.

Auch die Einsteller- und Zuliefererbefragung stellen keine Repräsentativerhebungen dar. Das Interesse war, herauszufinden, welchen Einfluß die Betriebsschließung auf das Verhalten der Betriebe hatte, bzw. welche typischen Reaktionsformen es gab.

1. Arbeitsamtsuntersuchung

Beim Arbeitsamt Bremen und seinen Außenstellen wurde im Januar 1985 für alle ehemaligen AG "Weser"- Arbeiter bzw. im März 1985 für alle AG "Weser"- Angestellten eine Auswertung der "Banken" (Bewerberangebotskarten) vorgenommen. Mit dieser Untersuchung sollte für den Zeitraum von einem Jahr nach der Betriebsschließung ein Grundstock an Informationen über die Arbeitsmarktchancen der Entlassenen gewonnen werden. Um den Erhebungsaufwand zu beschränken, wurde darauf verzichtet, auch die angrenzenden Arbeitsamtsbezirke in die Untersuchung einzubeziehen.

Durch die Arbeitsamtsuntersuchung wurden alle AG "Weser"- Beschäftigten erfaßt, die im Arbeitsamtsbezirk Bremen gewohnt haben und irgendwann nach der Werftschließung arbeitslos bzw. arbeitssuchend gemeldet waren. Von den nicht beim Arbeitsamt registrierten

---

1 Ausführlich dargestellt in: Gerdes u.a. 1987, S. 18 - 37.

Personen wurde angenommen, daß sie zu keinem Zeitpunkt nach der Werftschließung beschäftigungslos waren, d. h. "nahtlos" anderswo eine neue Tätigkeit gefunden haben. Um Fehlerquellen auszuschalten, die durch Verwaltungsvorgänge beim Arbeitsamt entstehen können[1], wurde im Mai 1986 eine Nacherhebung für diesen Personenkreis durchgeführt. Es verblieben ca. 330 AG "Weser"- Beschäftigte, die weder beim Arbeitsamt Bremen bzw. seinen Außenstellen registriert noch im Rentenalter waren[2].

In der Arbeitsamtsuntersuchung sind die Angestellten mit ca. 23 % leicht unterrepräsentiert (vgl. Tabelle 33); sie wohnten häufiger außerhalb der Grenzen des Bremer Arbeitsamtsbezirks als die Arbeiter. Entsprechend sind die Arbeiter etwas überproportional vertreten. Die ausländischen Arbeiter und die weiblichen Angestellten wohnten nahezu alle in Bremen und wurden durch die Arbeitsamtsuntersuchung fast vollständig erfaßt. Hinsichtlich der Alters- und Berufsstruktur sowie der Dauer der Betriebszugehörigkeit ist die Arbeitsamtsuntersuchung weitgehend strukturgleich mit der Werftbelegschaft, was nicht überrascht, da sie fast 85 % der Grundgesamtheit umfaßt (vgl. Tabelle 33).

Inwieweit die Ergebnisse der Arbeitsamtsuntersuchung auf die Gesamtbelegschaft übertragen werden können, hängt im wesentlichen davon ab, ob von dem Auswahlkriterium "wohnhaft im Arbeitsamtsbezirk Bremen" ein wesentlicher Einfluß auf das Abschneiden auf dem Arbeitsmarkt zu erwarten ist. Zum Arbeitsamtsbezirk Bremen gehören nicht nur das Stadtgebiet Bremen und Bremen-Nord, sondern auch die Außenstelle Osterholz-Scharmbeck. Damit wird auch ein erheblicher Teil jener AG "Weser"- Beschäftigten erfaßt, die im Umland Bremens gewohnt haben. Die Unterschiede zwischen der Einbindung in städtische und ländliche Strukturen bzw. Wohnformen und die hieraus resultierenden, möglicherweise unterschiedlichen Chancen bzw. Verhaltensweisen auf dem Arbeitsmarkt[3] werden somit durch die Beschrän-

---

1 Z. B. befinden sich "Banken" auch amtsintern im Umlauf, sind also zeitweilig nicht in den Karteien zu finden.
2 Möglicherweise sind einige Personen aus dem Arbeitsamtsbezirk kurz vor der Werftschließung verzogen. Dies wäre eine mögliche, wenngleich quantitativ nicht ins Gewicht fallende Fehlerquelle.
3 Vgl. hierzu die Ergebnisse des Projekts: A. Göschel, H. Häußermann, K. Lüsebrink, W. Petrowsky. "Die Bedeutung der Wohnverhältnisse für die Bewältigung von Arbeitslosigkeit", Wissenschaftliche Einheit Stadt- und Sozialforschung, Bremen, Februar 1987.

kung auf den Arbeitsamtsbezirk Bremen nicht ausgeklammert. Aufgrund dieser Überlegungen sowie der Tatsache, daß die Arbeitsamtsuntersuchung 85 % der Gesamtbelegschaft erfaßte, ist es vertretbar, die Arbeitsmarktergebnisse der Werftarbeiter bzw. der Angestellten als typisch für die jeweilige Gruppe zu interpretieren.

2. Schriftliche Befragung

Im Juli/August 1985 wurde eine schriftliche Befragung bei allen ehemaligen AG "Weser"- Beschäftigten durchgeführt. Ziel dieser Befragung war es, detaillierte Informationen über die Arbeitsmarktverläufe nach der Stillegung, über die Wiederbeschäftigungsbedingungen sowie das Suchverhalten der entlassenen Werftbelegschaft zu gewinnen.

Berücksichtigt man die identifizierbaren Ausfälle (verzogen, verstorben) und den Umstand, daß zuvor 135 Ausländer in ihre Heimat zurückgekehrt sind, zeigt sich folgendes gruppenspezifisches Antwortverhalten: (vgl. Tabelle 33).

— Die Angestellten antworteten weit häufiger als die Arbeiter. Für das Antwortverhalten spielt der Beschäftigungsstatus offensichtlich eine größere Rolle als geschlechtsspezifische Einflüsse: Die Antwortquote der Frauen liegt deutlich über jener der Arbeiter und näher bei jener der männlichen Angestellten[1].

Die im Vergleich zu den deutschen Arbeitern geringere Antwortquote der Ausländer war zu erwarten. Hier dürften Sprachbarrieren und Unterschiede in der Integration eine wesentliche Rolle gespielt haben.

— Bei den deutschen Arbeitern antworteten die älteren häufiger, die unter 30-jährigen hingegen wesentlich seltener. Auffällig ist, daß bei den männlichen Angestellten das Antwortverhalten nach Altersgruppen kaum streut (vgl. Tabelle 34). Die älteren Arbeiter haben die Folgen der Stillegung am stärksten zu spüren bekommen. Daraus mag eine höhere Motivation zur Beantwortung des Fragebogens resultieren.

---

[1] Die geschlechtsspezifischen Abweichungen sind - vergleicht man sie mit anderen Untersuchungen (Bosch 1978, S. 242 f.) - relativ gering.

Das Antwortverhalten differiert zwischen den wichtigsten Berufsgruppen auf der Werft (Schiffbauer, Schlosser, sonstige Metallberufe, Schiffzimmerer/Maler) nur wenig. Deutlich vom Durchschnitt unterscheidet sich jedoch das Antwortverhalten der Elektriker (hohe Quote) und jenes der Schweißer (sehr niedrig). Eine mögliche Erklärung hierfür ist, daß das Antwortverhalten eng mit der Qualifikation korreliert, die zwischen den einzelnen Berufsgruppen erheblich streut. Berufsgruppen mit einem überdurchschnittlichen Anteil qualifizierter Beschäftigter (betriebliche Ausbildung bzw. Fachhochschul-/Universitätsbildung) zeigten eine höhere Antwortbereitschaft als Berufsgruppen mit einem überdurchschnittlichen Anteil angelernter Kräfte.

Mit steigender Betriebszugehörigkeitsdauer stieg die Antwortbereitschaft. Von denjenigen, die über 20 Jahre im Betrieb waren, antworteten mehr als die Hälfte, von jenen unter 5 Jahren nur 12 %. Eine lange Betriebszugehörigkeit geht in der Regel mit einer größeren Identifizierung mit dem Schicksal der Werft einher. Zudem hängen eine längere Betriebszugehörigkeit und ein höheres Alter zusammen, was die Wiederbeschäftigungschancen in der Regel mindert. Beide Überlegungen sprechen für eine überdurchschnittliche Betroffenheit von der Betriebsstillegung, aus der sich eine erhöhte Antwortbereitschaft erklären könnte.

Aus dem Stadtgebiet Bremen und Bremen-Nord kamen 70 % (72 %) der Antworten (in Klammern Anteil der AG "Weser"- Belegschaft), aus dem Umland stammten 30 % (28 %) der ausgefüllten Fragebögen[1]. Unter regionalen Gesichtspunkten unterscheidet sich das Antwortverhalten kaum. Der etwas höhere Anteil der Antworten aus dem Umland hängt mit der Überrepräsentation der Angestellten im Befragungssample zusammen.

Das geschilderte Antwortverhalten zeigt Parallelen zu anderen empirischen Befragungen: Demnach wächst die Antwortbereitschaft mit steigendem Bildungsniveau (zunehmende Vertrautheit mit Formularen etc.) und mit wachsender Betroffenheit (Richter 1970, Bosch 1978). Damit wird deutlich, daß die Mehrzahl der Ausfälle bei der Befragung nicht als qualitätsneutral bewertet werden können und die

---

1 Allerdings konnten 163 Antworten regional nicht zugeordnet werden.

Untersuchungsergebnisse somit mit hoher Wahrscheinlichkeit verzerrt sind. Angesichts dieser Problematik sind folgende Vorgehensweisen denkbar:

Erstens eine Umgewichtung der Ergebnisse der Totalbefragung mit dem Ziel, bei wesentlichen Merkmalen eine Strukturgleichheit mit der Grundgesamtheit herzustellen, oder zweitens eine Aufspaltung des Befragungssample in Untergruppen, die in sich homogener sind als das Sample insgesamt. Von einer Umgewichtung der Befragungsergebnisse wurde abgesehen, weil die Ausfallgründe (Verweigerungen) unbekannt sind und die Wirkung einer Umgewichtung dadurch nicht kalkulierbar ist.

Bezieht man die bei den Interviews gemachten Erfahrungen mit Verweigerern mit ein (s.u.), so ist die Gruppe der Verweigerer vermutlich relativ heterogen zusammengesetzt. Darüber hinaus lassen sich die Verweigerer auch nicht eindeutig bestimmten Altersgruppen bzw. Statusgruppen zuordnen. Verweigert haben offensichtlich vor allem die auf dem Arbeitsmarkt besonders "Erfolgreichen" und "besonders Betroffenen", und dies zum Teil aus ähnlichen Motiven.Dies bestärkt weder die These von einem "Verlierersample" noch die entgegengesetzte Annahme. Es bedeutet umgekehrt nicht, daß Verzerrungen in die eine oder andere Richtung ausgeschlossen werden können. Es zeigt sich jedoch, daß eine Umgewichtung der Befragung keinen Ausweg aus der Problematik darstellt: Die Antworten würden durch dieses Verfahren nicht "repräsentativer".[1]

---

1 So müßte man z. B. im Falle eines "Verlierersamples" die Gewinner stärker gewichten oder falls jene mit aktiven Arbeitsmarktsuchstrategien überrepräsentiert sind, die "Passiven". Der Prozentsatz der "Gewinner" bzw. "Passiven"ist jedoch für die Grundgesamtheit sicht bekannt. Man kann zwar vermuten, daß die "Verlierer" unter den Älteren bzw. im Kreise jener mit einer längeren Betriebszugehörigkeit zu finden sind und entsprechend umgewichten. Es gibt jedoch aus den Interviews Hinweise, daß auch von den jüngeren Arbeitern überwiegend solche mit ungünstigen Arbeitsmarkterfahrungen geantwortet haben. In diesem Fall führt eine stärkere Gewichtung der Jüngeren zu keinem sinnvollen Ergebnis.

Verzichtet man auf den Anspruch, Aussagen über das Arbeitsmarktschicksal der Gesamtbelegschaft zu treffen, so läßt sich ein Teil der Probleme durch eine isolierte Auswertung von Untergruppen der Befragung umgehen. Das Befragungssample wird für diesen Zweck in vier Subsample (deutsche Arbeiter, ausländische Arbeiter, männliche Angestellte, weibliche Angestellte) unterteilt und diese für die jeweiligen Fragestellungen getrennt ausgewertet[1]. Damit werden Verzerrungen ausgeschaltet, die aus einem status-, nationalitäts- bzw. geschlechtsspezifischen Antwortverhalten entstehen[2]. Zudem lassen sich u. U. Trends in den jeweiligen Teilbefragungen eher ausmachen als für die Gesamtbefragung. Die vermuteten Verzerrungen weisen dabei - mit hoher Wahrscheinlichkeit - für die vier Untergruppen in verschiedene Richtungen.

Einen deutlichen Bias weist die Befragung aus Plausibilitätsgründen bei den ausländischen Arbeitern auf: Vermutlich dominieren bei den Ausländern die sprachkundigen, in der Bundesrepublik stärker integrierten das Sample. Die Arbeitsmarkterfahrungen dieser Gruppe dürften sich jedoch von jenen der Ausländer mit schlechten Deutschkenntnissen und einer geringeren Integration unterscheiden. Die Befragungsergebnisse lassen somit ein eher geschöntes Bild von den Arbeitsmarktchancen der ausländischen Werftarbeiter erwarten.

Für die beiden übrigen, größten Teilgruppen lassen sich - mit aller Vorsicht - folgende Trends der schriftlichen Befragung ausmachen:

Die Subsample der deutschen Arbeiter bzw. der männlichen Angestellten weisen bezüglich einiger arbeitsmarktrelevanter Merkmale eine weitgehende Strukturgleichheit mit der Grundgesamtheit auf. Bei den Arbeitern sind jedoch Berufsgruppen bzw. Altersgruppen mit ungünstigeren Arbeitsmarktchancen sowie Personen mit einer sehr langen Betriebszugehörigkeit überrepräsentiert, dagegen die Gruppe der "Nahtlosen" unterproportional vertreten. Diese Indizien sprechen für

---

1 Erleichtert wird diese isolierte Auswertung durch den Umstand, daß bei den Arbeitern Frauen kaum vertreten sind (0,7 %), während bei den Angestellten die Ausländer mit 1,3 % keine Rolle spielen. Wegen der geringen Fallzahlen ist eine detaillierte Auswertung der Gruppe der weiblichen Angestellten und partiell auch der Gruppe der ausländischen Arbeiter nicht für alle Fragestellungen möglich. Bei den weiblichen Angestellten beträgt n = 29, bei den ausländischen Arbeitern ist n = 74.

2 Verzerrungen aus anderen Gründen bleiben natürlich weiter bestehen.

die Annahme, daß ein Bias in Richtung einer zu negativen Darstellung der Arbeitsmarkterfahrungen besteht.

Bei den männlichen Angestellten ist ein eindeutiger Trend nicht auszumachen. Zwischen Antwortverhalten und Arbeitslosigkeit bestehen keine Zusammenhänge.

Bezieht man die relativ hohe Antwortquote der männlichen Angestellten mit in die Überlegung ein, so spricht dies zusammen mit den anderen Fakten dafür, daß die Ergebnisse dieser Befragungsgruppe kaum verzerrt ist. Dagegen müssen die Auswertung für die ausländischen Arbeiter und für die weiblichen Angestellten nicht nur wegen der geringeren Fallzahlen vorsichtig interpretiert werden. Bei beiden Teilgruppen sprechen plausible Überlegungen dafür, daß eher jene mit günstigeren Arbeitsmarktchancen in der Befragung vertreten sind und somit die Auswertung der Befragung ein zu positives Bild der Arbeitsmarkterfahrungen zeichnet.

3. Interviews

In der Zeit von Dezember 1986 bis Februar 1987 wurden insgesamt 145 ehemalige Werftbeschäftigte ausführlich befragt. Das Ziel dieser mündlichen Befragung war es, genaue Informationen zu erhalten über:

— den Ablauf der Stillegung und seine Bewertung aus der Sicht der Entlassenen,

— den Berufsverlauf nach der Schließung,

— die Bedingungen und das Verhalten bei der Arbeitssuche,

— die Bewertung der aktuellen beruflichen und sozialen Situation im Vergleich zu der auf der Werft.

Die Aussagen der Befragten wurden ihrem Sinngehalt nach während des Interviews schriftlich festgehalten und anschließend protokolliert. Diese Protokolle geben in gekürzter Form die wesentlichen Aussagen der Befragten wieder. Da in erster Linie nach konkreten Informationen gefragt wurde und eine tiefergehende Textinterpretation nicht beabsichtigt war, bleiben auch bei dieser Methode die wesentlichen Aussagen erhalten.

Die Auswahl der Interviewpartner richtete sich danach, ob sie zum Zeitpunkt der Befragung beschäftigt oder arbeitslos waren und ob sie über einen kontinuierlichen oder diskontinuierlichen Berufsverlauf verfügten. Außerdem sollten möglichst alle wichtigen Teilgruppen der Belegschaft erfaßt werden (Altersgruppen, Arbeiter, Angestellte, Männer, Frauen, Ausländer).

Da außer der Belegschaftsliste keine weitergehenden Informationen zur Verfügung standen (abgesehen von der Einteilung in Arbeiter und Angestellte sowie der Möglichkeit aus dem Namen auf Geschlecht und Nationalität zu schließen), mußten zunächst etwa 400 nach dem Zufallsprinzip (jeder fünfte Name) ausgewählte ehemalige Werftbeschäftigte angerufen und hinsichtlich der Auswahlkriterien befragt werden. Etwa 240 der Angerufenen entsprachen den gewünschten Kriterien. Mit ihnen wurde versucht, einen Interviewtermin zu vereinbaren. 145 von ihnen erklärten sich dazu bereit.

Soweit ermittelbar, waren die Motive für eine Verweigerung sehr verschieden. Zum einen gibt es eine Gruppe von Verweigerern, die relativ rasch neue Arbeit gefunden hat und die Werftschließung als "Schnee von gestern" betrachtet und keinen Sinn in der Befragung sieht, da dies jetzt sowieso niemandem mehr helfen würde. In dieser Gruppe der "Erfolgreichen" finden sich jedoch auch Personen, die emotional von der Erfahrung der Stillegung noch so belastet sind, daß sie auch heute noch nicht darüber reden möchten.

Zum anderen verweigerten umgekehrt auch viele von der Schließung besonders hart Betroffene (lange arbeitslos, schlechte Wiederbeschäftigungsbedingungen), die nicht mehr an die alten Geschichten erinnert werden wollten. Sie sahen sich aufgrund ihrer starken emotionalen Betroffenheit nicht in der Lage, ein längeres Gespräch über die AG "Weser" und ihre jetzige Situation zu führen. Als weiterer Grund wurde angeführt, daß ihnen bisher niemand geholfen habe und die Befragung ihnen auch nicht helfen würde.

Schließlich gab es eine Gruppe, die aus familiären Gründen oder aus Angst vor Datenmißbrauch nicht antworten wollte. Bei ihnen ist kein unmittelbarer Zusammenhang zu ihren Arbeitsmarkterfahrungen oder der Zugehörigkeit zu einer bestimmten Gruppe erkennbar.

Die Verweigerungsgründe geben keinen Anlaß zu der Vermutung, daß es sich bei den Intervies um ein überwiegendes "Verlierer"- oder "Gewinnersample" handelt, weil es keine bestimmte Gruppe gibt, die systematisch die Beantwortung verweigert hat. Daß die Interviews dennoch ein "Gewinnersample" darstellen, liegt an der gezielten Auswahl vorwiegend Wiederbeschäftigter und der bewußten Vernachlässigung von Arbeitslosen und Ausgegrenzten. Bis auf diese Gruppen entspricht die Struktur der Interviews weitgehend der der Belegschaft. Angestellte sind leicht überrepräsentiert; ebenso die 30- bis 49jährigen. Die über 55jährigen dagegen sind deutlich unterrepräsentiert. Das liegt am genannten Auswahlmodus, bei dem Wiederbeschäftigte, die in der Regel jünger als 55 sind, besonders berücksichtigt wurden.[1]

Auch die Berufsgruppen sind in den Interviews weitgehend entsprechend ihres Anteils an der Werftbelegschaft vertreten. Insgesamt gilt für die deutschen männlichen Befragten, daß ein breiter Querschnitt des wiederbeschäftigten Teils der Belegschaft erfaßt wurde.

Hingegen müssen bei den befragten Frauen und Ausländern Einschränkungen gemacht werden. Bei den Frauen war die Verweigerungsrate relativ hoch. Fast jede zweite der Angerufenen weigerte sich, Auskunft zu geben. Es handelte sich dabei überwiegend um verheiratete Frauen, die angaben, für eine Befragung, von deren Nutzen sie nicht überzeugt waren und die sie schmerzlich an die Stillegung erinnerte, aufgrund ihrer Doppelbelastung von Beruf und Haushalt keine Zeit zu haben. Daneben verweigerten auch ältere alleinstehende, meist dauerarbeitslose Frauen, die sich aus einer emotionalen Betroffenheit von der Schließung und ihrer aktuellen Situation außerstande sahen, ein Interview zu geben. Deshalb sind bei den Interviews die jüngeren, meist erfolgreichen Frauen überrepräsentiert und positive Erfahrungen und Einschätzungen vorherrschend.

Ebenso wie bei der schriftlichen Befragung wirkten sich Sprachschwierigkeiten bei den Interviews mit Ausländern aus. Bereits bei der

---

1 Auf die Befragung von Arbeitslosen und Ausgegrenzten konnte weitgehend verzichtet werden. Die Erfahrungen dieser Gruppen waren Gegenstand des Forschungsprojekts "Die Bedeutung der Wohnverhältnisse für die Bewältigung von Arbeitslosigkeit" (Göschel, Häußermann, Lüsebrink, Petrowsky 1987) an der wissenschaftlichen Einheit Stadt- und Sozialforschung an der Universität Bremen. Die Ergebnisse der dort durchgeführten Befragung von Arbeitslosen wurden uns zur Verfügung gestellt.

telefonischen Kontaktaufnahme stellte sich oft (erwartungsgemäß) heraus, daß ein in deutsch geführtes Interview zu keinem sinnvollen Ergebnis führen würde.

In einigen Fällen konnte diese Schwierigkeit allerdings überwunden werden, weil die Kinder der Befragten die Fragen und Antworten übersetzten. Insgesamt führten diese Probleme dazu, daß das Subsample der Ausländer vorwiegend durch gut deutsch sprechende, seit langer Zeit in der BRD lebende ehemalige Werftbeschäftigte dominiert wird, die bereits zum Teil die deutsche Staatsbürgerschaft übernommen oder beantragt haben. Diese Gruppe der weitgehend in die bundesrepublikanische Gesellschaft integrierten Ausländer stammt zudem hauptsächlich aus den südeuropäischen Ländern, während die Mehrzahl der ausländischen Schweißer aus der Türkei kommt.

4. Einstellerbefragung

Anfang 1988 wurden Gespräche mit Vertretern von Personalabteilungen aus 21 Bremer Firmen, die ehemalige Werftbeschäftigte eingestellt hatten, geführt. Das Ziel dieser Expertengespräche war es, zu ermitteln, ob und welchen Einfluß die Werftschließung auf die Einstellungspolitik der Betriebe hatte. Dazu wurde ein entsprechender Gesprächsleitfaden erstellt. Anhand von Gesprächsnotizen wurde der Inhalt der geführten Gespräche protokolliert. Für die Befragung wurden die Betriebe ausgewählt, von denen bekannt war, daß sie ehemalige Werftbeschäftigte eingestellt hatten. Diese Information ergab sich zum Teil aus den Interviews, beruhte aber auch auf Gesprächen mit dem Arbeitsamt, Gewerkschaftsvertretern, Betriebsräten und Vertretern des Vereins "Use Akschen", die eine Reihe von Entlassenen vermittelt hatten.

Die Auswahl der Betriebe erfolgte nach den Kriterien:

— Anzahl der eingestellten Werftbeschäftigten,

— Einbeziehung von Firmen unterschiedlicher Branchen und

— Erfassung sowohl von Groß- als auch von Klein- und Mittelbetrieben.

Tabelle 33: Vergleich der Struktur der AG "Weser"- Belegschaft nach Beschäftigtenstatus, Nationalität und Geschlecht mit der Struktur der Arbeitsamtsuntersuchung und den Befragungen

	Gesamtbe-legschaft		Arbeitsamts-untersuchung		schriftliche Befragung		Interviews	
	n	%	n	%	n	%	n	%
BELEGSCHAFT INSGESAMT								
Insgesamt	2095	100,0	1769	100,0	851	100,0	145	100,0
davon:								
- Arbeiter	1572	75,0	1357	76,7	587	68,9	93	64,1
- Angestellte	523	25,0	412	23,3	264	31,3	52	35,9
- Deutsche	1708	81,5	1385	78,3	750	90,4	133	91,7
- Ausländer	387	18,5	384	21,7	80	9,6	12	8,3
- missing	0	-	0	-	21	-	-	-
- Männer	2004	95,7	1689	95,5	790	96,1	134	92,4
- Frauen	91	4,3	80	4,5	32	3,9	11	7,6
- missing	0	-	0	-	29	-	-	-
ARBEITER								
Insgesamt	1572	100,0	1357	100,0	587	100,0	93	100,0
davon:								
- Deutsche	1191	75,8	979	72,1	501	87,1	81	87,1
- Ausländer	381	24,2	378	27,9	74	12,9	12	12,9
- missing	0	-	0	-	12	-	-	-
- Männer	1561	99,3	1350	99,5	564	99,5	92	99,0
- Frauen	11	0,7	7	0,5	3	0,5	1	1,0
- missing	0	-	0	-	20	-	-	-
ANGESTELLTE								
Insgesamt	523	100,0	412	100,0	264	100,0	52	100,0
davon:								
- Deutsche	516	98,7	406	98,5	249	97,6	52	100,0
- Ausländer	7	1,3	6	1,5	6	2,4	0	0,0
- missing	0	-	-	-	9	-	-	-
- Männer	443	84,7	339	82,3	226	88,6	41	78,8
- Frauen	80	15,3	73	17,7	29	11,4	11	21,2
- missing	0	-	-	-	9	-	-	-
Azubi	29	5,5	26	6,3	5	1,9	-	-

Tabelle 34: Vergleich der Altersstruktur der AG "Weser"- Belegschaft nach Nationalität und Geschlecht mit der Arbeitsamtsuntersuchung und den Befragungen

	Gesamtbelegschaft		Arbeitsamtsuntersuchung		schriftl. Befragung		Interviews		Z. Vergl. Bremen
	n	%	n	%	n	%	n	%	%
DEUTSCHE ARBEITER									
Altersgruppe									
unter 30	187	15,7	168	17,2	64	12,9	10	13,3	35,7
30 - 39	239	20,1	178	18,2	103	20,8	19	23,5	20,1
40 - 49	372	31,3	292	29,8	151	30,5	31	38,3	24,9
50 - 54	187	15,7	165	16,9	80	16,2	13	16,0	10,5
über 55	205	17,2	176	18,0	97	19,6	8	9,9	8,9
AUSLÄNDISCHE ARBEITER									
Altersgruppe					ohne Rückkehrer				
unter 30	8	2,1	7	1,9	(7 2,9)	0 0,0	zu		24,9
30 - 39	124	32,5	123	2,6	(78 32,2)	16 22,2	geringe		28,7
40 - 49	193	50,7	192	0,9	(112 46,3)	39 54,2	Fall-		36,1
50 - 54	41	10,8	42	11,1	(34 14,0)	10 13,9	zahlen		6,9
über 55	15	3,9	13	3,5	(11 4,5)	7 9,7			3,5
MÄNNLICHE ANGESTELLTE[1]									
Altersgruppe			incl. Azubis						incl. Azubis
unter 30	8	1,8	(4,1) 2	0,6	4	1,8	1	2,4	18,0
30 - 39	56	2,9	(12,6) 33	10,1	31	13,8	7	16,7	27,2
40 - 49	215	49,7	(48,5) 166	0,6	111	49,3	22	52,4	32,5
50 - 54	60	13,9	(13,5) 45	13,7	30	13,3	8	19,0	10,0
über 55	94	21,7	(21,2) 82	25,0	49	21,8	4	9,5	12,4
WEIBLICHE ANGESTELLTE[1]									
Altersgruppe			incl. Azubis						incl. Azubis
unter 30	4	6,6	(28,8) 3	5,5	3	10,3	zu		38,9
30 - 39	14	23,0	(17,5) 14	25,5	5	17,2	geringe		21,8
40 - 49	16	26,2	(20,0) 12	21,8	7	24,1	Fall-		24,6
50 - 54	8	13,1	(10,0) 7	12,7	4	13,8	zahlen		7,1
über 55	19	31,1	(23,8) 19	34,5	10	34,5			7,6

1. Ohne Auszubildende. Da die Auszubildenden ihre Ausbildung bei der AG "Weser" beenden konnten, wurden sie nicht in die weitere Auswertung einbezogen.
Quelle: Arbeitsamtsuntersuchung, schriftliche Befragung 8/85, Interviews, Arbeitsamt Bremen, eigene Berechnungen

Insgesamt ist diese Auswahl nicht repräsentativ, sondern soll einen Einblick in das Rekrutierungsverhalten unterschiedlicher Betriebe nach einer Betriebsstillegung verschaffen. Immerhin wurden mit der Befragung die Einstellungsmodalitäten für fast ein Viertel (471 Wiederbeschäftigte) der Werftbelegschaft erfaßt.

Von den 21 Firmen sind fünf Klein- und jeweils acht Groß- und Mittelbetriebe[1]. Bei den Kleinbetrieben wurden 44, bei den mittleren 82 und bei den Großbetrieben 345 Werftbeschäftigte eingestellt. Dieses Verhältnis entspricht nicht der tatsächlichen Verteilung der Wiederbeschäftigten auf Groß-, Mittel- und Kleinbetriebe. Da es jedoch auf die Einstellungsmodalitäten ankommt, ist es hier ohne Bedeutung.

Insgesamt wurde durch die befragten Unternehmen das typische Spektrum der Zielbetriebe ehemaliger AG "Weser"- Beschäftigter erfaßt. Dies gilt insbesondere für Großbetriebe, die vollständig vertreten sind.

5. Zulieferbefragung

Im März 1988 wurden 146 Unternehmen in der Bundesrepublik angeschrieben, die früher Geschäftsbeziehungen zur AG "Weser" hatten. Das Ziel dieser Befragung war, einen Einblick in die Auswirkungen, die die Werftschließung auf diese Betriebe hatte, zu erhalten. Ausgewählt wurden diese Betriebe auf der Grundlage von Firmenlisten der AG "Weser".

Die in diesen Listen verzeichneten Firmen repräsentieren nach Aussagen von Experten die wichtigsten der damals mit der Werft verbundenen Unternehmen. Allerdings beschränkt sich die Befragung auf bundesdeutsche Firmen und berücksichtigt nicht die ausländischen Geschäftsbeziehungen. Auch konnten indirekte Lieferbeziehungen, die über den Handel vermittelt wurden, nicht erfaßt werden. Dies gilt z. B. für die Stahlerzeugung. Der Kauf des für den Schiffbau benötigten Stahls wird über den Stahlhandel abgewickelt. Deshalb konnten in diesem Bereich nur die Auswirkungen auf den Großhandel, nicht aber auf die Hersteller ermittelt werden.

---

1 Kleinbetrieb: bis 99 Beschäftigte, Mittelbetrieb: 100 - 999 Beschäftigte, Großbetrieb: 1000 und mehr Beschäftigte

Tabelle 35: Einstellende Betriebe nach Betriebsgröße und Zahl der rekrutierten AG "Weser"- Arbeitnehmer

Branche	Beschäftigte insgesamt	ehem. AG "Weser"-Arbeitnehmer		
		insges.	Arbeiter	Angestellte
Kraftfahrzeugbau	13.000	150[1]	95	16
Stahlerzeugung	5.860	15	14	1
Flugzeugbau	5.500	20	14	6
Energieversorg.	3.220	30	30	-
Elektrotechnik	3.151	21	11	10
Schiffbau	3.000	51	40	11
Schiffbau	1.860	53	n.g.	n.g.
Elektrotechnik	1.000	5	4	1
Maschinenbau	750	6	6	-
Nahrungs- und Genußmittel	650	3	3	-
Schiffbau	550	20	16	4
Herst. von Fahrzeugsitzen	450	5	3	2
Metallverarbeitung	250	21	n.g.	n.g.
Schiffbau	230	14	11	3
Kunststoffverarbeitung	155	7	7	-
Metallverarbeitung	150	6	6	-
Metallverarbeitung	70	7	6	1
Stahlverarbeitung	70	25	25	-
Stahlhandel	51	4	4	-
Maschinenbau	40	5	4	1
Maschinenbau		30	3	3
gesamt		471	302	56

ng.= nicht genannt
1. Die Differenz entspricht der Anzahl der Arbeitnehmer, die den Betrieb zum Interviewzeitpunk bereits wieder verlassen hatten und eine Zuordnung dadurch nicht mehr möglich war.
Quelle: Einstellerbefragung

Die Rücklaufquote beträgt 47 %, es lagen somit 53 auswertbare Fragebögen vor. Durch telefonischen Rückfragen konnte der Anteil der Ausfallgründe relativ genau ermittelt werden:

21 Firmen gaben an, zwischen 1975 und 1983 keine Geschäftsbeziehungen zur AG "Weser" unterhalten zu haben [1], 12 weitere hatten

---

1 Veraltete Firmenlisten der AG "Weser" und nicht mehr nachzuvollziehende Liefervereinbarungen bei den Zulieferern könnten hier mögliche Ursachen sein.

diese Beziehungen bereits vor 1982 beendet. In 39 Fällen erklärt sich der Ausfall dadurch, daß die Firmen nicht mehr existieren oder unbekannt verzogen sind[1]. 21 angeschriebene Unternehmen verweigerten die Beantwortung der Fragen. Einige gaben an, daß es ihnen aufgrund des langen Zeitraums seit der Schließung nicht mehr möglich war, die gewünschten Angaben zu machen, andere wiederum nannten als Grund zu hohe Arbeitsbelastung, den Datenschutz oder grundsätzliche Vorbehalte.

Bei der Befragung wurde unterschieden zwischen Firmen, die für die Bremer Region relevant sind und jenen, die im übrigen Bundesgebiet angesiedelt sind. Hierbei waren für Bremen jene Betriebe bedeutend, die ihren Sitz in der Stadt Bremen, in einem Umkreis von etwa 30 km um Bremen oder in Bremerhaven hatten. Von den 64 in diesem Raum verschickten Fragebögen konnten 31 und von den 82 in das übrige Bundesgebiet gesandten 22 ausgewertet werden. Hier ist die Zahl der Firmen, die angab, keine Geschäftsbeziehungen unterhalten zu haben oder aus unbekanntem Grund ausfielen, besonders hoch.

Von den befragten Unternehmen, die in anderen Bundesländern ansässig sind, gehören fast die Hälfte zu den Branchen Metallerzeugung und -bearbeitung und Stahl- und Leichtmetallbau. Hierbei handelt es sich um Klein- und Mittelbetriebe, die sowohl Halbfertigteile u.a. für den Anlagen- und Rohrleitungsbau als auch Fertigteile wie z.B. Schiffsfenster und -luken lieferten.

Es wurden vorwiegend Klein- und Mittelbetriebe erfaßt. Nur insgesamt vier der Firmen hatten mehr als 1000 Beschäftigte. Von den Firmen aus dem Bundesgebiet wurden überwiegend Halbfertig- und Zubehörteile wie z. B. Schiffsfenster, -luken, Rettungsboote, Decksausrüstungen u.ä. geliefert. Zulieferer aus den Bereichen Maschinen- und Schiffbau lieferten u.a. Decksausrüstung, Rettungsboote, Kompressoren und Pumpen.

Aus der Bremer Region wurden vornehmlich die Zulieferer aus dem Groß- und Einzelhandel, dem Baugewerbe und der Elektrotechnik erfaßt. Auch hier sind Klein- und Mittelbetriebe vorherrschend. Von

---

1 Es muß hier offen bleiben, ob der Standortwechsel oder die Firmenaufgabe im Zusammenhang mit der Werftschließung steht.

Tabelle 36: Gesamtheit der angeschriebenen Betriebe, Ausfälle und Rücklaufquote

	gesamt	Bremer Region	andere Bundesländer
Angeschriebene Unternehmen	146	64	82
davon: keine Geschäftsbeziehungen zur AGW	21	6	15
- Geschäftsbez.vor 1982 beendet	12	5	7
Anzahl der Zulieferer davon:	113	53	60
- Antwort verweigert	21	10	11
- Ausfälle aus unbekanntem Grund	39	12	27
Auswertbare Fragebögen	53	31	22
Rücklaufquote	46,9	58,5	36,7

Quelle: Zuliefererbefragung

Tabelle 37: Zulieferbetriebe der AG "Weser" nach Region und Betriebsgröße

Sypro-Nr.	Branche	gesamt	Bund Betriebe mit einer Beschäftigtenzahl			gesamt	Bremer Region Betriebe mit einer Beschäftigtengröße			gesamt	andere Bundesländer Betriebe mit einer Beschäftigtengröße		
			bis 99	von 100- 999	über 999		bis 99	von 100- 999	über 999		bis 99	von 100- 999	über 999
230-239, 240	Metallerzeugung u. -bearbeitung, Herst. v. Stahl- u. Leichtmetallkonstr.	14	6	8	-	3	2	1	-	11	4	7	-
242	Maschinenbau	7	3	3	1	2	1	1	-	5	2	2	1
246	Schiffbau	2	-	1	1	-	-	-	-	2	-	1	1
250	Elektrotechnik	6	4	-	2	4	2	-	2	2	2	-	-
406-419, 435	Groß- u. Einzelhandel	13	11	2	-	12	10	2	-	1	1	-	-
300-316	Baugewerbe	6	3	3	-	6	3	3	-	-	-	-	-
200,210, 275,261	weitere Branchen	5	2	3	-	4	1	3	-	1	1	-	-
		53	29	20	4	31	19	10	2	22	10	10	2

Quelle: schriftliche Befragung

den Großhandelsbetrieben bezog die Werft u.a. Eisen-, Metall- und Kunststoffwaren so z.B. Werkzeuge, Rohrverbindungsteile, Armaturen, Schleuche und Dichtungsmaterial.

Aus dem Baugewerbe waren vor allem Firmen aus dem Bereich der Isoliertechnik sowie Maler- und Lackierbetriebe für die Werft tätig. Diese Firmen waren zudem mit eigenen Arbeitnehmern auf der Werft.

Ebenso waren die sechs Zulieferer aus der Elektrotechnik, die neben der allgemeinen Schiffselektronik vor allem Meß- und Regelgeräte lieferten, als Fremdfirmen auf der AG "Weser".

6. Befragung der Selbständigen

Ende 1986, etwa zweieinhalb bzw. drei Jahre nach der Schließung wurde eine mündliche Befragung ehemaliger Werftbeschäftigter, die sich nach der Schließung selbständig gemacht hatten, durchgeführt.[1] Durch die Befragung sollte der Prozeß der zu diesen Existenzgründungen führte, zum einen Einblick in die einzelnen Schritte und Muster der beruflichen Mobilität des "Selbständigmachens" ermöglichen und zum anderen Hinweise darauf gebgen, in wieweit die Hoffnungen auf einen beschäftigungsfördernden Effekt von Existenzgründungen in der Praxis bestätigt werden kann.

Der zeitliche Abstand von der Schließung bot die Gewähr, daß alle, die sich beruflich selbständig machen wollten, bereits die erste Startphase hinter sich hatten und man auf einen - freilich kurzen - Zeitraum der Tätigkeit in der neuen Rolle zurückblicken konnte. So war es auch möglich, den geschäftlichen Erfolg der Betriebsgründung bereits ansatzweise zu erfassen.

Durch Recherchen und vor allem durch die intensive Nachfrage bei den durch die Kontakte mit der Belegschaft bekannten Selbständigen konnten die Namen weiterer Kollegen, die eine Firma gegründet haben, ermittelt werden. Auf diese Weise gelang es, eine weitgehend vollständige Liste von Existenzgründern zu erstellen. Sechs von ihnen verweigerten jedoch ein Interview und von zweien war die Anschrift nicht zu ermitteln. Hinzu kamen Fälle von Schein-Selbständigkeit, also

---

1 Diese Untersuchung wurde von D. Bögenhold, Universität Münster, durchgeführt.

eine Zwitterformen zwischen Selbständigkeit und abhängiger Beschäftigung. Diese Form der Selbstständigkeit wurde nicht in die Untersuchung aufgenommen.

Befragt wurden insgesamt 25 Selbständige, die Ende 1986 mit einer gewissen zeitlichen Stabilität in der Selbstängigkeit wirtschaftlich aktiv waren. Sie gründeten 22 Firmen. Mit 25 Existenzgründern wurden Leitfadeninterviews geführt. 23 der Interviews wurden ausgewertet, da in zwei der geführten Gespräche keine hinreichende Transparenz über die Firmen erreicht werden konnte. Die verbliebenen 23 Personen entfielen auf 20 Firmen, drei Firmen waren Gründungen von Zweierteams. Insgesamt konnte somit ein relativ vollständiges Bild der Existenzgründungen von ehemaligen Beschäftigten der AG "Weser" gezeichnet werden.

B. Literaturverzeichnis

Aaron, B. (1984), Plant Closings: American and Comparative Perspectives, University of California Reprint Nr. 328, Los Angeles

AFG (1986), Arbeitsförderungsgesetz Textausgabe, Bundesanstalt für Arbeit, 34. Ausgabe

Aiken, M., u.a.(1968), Economic Failure, Alienation and Extremism, Michigan ALC (1988), The Swedish Center for Working Life, Structural Change and Labour Market Policy, 6 Bde., Stockholm

ANBA, Amtliche Nachrichten der Bundesanstalt für Arbeit, verschied. Jg., Nürnberg

Angelöw, B. (1988), Sociopsychological Stress Reactions among Employees in Connection with Plant Closings. A case study, in ALC, Stockholm

Arbeitsamt Bremen, Arbeitsmarktberichte, verschied. Jg., Bremen

Arbeitsgemeinschaft Werftgutachten 1970 (1972), Gutachten über die Lage der deutschen Werftindustrie im Auftrag des Bundesministers für Wirtschaft, Düsseldorf

Autorenkollektiv (1987), Irgendwie mußte es ja weitergehen. 4 Jahre nach Schließung der AG "Weser", Hamburg

Bandemer, J.D.v., Ilgen, A.P. (1963), Probleme des Steinkohlenbergbaus, Basel/Tübingen

Baumeister, H., Bollinger, D., Pfau, B. (1988), Beschäftigung in der Grauzone des Arbeitsmarktes, in: Mitteilungen aus der Zentralen Wissenschaftlichen Einrichtung 'Arbeit und Betrieb', Bremen

Bednarzik, R.W. (1983), Layoffs and Permanent Job Losses. Workers Trait and Cyclical Patterns, in: Monthly labor review Vol.106, S.3-13

Berglind, H. (1988), Happy Losers? A Study of Laid Off Metal Workers and the Swedish Welfare System, in: ALC Stockholm

Biehler, H., Brandes, W. (1981), Arbeitsmarktsegmentation in der Bundesrepublik. Theorie und Empirie des dreigeteilten Arbeitsmarktes, Frankfurt/ New York

Blau, P.M. (1956), Bureaucracy in Modern Society, New York

Bluestone, B. (1982), The Deindustrialisation of America, New York

Bluestone, B. (1986), The Great American Job Machine, Ms., Boston

Bögenhold, D. (1985), Die Selbständigen. Zur Soziologie dezentraler Produktion, Frankfurt/M., New York

Bögenhold, D. (1987), Der Gründerboom. Realität und Mythos der neuen Selbständigkeit, Frankfurt/New York

Boissevain, J. (1974), Friends of Friends, Oxford

Bosch, G. u.a. (1974), Bedingungen und soziale Folgen von Betriebsstillegungen, Zwischenbericht, Dortmund

Bosch, G. (1978), Arbeitsplatzverlust, Frankfurt/M./ New York

Bosworth, B., Rivlin, A. (eds.1987), The Swedish Economy, Washington

Bourdieu, P. (1970), Klassenstellung und Klassenlage, in: Zur Soziologie der symoblischen Formen, Frankfurt/M.

Bremische Bürgerschaft, Plenarprotokoll vom 8.5.1980

Brinkmann, C. (1987), Wege der Arbeitssuche und Wiederbeschäftigung Arbeits-loser, in: Deeke/Fischer (1987), S. 123 - 142

Brinkmann, Ch., Schober, K. (1976), Zur beruflichen Wiedereingliederung von Arbeitslosen während der Rezession 1975/1976, in: MittAB 2-1976, S.91 ff

Brinkmann, Ch. (1978), Strukturen und Determinanten der beruflichen Wiedereingliederung von Langfrist-Arbeitslosen, in: MittAB 2-1978, S.178ff.

Brinkmann, Ch. (1977), Arbeitslosigkeit und Mobilität, in: MittAB 2/1977

Brinkmann, Ch. (1983), Verbleib und Vermittlungsprobleme von Arbeitslosen, in: MatAB 5/1983

Büchtemann, Ch., Infratest Sozialforschung (1983), Die Bewältigung von Arbeitslosigkeit im zeitlichen Verlauf. Repräsentative Längsschnittuntersuchung bei Arbeitslosen und Beschäftigten 1978-1982, Band 85 der Reihe "Forschungsbericht 85", hrsg. vom Bundesminister für Arbeit und Sozialordnung, Bonn

Büchtemann, Ch.F. (1982), Erwerbskarrieren im Anschluß an Arbeitslosigkeit. Ergebnisse einer Zwischenerhebung zum Verbleib der Arbeitslosen und Abgänger aus Arbeitslosigkeit vom Herbst 1977 drei Jahre später, in: MittAB 2/1982

Büchtemann, Ch. F., Rosenbladt, B.v. (1983), Kumulative Arbeitslosigkeit. Wiedereingliederungsprobleme Arbeitsloser bei anhaltend ungünstiger Beschäftigungslage, in: MittAB 3/83, S. 262 ff.

Büchtemann, Ch.F., Rosenbladt, B.v. (1978), Arbeitslose 1978: Die Situation in der Arbeitslosigkeit, in: MittAB 1/1981

Bundesminister für Finanzen (1988), Finanzbericht 1989 und frühere Ausgaben, Bonn

Buttler, F. (1987), Einführung: Einige Probleme und Wege institutionalistischer Arbeitsmarktanalyse, in: Buttler, F., Gerlach, K., Schmiede, R. (Hg.), Arbeitsmarkt und Beschäftigung, Frankfurt/New York

Christensen, J. F. (1987), Transforming Industrial Destruction into Industrial Renewal. The Case of Elsinore, Ms., Kopenhagen

County Employment Board (1987), The Uddevalla Shipyard. Labour Market Policy Programmes, Ms., Göteborg

Cramer, U., Koller M. (1988), Gewinne und Verluste von Arbeitsplätzen in Betrieben - der "Job-Turnover"-Ansatz, in: MittAB 3/88

Cramer, U. (1987), Klein- und Mittelbetriebe: Hoffnungsträger der Beschäftigungspolitik, in MittAB 1/87, S.15 ff.

Cramer, U. (1985), Probleme der Genauigkeit der Beschäftigtenstatistik, in: Allgemeines Statistisches Archiv, 1985

Creditreform, Jahresberichte, verschied. Jg., Neuss

Dahrendorf, R. (1956), Industrielle Fertigkeiten und soziale Schließung, in: Kölner Zeitschrift für Soziologie und Sozialpsychologie

De Geer, H. (1987), In the Wake of the Future. Swedish Perspektives on the Problems of Structural Change, London

Dedering, H. u.a. (1970), Die Mobilität von Arbeitnehmern bei Betriebsstillegungen, 3 Bände, Frankfurt

Deeke, A., Fischer, J., Schumm-Garling, U., (Hg.) (1987), Arbeitsmarktbewegung als sozialer Prozeß, SAMF Arbeitspapier 1987 -3

Der Gewerkschafter (1985) Dokumentation: Kampf gegen Arbeitsplatzvernichtung, Frankfurt

Der Gewerkschafter (1985), Dokumentation: Betriebsübernahme durch die Belegschaften?, Frankfurt

DIW 1982, DIW-Wochenbericht 45, Insolvenzen: Nur geringe Auswirkungen auf Produktionspotential und Arbeitsmarkt, S.551 ff.

Dombois, R. (1984), Problemgruppen des Arbeitsmarktes - Problembetriebe des Arbeitsmarktes? Entlassungsrisiken und Gründe, in: Mitteilungsblatt der ZWE 'Arbeit und Betrieb' 13/14, Bremen

Dressel, W., Heinz W.R., Peters G., Schober K. (Hrg.1990), Lebenslauf, Arbeitsmarkt und Sozialpolitik, Beiträge zur Arbeitsmarkt- und Berufsforschung 133, Nürnberg

Eberwein, W., Tholen, J. (1987), Borgwards Fall: Arbeit im Wirtschaftswunder, Bremen

Edin, P.A. (1988), Individual Consequences of Plant Closures, Uppsala

Ehrmann, A., Gabriel, J., Huber, M., Leitner, K. (1988), Folgewirkungen von Betriebsstillegungen am Beispiel des AEG-Werkes Brunnenstraße in Berlin-West, Arbeitspapiere aus dem Arbeitskreis Sozialwissenschaftliche Arbeitsmarktforschung (SAMF 1988-1), Paderborn

Engels, W. (1985), Über Freiheit, Gleichheit und Brüderlichkeit, Frankfurt/M Feist, U., Hoffmann, H.-J., Krieger, H. (1983), Wahl in der Krise. Eine Analyse der Bürgerschaftswahl in Bremen, in: Neue Gesellschaft 11/83

Fischer, J., Richter, G. (1984), Weichenstellungen - Folgen einer Pleite, Das Landesinstitut Sozialforschungsstelle Dortmund, Reihe: Beiträge aus der Forschung, Band 8

Flaim, P.O., Sehgal, E. (1985), Displaced Workers of 1979-83: How well have they fared ? in: Monthly Labour Review 108, S.3-16

Forschungsgruppe "AEG Brunnenstraße" (1987), Bolle, M., Gragendorf, R., Gabriel, J., Heering, W., Huber, M., Leitner, K., Schneider, E.-R., Die Auswirkungen von Betriebsstillegungen auf regionale Arbeitsmärkte am Beispiel des AEG-Werkes "Brunnenstraße" in Berlin (West), Berlin (West)

Friedmann, P., Weimer, S. (1982), Arbeitnehmer zwischen Erwerbstätigkeit und Ruhestand, Frankfurt(M.)/New York

GAO (United States General Accounting Office) (1987), Plant Closings. Limited Advance Notice and Assitance Provided Dislocated Workers, Washington

Gerdes, J., Heseler, H., Osterland, M., Roth, B., Werner, G. (1987), Folgewirkung einer Betriebsstillegung. Mobilitätsprozesse auf dem lokalen Arbeitsmarkt, Forschungsberichte der ZWE 'Arbeit und Betrieb', Bremen

Gerdes, J., Heseler, H. (1990), Rickmers. Das Ende einer Traditionswerft, Bremen

Geschäftsberichte der AG "Weser", versch.Jahrgänge, Bremen

Gonäs, L. (1988), Structural Change: Consequences and Alternatives, in: The Annals of The American Academy of Political and Social Science, Vol. 475, Philadelphia

Gonäs, L. (1988), Structural Change - Its Consequences for the Individual and the Community , in: ALC, Stockholm

Gordus, J.P., Farley P., Ferman, L. (1981), Plant Closing and Economic Dislocation, Michigan

Gordus, J.P. u.a. (1988), The Cost of Structural Change Women's Experience of Permanent Dislocation in: ALC, Stockholm

Grayson, J.P. (1988), Industrial Restructuring and Labour Adjustment in Canada: The SKF and other Experiences in: ALC, Stockholm

Haas, H.-D., Matejka, H. (1983), Die Mobilitätsbereitschaft der Belegschaftsmitglieder in einem vor der Stillegung stehenden Bergbauunternehmen, in: Mitteilungen der Geographischen Gesellschaft in München, Bd. 68, 1983

Habich, R.(1987), Wege der Stellenfindung und beruflichen Plazierung, in: Deeke/Fischer/Schumm-Garling (1987), Arbeitsmarktbewegung als sozialer Prozeß, SAMF-Arbeitspapier 1987 - 3, S. 143 - 172

Hansen, G.B. (1988), A Follow-Up Survey of Workers Displaced by the Ford San Jose Assembly Plant Closure, in: SVSU Economic & Business Review, Vol.6, Winter 1988

Hansen, G.B. (1988) Layoffs, Plant Closings and Worker Displacement in America: A Serious Problem in Need of a National Solution in : ALC Stockholm

Hardes, H. D. (1981), Arbeitsmarktstrukturen und Beschäftigungsprobleme im internationalen Vergleich, Tübingen 1981

Hardy, C. (o.J.), Resonance to Industrial Closure In : Industrial Relations Journal 16 pp16-24

Harris, Candee S. (1984), The Magnitude of Job Loss from Plant Closings and the generation of Replacement Jobs: Some recent Evidence, in: The Annals of the American Academy of Politic and Social Science, Vol. 475, Philadelphia

Hasluck, C. (1987), Urban Unemployment. Local Labour Markets and Employment Initiatives, London

Häußermann, H.; Petrowsky, W. (1989), Die Bedeutung der Wohnverhältnisse für die Bewältigung von Arbeitslosigkeit, Endbericht, Bremen

Herron, F. (1975), Labour Market in Crisis, London

Heseler, H., Osterland, M. (1986), Betriebsstillegung und lokaler Arbeitsmarkt. Das Beispiel der AG "Weser" in Bremen, in MittAB 2/1986, S. 233

Heseler, H. Roth, B. (1988), Die Auswirkungen der AG "Weser"-Schließung auf den Bremer Arbeitsmarkt, Arbeitspapiere aus dem Arbeitskreis Sozialwissenschaftliche Arbeitsmarktforschung (SAMF), Paderborn

Heseler, H., Osterland, M., Roth, B., Walther, J.U. (1986), Zwischen Schock und Normalität: Erwerbsverläufe der AG "Weser"-Belegschaft nach der Stillegung, in: Mitteilungsblatt der ZWE 'Arbeit und Betrieb', Nr. 15, Bremen

Heseler, H., Osterland, M., Roth, B., Walther, J.U. (1987), Betriebsschliessungen. Die Grenzen kommunaler Arbeitsmarktpolitik - Das Beispiel der Stillegung der AG "Weser"-Werft in Bremen, in: Abromeit, H., Blanke, B., (Hg.), Arbeitsmarkt, Arbeitsbeziehungen und Politik in den 80er Jahren, Opladen

Heseler, H., Kröger, H.J. (Hg.) (1983), Stell Dir vor die Werften gehören uns, Hamburg

Heseler, H. (1987), Europäische Schiffbaukrise und lokale Arbeitsmärkte. Eine Untersuchung über die Folgen von Betriebsschließungen in Schweden, der Bundesrepublik Deutschland und Dänemark, Bremen

Heseler, H. (1988), Vom Tankerboom zur Schiffbaukrise. Der Schiffbau in Bremen von 1975 bis 1988, in: P.Kuckuck u.a. Von der Dampfbarkasse zum Containerschiff, Bremen

Heseler, H. (1989), Gegen den Trend - Arbeitsmarkt und Strukturpolitik in Schweden, in: WSI - Mitteilungen 4/1989 S.223-233, Düsseldorf

Heseler, H. (1990), Stabile und instabile Erwerbsverläufe bei Betriebsstillegungen, in: Dressel W., Heinz., u.a. (1990), S.121-137

Heuss, E. (1965), Allgemeine Markttheorie, Tübingen/Zürich

Hillen, K.B. (1971), Arbeitnehmer nach einem Arbeitsplatzverlust, Opladen

Hinrichs, K. (1987), Der Wohlfahrtsstaat Schweden: Was bleibt vom Modell, in: Aus Politik und Zeitgeschichte

Hinrichs, K. (1988), Vollbeschäftigung durch Konsens. Die schwedische Arbeitsmarkt- und Beschäftigungspolitik und ihre Grenzen, in: BeitrAB 119, S. 173-207, Nürnberg

Huber, M., Ehrmann, A., Gabriel, J. (1988), Zur Ungleichverteilung von Arbeitsmarktchancen nach einer Betriebsstillegung. Ergebnisse einer multivariaten Analyse, Arbeitspapiere aus dem Arbeitskreis Sozialwissenschaftliche Arbeitsmarktforschung (SAMF), Paderborn

Hunnius,G. (1988), Institutional and Political Conditions of Plant Closure Legislation: The SKF Experience in France and The Federal Republic of Germany in: ALC Stockholm

IAB (1986), Wirtschafts- und Arbeitsmarktentwicklung in den USA und in der Bundesrepublik Deutschland, in: BeitrAB 96, Nürnberg

IAB-Arbeitslosenverlaufsuntersuchung (1985), Sonderauswertung des IAB für das Forschungsprojekt "Betriebsstillegung" an der ZWE 'Arbeit und Betrieb', Nürnberg

IG Metall (1986), Es geht nicht allein um Schiffe - es geht um Menschen, Hamburg

IG Metall (1988), Strukturpolitische Alternativen zur gesellschaftlichen Arbeitslosigkeit, Frankfurt

Infratest Sozialforschung, Büchtemann, Ch. (1983), Die Bewältigung von Arbeitslosigkeit im zeitlichen Verlauf. Repräsentative Längsschnittuntersuchung bei Arbeitslosen und Beschäftigten 1978-1982, Band 85 der Reihe "Forschungsbericht 85", hrsg. vom Bundesminister für Arbeit und Sozialordnung, Bonn

Iversen, L., (1987), Some Health Effects of the Closure of a Danish Shipyard. A Three Year Follow-Up Studie in: Unemployment. Theorie, Policy, and Structure, New York

Jahoda, M. (1983), Wieviel Arbeit braucht der Mensch? Arbeit und Arbeitslosigkeit im 20. Jahrhundert, Weinheim

Jones,/MacKay (1987), Redundancy and Redeployment, University of North Wales, Ms

Keupp, H., Röhrle, B.,(Hg.), Soziale Netzwerke, Frankfurt(M.)/New York

Kohlhuber, F. (1983), Insolvenzbedingte Arbeitslosigkeit - welche Bedeutung kommt ihr zu, in: MittAB 2/83, S. 122 ff.

Koistinen,P.-S.Asko (1988), Plant Closings and the Functioning of Local Labour Markets. Theoretical and Empirical Findings in the Socio-Economic Context of Finland, in: ALC, Stockholm

Kühl,J. (1985) Arbeitsmarkt, Beschäftigung und Einkommen in den USA, IAB Ms., Nürnberg

Labour Rersearch Department (1984), Cutback, Closures, and Take- overs

Lennartson, Bo (1984), Sorti med Garantie - en Studie ar project 80 i Göteborg, Göteborg

MacKay, D.I.u.a. (1980), Redundancy and Replacement, Research Paper Nr.16, Department of Employment, London

Massey, D., Meegan,R. (1982), The Anatomy of Job Losses, London

McGregor, A., Hunter, L.u.a. (1986), Developing a Systematic Approach to Large Scale Redundancies, University of Glasgow, Ms.

Meidner, R. (1987), Die Erfolgsgeschichte des schwedischen Modells und dessen Probleme, in: Matzner, E., Kregel, J., Roncaglia, A., Arbeit für Alle ist möglich, Berlin

Meidner, R. Hedborg, A. (1984), Modell Schweden. Erfahrungen einer Wohlstandsgesellschaft, Frankfurt

Ministry of Labour (1988), The Labour Market and Labour Market Policy in Sweden. A Discussion Paper for the 1990s, Stockholm

Molinder, L. (1984), The Restructuring of the Swedish Shipbuilding Industrie, Ms., Göteborg

Mückenberger, U. (1985), Die Krise des Normalarbeitsverhältnisses. Hat das Arbeitsrecht noch Zukunft?, in: Zeitschrift für Sozialreform, Heft 7/8

Nagel, B., Riess, B., Weber, K. (1987), Die Folgen der ENKA-Betriebsstillegung in Kassel, unveröffentl. Ms., GHS Kassel

Nowack, Th., Snyder, K. (1983), Women's Struggle to Survive a Plant Shutdown, in: The Journal of Intergroup Relation, Volume XI, No 4

Oaklander, Harold (1988), Mountainside Plant Closing Starts Worker Career Erosion, in: ALC, Stockholm

OECD (1987a), Economic Surveys: Sweden, Paris

OECD (1987b), Employment Outlook, September 1987, S. 97 ff.

Offe, C. (1977), Opfer des Arbeitsmarktes, Neuwied/Darmstadt

Osterland, M. (1989), Declining Industries, Plant Closing and Local Labour

Osterland, M. (1990), Massenentlassungen als kollektive Erfahrung, in: Dressel, Heinz u.a. (1990) S.139-150

Paine, D. (o.J.), Closure at Linwood: A Follow-Up Survey Of Redundant Worker, Manpower Servic Commission, Edinburgh

Perrucci, C. Perrucci, R., Targ D. B. and Harry, R. (1988), Plant Closings. International Context and Social Context, New York

Perrucci, C., Targ D. B. u.a. (1987), Plant Closing: A Comparison of Effects on Women and Men Workers, in: Lee, Raymond M. (ed.), Redundancy, Layoffs and Plant Closures, London

Pfau, B. (1984), Veränderungen der Erwerbsverläufe von Arbeitern und Angestellten in der Beschäftigungskrise, in: Mitteilungsblatt der ZWE 'Arbeit und Betrieb'13/14, Bremen

Pfau, B. (1987), Veränderungen von Erwerbsverläufen in der Krise, Dissertation, Bremen 1987

Projektgruppe (1988), Industrialisierungsphasen und Regionalentwicklung, Ms., Bremen

Projektgruppe Videocolor (1987), "Der Sozialplan ersetzt mir ja nicht den Arbeitsplatz", Betriebsschließung und Besetzungsstreik bei Videocolor Ulm, Köln

Pyke, Francis (1982), The Redundant Worker. Work, Skill and Security in an Engineering City, Durham

Qvarfort, A.M. (1984), Rapport fran Avvecklingen av Öresundvarvet, Malmö Richter, H. (1970), Die Strategie schriftlicher Massenbefragung, München

Root, K. (1988), Social Expectations and Individual Response to Job Loss, in: ALC Stockholm

Root, K. (1984), The Human Response to Plant Closures, in: The Annals of The American Academy of Political and Social Science, Vol. 475, Philadelphia

Rosenbladt, B.v., Büchtemann, Ch.F. (1980), Arbeitslosigkeit und berufliche Wiedereingliederung, in: MittAB 4/80

Roth, B., Walther, J.U. (1988), Betriebsstillegung in einer Krisenregion, in: Strubelt, W., (Hg), Soziale Probleme von Industriestädten, Bundesforschungsanstalt für Landeskunde und Raumordnung, Bonn; auch erschienen bei der German Commission for UNESCO, Bonn

Roth, B. (1988), The Effects of the Closure of the AG "Weser" Shipyard in Bremen for the Employees Dismissed and the Region, in: Structural Change and Labour Market Policy, ALC Conference papers, Theme III, Vol.I, ALC, Stockholm

Rothstein, L.E. (1986), Plant Closings. Power, Politics, and Workers, Dover

Runte, D.(1984), Lebensarbeitszeitverkürzung durch flexiblen Ruhestand ab 58, Schriftenreihe der Angestelltenkammer Bremen, Bremen

Scharpf, F. (1987), Sozialdemokratische Krisenpolitik in Europa. Das "Modell Deutschland" im Vergleich, Frankfurt

Schliebe, K. (1982 b), Die Standortwahl der Betriebe in der Bundesrepublik Deutschland und Berlin (West), Bonn

Schliebe, K. (1982 a), Industrieansiedelungen. Das Standortverhalten der Industriebetriebe in den Jahren 1955 bis 1979, Bonn

Schmid, G. (1987), Der organisierte Arbeitsmarkt - Überlegungen zu einer institutionellen und politischen Theorie des Arbeitsmarktes, in: Buttler, F., Gerlach, K., Schmiede, R. (Hg.), Arbeitsmarkt und Beschäftigung, Frankfurt/New York

Schumann, M., Einemann, E., Siebel-Rebell, Ch., Wittemann, K.P. (1981), Rationalisierung, Krise und Arbeiter. Eine empirische Untersuchung der Industrialisierung auf der Werft, 2 Bde., Bremen

Schumpeter, J. (1964), Theorie der wirtschaftlichen Entwicklung, 6. Auflage, Berlin

Schütz, A., Luckmann, T. (1975), Strukturen der Lebenswelt, Darmstadt

Sehgal, Ellen (1984), Occupational Mobility and Job Tenure in 1983, in: Monthly labour review Vol. 107, S.18-23

Sengenberger (1984), Symposium. West German Employment Policy: Restoring Worker Competition, in: Industriel Relations, Heft 4

Sengenberger, W. (1987), Struktur und Funktionsweise von Arbeitsmärkten, Frankfurt/Main; New York

Skogö,I. (1988), Experiences of Some Major Company Closures in Sweden, in: ALC, Stockholm

Spahn, H.P. Vobruba, G. (1986), Das Beschäftigungsproblem. Die ökonomische Sonderstellung des Arbeitsmarktes und die Grenzen der Wirtschaftspolitik, Discussion Paper IIM/LMP 86-114, Wissenschaftszentrum Berlin

Standing, G. (1988), Unemployment and Labour Market Flexibility: Sweden, in ALC, Genf (ILO)

Statistische Mitteilungen Arbeitsamt Bremen, Sonderuntersuchung Ende September, verschied. Jg., Bremen

Statistische Mitteilungen Arbeitsamt Bremen, Bewegungsanalyse Mai/Juni, verschied. Jg., Bremen

Storrie, D. (1988), Structural Change and Labour Market Policy in Uddevalla, Ms., Stockholm

Strehmel, P., Degenhardt, B. (1987), Arbeitslosigkeit und soziales Netzwerk, in: Keupp/Röhrle (Hg.), Soziale Netzwerke, Frankfurt(M.)/New York, S.139 - 155

Uddevalla-Kommission (1987), En ny framtid för Uddevallaregionen, Göteborg

Unternehmensentwicklung (1982), Verband der Vereine Creditreform, Neuss

Urban, D. (1988), Der Rheinhausen-Effekt - Wahl- und parteipolitische Folgen eines kollektiven Widerstandes, in: Soziale Welt, Heft 4/1988

Wacker, A. (1976), Arbeitslosigkeit, Soziale und psychische Voraussetzungen und Folgen, Frankfurt/M.

Wassmann, H. (1977), Betriebsstillegungen in Nordhessen, Forschungsgruppe Produktivkraftentwicklung Nordhessen an der GHS Kassel, Kassel

Wehrt, K. (1984), Betriebsschließungen in unserer Region am Beispiel ENKA und gewerkschaftliche Gegenstrategien, Kooperationsprojekt DGB Gewerkschaften - Hochschule, Kooperationsmaterialien 6, Kassel

WERU (1985), Managing Horden?, Durham

Wirtschaftsförderungsgesellschaft, (1987), Gewerbegebiet 'Use Akschen' angesiedelte Firmen, Bremen

Autorenverzeichnis

Johann Gerdes, Dipl. Sozialwissenschaftler, wiss. Mitarbeiter an der ZWE "Arbeit und Betrieb" von 1986-89, z.Zt. wiss. Mitarbeiter an der Hochschule Bremen.

Heiner Heseler, Dr.rer.pol., Leiter der Forschungstransferstelle des Kooperationsbereichs Universität/Arbeiterkammer an der Universität Bremen.

Martin Osterland, Dr. phil., Professor für Arbeits- und Industriesoziologie an der Universität Bremen, ZWE "Abeit und Betrieb".

Bernhard Roth, Dr.rer.pol., wissenschaftlicher Mitarbeiter an der ZWE "Arbeit und Betrieb" von 1986-88, z.Zt. beschäftigt beim Wirtschaftsministerium des Landes Nordrhein-Westfalen.

Gabriele Werner, Dipl. Ökonomin, wiss. Mitarbeiterin an der ZWE "Arbeit und Betrieb" von 1986-89, z.Zt. wiss. Mitarbeiterin im Fachbereich Ökonomie an der Universität Bremen.

Im Rahmen der Forschungsarbeiten
ist ebenfalls erschienen:

Johann Gerdes - Heiner Heseler

RICKMERS -
Das Ende einer Traditionswerft

59 Seiten, 19 Bilder,
Tabellen und Schaubilder
Preis 10,--DM
ISBN 3-926958-41-3
EDITION TEMMEN

152 Jahre nach der Gründung im Jahre 1834 schloß die Bremerhavener Rickmers-Werft endgültig ihre Werkstore. Über 1000 Menschen verloren dadurch nicht nur ihren Arbeitsplatz, sondern ein Großteil der Bevölkerung auch einen traditionsreichen ökonomischen und sozialen Bezugspunkt in ihrem Leben.

Diese Studie beschäftigt sich mit der Geschichte dieser Werft, die immer ein Familienbetrieb geblieben war, analysiert in verständlich geschriebener Weise die Hintergründe ihres Konkurses und zeichnet die Wege derjenigen nach, die durch die Schließung arbeitslos wurden. Unter tatkräftiger Mithilfe seitens vieler ehemaliger Mitarbeiter des Betriebes konnte im Rahmen einer Totalerhebung durch Wissenschaftler der Universität Bremen das Arbeitsmarktschicksal der Ehemaligen repräsentativ ermittelt und festgehalten werden. Was wurde aus den Entlassenen, wo und zu welchen Bedingungen fanden sie einen neuen Arbeitsplatz, wie viele und welche Gruppe der Beschäftigten blieb dauerhaft arbeitslos, diese und damit zusammenhängende Fragen standen ebenso im Vordergrund der Analyse wie auch die Einbettung der Betriebsschließung in die Wirtschaftsentwicklung der Unterweserregion seit dem Kriege.